ŒUVRES

COMPLÈTES

DE L'ABBÉ DE MABLY.

TOME SEPTIÈME.

ŒUVRES

COMPLÈTES,

DE

L'ABBÉ DE MABLY.

***

TOME SEPTIÈME.

***

A LYON,

Chez J. B. DELAMOLLIERE.

1792.

LE
DROIT PUBLIC
DE L'EUROPE,
FONDÉ SUR LES TRAITÉS.

CHAPITRE XII.

Paix de Vienne.

L'EUROPE, toujours agitée dans le Midi et dans le Nord par les négociations relatives, aux traités d'Utrecht et de Neustadt, jouissoit cependant de la paix, plutôt par l'adresse que par l'habileté des négociateurs, lorsque Auguste II, roi de Pologne, mourut le premier février 1733. Il étoit de l'honneur du roi de France d'employer ses bons offices et son crédit pour faire remonter sur le trône le roi Stanislas son beau-père. Les Polonois qui connoissoient les qualités personnelles de ce prince concoururent d'autant plus volontiers à ce dessein, qu'ils pensoient que leur liberté et leurs privilèges seroient en sureté sous un roi né leur concitoyen, et qui ne possédoit aucun domaine hors de chez eux. Le règne précédent avoit été troublé par des partis ; on accusoit Auguste II d'avoir violé les *pacta conventa* ; on le soupçonnoit d'avoir songé à rendre sa couronne héréditaire, et on ne vouloit point la mettre sur la tête de son fils, qu'on regardoit comme l'héritier de ses projets et de son ambition.

La Pologne, gouvernée par des lois qui rendent ses forces inutiles, a trop peu d'influence dans les affaires générales de l'Europe pour que les autres états doivent prendre un intérêt bien vif à l'élection de son roi. La Russie ne redoutoit point dans Stanislas l'ancien ami de Charles XII, et la cour de Vienne pouvoit sans inquiétude voir l'élévation du père de la reine de France ; elles s'unirent cependant pour favoriser l'électeur de Saxe, qui promit à l'une de n'avoir point d'autre politique que celle de son père, et qui levant en faveur de la seconde les oppositions qu'Auguste II avoit faites à la pragmatique-sanction, consentit à la garantir, et renonça une seconde fois à tous ses droits. Je passe rapidement sur les détails de cette affaire : tout le monde sait qu'il y eut une double élection en Pologne. Tandis que Stanislas étoit ploclamé de la manière la plus légitime, quelques partisans peu nombreux de l'électeur de Saxe, mais soutenus par les armes de l'empereur et de la czarine, lui déférèrent la couronne ; et les François se hâtèrent d'armer, moins pour soutenir les droits du roi Stanislas et la liberté des Polonois, puisqu'ils n'envoyèrent à Dantzic qu'un secours de quinze à dix-huit cents hommes, pour venger leur propre injure.

L'Espagne, qui avoit éprouvé mille chicanes de la part de la cour de Vienne, depuis que Don Carlos étoit établi en Italie, saisit en se vengeant l'occasion qu'elle attendoit de faire quelque conquête. Le roi de Sardaigne, qui doit tout son agrandissement aux querelles de la France et de la maison d'Autriche, ne balança pas à se déclarer, et ce fut contre l'empereur, qui de son côté détermina l'empire à s'armer en sa faveur.

Si les anciennes idées de monarchie universelle et d'équilibre, qui avoient causé tant de maux dans le dernier siècle, et fait commettre tant de fautes dans la guerre de la succession, eussent encore subsisté, la guerre qui s'allumoit sur le Rhin et en Italie auroit produit un embrasement général. Mais la modération du gouvernement de France, depuis la mort de Louis XIV, et son goût pour la paix, avoient dissipé les alarmes de l'Europe. L'Angleterre, gouverné par un ministre pacifique, ne craignit point que la France abusât des succès qu'elle pourroit avoir ; et les Provinces-Unies, autrefois si promptes et si ardentes à prendre les armes en faveur de la maison d'Autriche contre la France, se contentèrent de négocier une neutralité pour les Pays-Bas.

Elles représentèrent à l'empereur que n'ayant aucun droit de se mêler de l'élection d'un roi de Pologne, elles ne se croyoient point obligées de prendre part aux différends qui s'élevoient à ce sujet. Elles offrirent en même temps à la France d'observer une exacte neutralité, si elle vouloit s'engager, en cas de rupture, de ne pas attaquer les Pays - Bas autrichiens. Elles ajoutoient qu'elles emploîroient leurs bons offices pour empêcher que la cour de Vienne ne fît des hostilités du côté de la Flandre ; et que si leur médiation à cet égard étoit inutile, elles ne lui donneroient aucun secours. Cette ouverture des états - généraux ne pouvoit que plaire au ministère de Versailles ; et on signa à la Haye le 24 novembre 1733 une convention de neutralité conforme à la demande des Provinces-Unies.

Cette guerre n'eut pas le temps de s'aigrir ; la France ne put ébranler aucune puissance du Nord en sa faveur ; ce qui lui fit juger, quel que fût ailleurs le succès de ses armes, qu'il faudroit bientôt se prêter à quelque accommodement du côté de la Pologne. Il est vrai que les Tartares, sujets de la Porte, firent des courses et du butin dans l'Ukraine ; mais la cour de Russie, qui ignoroit si ses hostilités étoient autorisées ou non par le Divan, dissimula prudemment l'injure, pour ne pas se faire un nouvel ennemi, et remit à demander une réparation au moment qu'elle pourroit sans obstacle menacer la Porte de toutes ses forces.

Tandis que la czarine faisoit là loi aux Polonois, l'empereur son allié éprouvoit la supériorité de ses ennemis. Obligé de tenir sur le Rhin sa principale armée qui n'avoit pu fermer l'entrée de l'empire aux François, il avoit perdu toute l'Italie, à l'exception de Mantoue, pendant la campagne de 1734; et ne trouvant pas en lui-même les ressources nécessaires pour réparer ses disgraces, il ne devoit attendre aucun secours de la part des anciens alliés de sa maison. La France, aussi modeste après ses succès qu'elle l'avoit été en déclarant la guerre, entretenoit sans peine les états-généraux dans leur neutralité ; et les Anglois n'étant pas fâchés que la cour de Vienne, malheureuse sans eux, apprît à connoître tout le prix de leur alliance, continuoient à n'avoir que des vues pacifiques: ainsi le feu de la guerre, faute d'alimens, devoit bientôt s'éteindre.

Dans ces circonstances, les puissances maritimes offrirent leur méditation ; et dans le mois de janvier 1735, proposèrent même un projet de traité. Le roi Stanislas devoit abdiquer, suivant leur plan, et conserver néanmoins le titre de roi de Pologne et de grand duc de Lithuanie, avec les honneurs attachés à ce rang, et rentrer en possession de ses biens patrimoniaux et de ceux de la reine sa femme. Il étoit réglé que l'armée russienne évacueroit la Pologne, et que le roi Auguste III, en montant sur le trône, feroit publier une amnistie générale, et rétabliroit chaque province et chaque ville dans la jouissance de ses privilèges. L'empereur cédoit le royaume des deux Siciles à Don Carlos, en échange des duchés de Parme et de Plaisance, et de ses droits d'expectative sur la Toscane, dont on séparoit Livourne pour en faire une république qui se gouverneroit par ses magistrats. On abandonnoit au roi de Sardaigne le Tortonnois et le Novarois. La France devoit restituer tout ce dont elle s'étoit emparée sur l'empire ou sur la maison d'Autriche, et garantir la pragmatique-sanction, c'est-à-dire, l'indivisibilité des états que l'empereur possèderoit à la paix, sans y comprendre les pays sur lesquels lui ou ses successeurs pourroient avoir des prétentions, ou qu'ils pourroient acquérir dans la suite par succession, mariage ou autrement.

La réponse de la cour de Vienne, sans être

claire, positive et précise, fut telle cependant que la pouvoient désirer les puissances maritimes. Les politiques ont leur langage qu'ils entendent à merveille; et puisque leur entortillage ne trompe personne, ils pourroient sans danger y substituer les expressions et les tours de la candeur et de la vérité. Les ministres de l'empereur tâchoient de cacher le besoin qu'ils avoient de la paix; sans admettre ni rejeter le plan de négociation proposé, ils offroient de signer, pour premier article préliminaire, une suspension d'armes. La France encore plus embarrassée à s'exprimer, étoit fâchée que les médiateurs prissent au pied de la lettre ce qu'elle avoit écrit de son désintéressement dans ses manifestes. Elle leur répondit cependant qu'elle ne voyoit dans leur projet aucune satisfaction pour elle; et ajouta, pour justifier cette espèce de demande, que bien loin d'augmenter le pouvoir exécutif de la maison d'Autriche, il étoit sage de donner des bornes à son agrandissement.

Les cours de France et de Vienne voulant sincèrement la paix, il étoit inutile de confier leur négociation à des médiateurs. Le cardinal de Fleury s'adressa directement au conseil de l'empereur; et on signa à Vienne, le 3 octobre 1735, les articles préliminaires de la paix. Cette ébauche de traité, approuvée par la czarine et la cour de Dresde, fut portée à la diète générale de l'empire, qui, le 18 mai 1736, donna à l'empereur le pouvoir de conclure des articles définitifs au nom de tout le corps germanique. L'Espagne accéda aussi aux articles préliminaires le 15 avril 1736; le roi des deux Siciles y donna son consentement le premier mai, le roi de Sardaigne le 6 août de la même année, et la France se chargea de leurs intérêts pendant le reste de la négociation.

Quoique le traité définitif de paix soit presqu'entièrement conforme aux préliminaires de 1735, et qu'on eût prévenu par une suspension d'armes les difficultés que la continuation de la guerre occasionne souvent, il ne fut conclu à Vienne que le 18 novembre 1738, et après différentes conventions signées encore le 11 avril, et le 28 août 1736. Toute l'Europe étoit étonnée de la longueur de cette négociation; et sans ajouter foi aux bruits qui se répandirent en Allemagne pour en expliquer la cause, je ne ferai pas difficulté de les rapporter ici : quelquefois il est aussi utile de connoître les bruits populaires, que les faits les plus certains.

On prétendoit que Louis XIV, peu satisfait d'avoir fait rétablir la maison de Bavière dans ses droits et ses possessions à la paix de Radstat, avoit voulu reconnoître l'attachement inviolable qu'elle lui avoit montré pendant la guerre de la succession d'Espagne, en lui garantissant par un traité secret ses droits sur la succession autrichienne, dans le cas que la maison d'Autriche vînt à manquer d'hoirs mâles. Dans ces sortes d'actes que dicte la reconnoissance, et qui ne regardent que des temps éloignés et incertains, on ne mesure ordinairement ni ses expressions ni ses promesses. Ainsi Louis XIV s'étoit non-seulement engagé d'employer toutes ses forces pour conquérir les provinces que la maison de Bavière revendiqueroit, mais de faire même tous ses efforts pour la porter sur le trône de l'empire.

Ce traité, disoit-on, qu'il étoit important de tenir secret, étoit en effet si fort enseveli dans la poussière des bureaux, qu'il étoit inconnu du cardinal de Fleury, quand il signa, en 1735, les articles préliminaires de la paix. En apprenant ces articles par lesquels la France se rendoit garant de la pragmatique-sanction, l'électeur de Bavière fit connoître son traité au ministre de France. Le cardinal de Fleury se trouva les mains liées ; avant d'achever le traité de paix, il fallut entamer une nouvelle négociation ; et c'est à faire des démarches inutiles pour concilier les intérêts de la maison de Bavière et de la maison d'Autriche, que se perdirent trois années entières.

Ce que je viens de dire n'est en nulle manière vraisemblable. Comment pourroit-on croire que le ministre de France eût ignoré les engagemens de Louis XIV, et eût eu assez de mauvaise foi ou d'inconsidération pour garantir la pragmatique - sanction , tandis qu'il avoit entre les mains un traité antérieur qui invalidoit d'avance cette garantie , et qu'il devoit s'attendre à être accablé des plaintes de la maison de Bavière ? mais on ajoute que le cardinal de Fleury , lassé de ne pouvoir engager la cour de Vienne à donner quelque satisfaction à l'électeur de Bavière , et impatient de finir l'ouvrage de la paix , termina ses longues négociations par garantir à la fois la pragmatique-sanction , et renouveler à la maison de Bavière les engagemens contractés par Louis XIV. C'eft cette dernière perfidie , qu'il est impossible de croire , qui doit faire douter de tout le reste. Cette perfidie seroit trop mal-habilement et trop grossièrement concertée ; et plus il étoit aisé de l'éviter ou de la pallier , moins on doit penser qu'elle ait été commise. Le cardinal de Fleury auroit satisfait son empressement pour la paix , disant à la cour de Munich : « le traité du feu roi n'est obligatoire qu'autant que vos droits sur la maison d'Autriche sont légitimes. Vous m'avez communiqué vos titres, j'ai tâché de les faire valoir auprès de l'empereur , mais il m'a convaincu par ses réponses qu'ils sont insuffisans : ainsi le traité de Louis XIV doit être regardé comme non-avenu ; il est sans force , et son successeur est libre de garantir à son gré la pragmatique-sanction. » C'est par cette tournure que le ministre le plus médiocre seroit sorti d'embarras, et auroit satisfait son goût pour la paix, sans s'avilir et se déshonorer au point de conclure à la fois deux traités contradictoires.

J'ignore les raisons qui ont fait languir la négociation définitive de la paix. Quels qu'aient été ces obstacles, ils furent enfin levés. Le roi de Sardaigne donna son accession au huitième article du traité de paix, le 3 février 1739 ; et les cours de Madrid et de Naples accédèrent aussi le 21 avril de la même année, à la partie du traité de Vienne, qui règle leurs intérêts, relativement à l'empereur et au duc de Lorraine.

Au congrès de Riswick on prévoyoit la guerre que causeroit la mort de Charles II, roi d'Espagne, et on n'avoit pris aucune mesure pour la prévenir. (Voyez le sixième chapitre de cet ouvrage). En négociant à Vienne pour terminer la guerre de 1733, on se flatta d'arranger de telle manière la succession de la dernière branche d'Autriche, que la mort de l'empereur Charles VI ne fût pas suivie des mêmes divisions que celle de Charles II, et on ne prit que des moyens insuffisans pour assurer la paix. Il est nécessaire de développer ici pourquoi la cour de Vienne n'a pas retiré de ses négociations et des garanties qu'elle avoit exigées, l'avantage qu'elle en attendoit.

On a vu dans quelques chapitres précédens, comment s'étoit formé le sytème de l'équilibre, et que la plupart des politiques étoient persuadés depuis la guerre de 1672, que pour le soutenir, il falloit empêcher la maison de Bourbon de s'agrandir, et la maison d'Autriche de perdre aucun de ses domaines. Quoique les intérêts des principales puissances fussent changés, ces idées, auxquelles les esprits étoient accoutumés, y fermentoient avec plus de force que jamais à la fin de la guerre de 1701, et l'empereur Charles VI songea à en tirer le parti le plus avantageux pour ses descendans. Sachant que tous les états qu'il possédoit couroient risque d'être divisés, si lui ou quelqu'un de ses successeurs venoit à manquer d'hoirs mâles, et que plusieurs princes auroient des raisons ou du moins des prétextes pour en revendiquer les parties les plus considérables, il imagina de porter une loi pour en assurer l'indivisibilité.

En effet, il faut brûler tous les monumens publics, et tous les titres des nations, ou convenir que, quand Charles - Quint donna en 1521 à son frère Ferdinand les provinces qui provenoient de la succession de Maximilien I, leur aïeul, il ne se dépouilla de son patrimoine qu'avec clause de réversion à ses descendans mâles ou femelles, au défaut d'hoirs mâles dans la postérité de Ferdinand.

Il est encore certain que les enfans mâles de

l'empereur Maximilien II n'ayant point de postérité, il fut décidé par un concordat de 1617, entre les deux branches autrichiennes, que les royaumes de Bohême et de Hongrie, avec leurs dépendances, qui ne venoient point de la libéralité de Charles-Quint, appartiendroient de droit après leur mort à Philippe III, roi d'Espagne, et fils d'Anne d'Autriche, fille aînée et héritière dans ces deux royaumes, de l'empereur Maximilien II; mais cependant que Philippe III, pour ne point affoiblir et dégrader la branche cadette de sa maison, consentoit à céder ses droits à l'archiduc Ferdinand, duc de Gratz, à condition qu'au défaut d'hoirs mâles dans sa postérité; la Bohême et la Hongrie reviendroient aux descendans mâles ou femelles de Philippe III, de même que les provinces héréditaires données et substituées par Charles-Quint.

On a dit que ce concordat de 1617 ne donnoit aucun droit véritable à la cour de Madrid sur les couronnes de Bohême et de Hongrie; parce que la maison de Bavière prouvoit que ces deux royaumes et leurs dépendances lui étoient dévolus, en vertu d'une substitution antérieure et établie par le testament et le codicille de Ferdinand I, et par le contrat de mariage de sa fille aînée avec le duc de Bavière. Ces différens actes portoient que, dans les cas où la branche allemande d'Autriche manqueroit de mâles, la Bohême et la Hongrie appartiendroient à la fille de Ferdinand I, duchesse de Bavière, ou à ses ayans cause.

Je ne discuterai point ici la validité de ses titres ; je ne parlerai point de quelques autres princes qui avoient des prétentions à faire valoir sur la succession autrichienne. Je me contenterai de remarquer que l'empereur Charles VI, en portant une loi pour assurer l'indivisibilité de ses états, reconnoissoit que sa fille n'en hériteroit pas sans obstacle. Dès qu'il prévoyoit des difficultés, sa pragmatique-sanction ne devoit-elle pas être précédée de quelque négociation avec les princes qu'il prétendoit dépouiller de leur droit ? N'étoit-il pas indispensablement nécessaire de transiger avec eux ? La raison, la justice, la bienséance, l'intérêt même, tout ne lui en faisoit-il pas une loi ? Mais la cour de Vienne entrevit trop de difficultés dans cette manière de procéder. Depuis le malheureux exemple que les traités de partage avoient donné de décider des plus grands intérêts, sans consulter les parties intéressées, il s'étoit établi en Europe une coutume d'arranger tous les différends par la voie de la force et de l'autorité. Le conseil de l'empereur crut qu'il étoit plus court de frustrer de leurs droits tous les princes qui pouvoient demander des domaines de la maison d'Autriche, au cas qu'elle manquât d'héritiers mâles, que de discuter leurs prétentions et de les satisfaire. Cette voie lui parut d'autant plus prudente, qu'il se flattoit d'engager, sans beaucoup de peine, plusieurs puissances d'approuver son projet et d'en garantir l'exécution.

Charles VI se contenta donc d'ordonner à tous ses conseillers d'état privés, qui étoient à Vienne, de s'assembler le 17 avril 1713 dans la salle du conseil. Ce prince s'y rendit, et après avoir fait lire par le comte de Seilern, son chancelier, le pacte de famille qu'il avoit passé le 12 septembre 1703 avec Léopold son père, et Joseph, roi des Romains, son frère, il ajouta que c'étoit en vertu de ce règlement de succession que, « la mort de l'empereur Joseph, arrivée sans qu'il eût laissé d'héritiers mâles, le mettoit en possession de tous les royaumes et pays héréditaires qui lui avoient appartenu, lesquels devoient demeurer en entier, sans division quelconque, selon le droit de primogéniture, à ses héritiers mâles issus de légitime mariage, tant qu'il y en auroit en vie; mais qu'au défaut de postérité masculine de sa part, ils reviendroient de la même manière à ses filles nées de légitime mariage, toujours selon l'ordre et droit de primogéniture.

Qu'en outre, au défaut de tous les descendans légitimes, tant mâles que femelles, de la part de sa majesté impériale, ledit droit de succession indivisible à tous lesdits royaumes et pays héréditaires, passeroit de la façon ci-

dessus toujours en gardant l'ordre de la primogéniture, aux filles de l'empereur Joseph et à
leurs descendans légitimes ; et que pareillement
lesdites dames et archiduchesses jouiroient de tous
les autres privilèges et prérogatives, selon ledit
droit et ordre de succession.

Le tout bien entendu, qu'après la branche
Caroline, aujourd'hui régnante, et après la
branche Josephine des filles que l'empereur
Joseph a laissées après lui, lesdits droits de
succession, avec tout ce qui en dépend, appartiendront, demeureront et seront réservés de
toute façon aux sœurs de sa majesté impériale,
es à toutes les autres lignes de la maison archi-
ducale, selon le droit de primogéniture, dans
le rang et ordre qu'il en résultera. »

Il fut peu question de cette loi domestique
sur la succession autrichienne, jusqu'en 1724,
que Charles VI la fit publier dans toutes les
terres de sa domination. Quelques princes
commencèrent alors à murmurer; mais les plaintes les plus vives éclatèrent de tous côtés, quand
il parut comme décidé que l'empereur ne laisseroit point d'archiduc qui lui succédât. La cour
de Vienne ne fut point intimidée par cet orage
qu'elle avoit prévu. Elle alla en avant, et tour-
à-tour se conduisant avec hauteur ou avec
souplesse, elle employa tout son crédit à chercher des protecteurs et des garans à sa pragmatique-sanction.

Si

Si la cour de Vienne a cru avec raison, que les traités de partages faits sur la fin du dernier siècle, étoient des actes irréguliers et téméraires, qui n'avoient pu porter aucun préjudice à ses prétentions, pourquoi pensoit-elle que sa loi de succession auroit plus de force, et que les princes qu'elle offensoit auroient la complaisance de la respecter ? L'empereur bâtissoit sur le sable, et sa politique ne devoit point produire le bien qu'il en espéroit. En supposant que la pragmatique-sanction nuisoit réellement aux droits de quelques princes, il devoit juger que toutes les garanties qu'il demandoit étoient nulles par le défaut même de validité qui se rencontroit dans sa loi de succession. La défendre eût été s'associer à l'injustice qu'elle établissoit ; et comme la fille de Charles VI devoit en abandonner les dispositions , les garans étoient obligés de ne les pas protéger ; ces principes sont évidens pour tout homme qui croit qu'il y a des règles de justice dans le monde.

En supposant au contraire que les princes qui, au défaut d'hoirs mâles dans la maison d'Autriche, prétendoient succéder à quelques-unes de ses provinces, n'eussent que des prétentions injustes et mal fondées, n'étoit-il pas imprudent de les juger sans les entendre ? Ayant été exclus de la succession sans leur consentement, n'ayant pas été condamnés par un tribunal compétent, n'étoient-ils pas en droit, à la mort de l'empereur, de réclamer contre la pragmatique-sanction, et d'exiger qu'on examinât leurs demandes ? Charles VI, par sa loi de succession et par ses garanties, ne terminoit donc rien.

Il est vraisemblable qu'il se flatta que les puissances qui lui auroient donné leur garantie observeroient au moins à sa mort une exacte neutralité, et qu'ainsi son héritière repousseroit sans peine les raisons et les armes de ses ennemis ; mais cette espérance étoit illusoire. Pourquoi un prince à qui on auroit fait connoître l'injustice de la pragmatique-sanction, n'auroit-il pu protéger et aider de ses forces des puissances qu'on vouloit empêcher de posséder leurs biens ? Puisque sa garantie étoit nulle, parce qu'elle étoit injuste, comment pouvoit-elle l'obliger à observer la neutralité ? Qui ne sent pas combien il seroit malheureux pour la société générale, qu'en garantissant à un prince la possession d'un pays qu'il occupe injustement, ou sur lequel il n'a que des prétentions mal fondées, on se liât les mains de façon qu'on ne pût défendre les droits légitimes de son compétiteur ? Toute bonne foi seroit détruite chez les hommes ; ce seroit élever le droit de la fraude sur les ruines de la justice ; et les traités ne seroient que des complots de brigands.

Dès qu'on pouvoit attaquer avec justice la pragmatique-sanction après l'avoir garantie, il est évident que la politique de l'empereur Charles VI ne devoit point empêcher que sa succession n'allumât le feu de la guerre en Europe , et que l'ambition et l'injustice , se cachant sous le voile de l'équité , pourroient abuser de l'invalidité des négociations et des garanties précédentes pour se satisfaire. Voilà les inconvéniens que devoit prévoir la cour de Vienne pour ne pas faire des négociations et des traités inutiles.

Tant qu'on s'est contenté de n'employer les garanties que pour affermir et consolider des conventions contractées avec connoissance de cause, et qui avoient pour base un traité solennel entre toutes les parties intéressées , rien ne pourroit être plus utile à la société générale et à chaque état en particulier. Ces garanties donnoient une nouvelle force aux engagemens , parce qu'aucune puissance, ne pouvoit en constater la validité , et que jamais un tiers ne pouvoit se plaindre qu'on eût nui à ses droits. Il falloit s'en tenir là. En voulant garantir des conventions où toutes les parties intéressées n'étoient pas intervenues , comment n'a-t-on pas compris qu'on faisoit toujours une démarche imprudente , et souvent injuste et inutile ?

Ces garanties , par malheur trop communes depuis le commencement de ce siècle , devroient être bannies des négociations. Qu'on me permette de le dire, elles introduiront dans l'Europe une manière ruineuse d'y traiter les affaires. On n'en finira aucune; on ne remontera jamais à la source du mal, et laissant fermenter un levain dangereux, les palliatifs impuissans qu'on appliquera se changeront en poisons. Les paix ne seront que de courtes trèves, et deviendront elles-mêmes le principe de nouvelles guerres. C'est l'indifférence pour le juste ou l'injuste, la paresse, l'esprit d'intrigue, le défaut de patience, de vues, de fermeté et de connoissances, qui ont accrédité la nouvelle politique que je condamne : qu'on juge par-là des maux qu'elle doit produire.

Sur la fin du dernier siècle, l'Angleterre, la France et les Provinces-Unies, en faisant les traités de partage, donnèrent le mauvais exemple de trancher les difficultés au lieu de les dénouer. Les suites funestes de cette négociation auroient dû empêcher d'employer encore la même méthode ; jamais cependant elle ne fut plus accréditée que sous le règne de George I. La France et l'Angleterre, sentant que leur union étroite les mettoit en état de faire la loi à l'Europe, ne consultèrent que des convenances passagères, et crurent que leur volonté devoit suppléer à toutes les règles de là justice et du droit des nations. On ordonne froidement à la maison de Savoie d'abandonner la Sicile pour se contenter de la Sardaigne. Les traités

les plus solennels, les droits les plus anciens
et les plus constans, sont méprisés. La maison
de Médicis n'a plus qu'une autorité précaire
dans ses états, on change l'ordre de sa succession, la Toscane devient un fief de l'empire;
et le pape, sans qu'on puisse lui reprocher
d'avoir abusé de sa suzeraineté, perd ses droits
sur les duchés de Parme et de Plaisance. Est-il
question de pacifier le nord ? on y porte la
même politique, et on garantit au Danemarck
le Sleswick que la maison de Holstein ne veut
pas abandonner.

Voici un fait encore plus extraordinaire :
« Conformément au traité de la quadruple
alliance, dit l'historien de George I, l'empereur
et le roi d'Espagne, s'étoient obligés à faire
certaines renonciations ; l'empereur devoit cesser
de se prétendre et de se dire roi d'Espagne et
des Indes ; Philippe V devoit déclarer que ni lui
ni ses ayant cause ne conserveroient aucune
prétention sur les étas qui avoient fait partie de
la monarchie d'Espagne, et que la maison
d'Autriche possédoit actuellement. Ces renonciations devoient être accompagnées de certaines formalites ; il falloit que les cortes ou les
états d'Espagne confirmassent et fissent passer
en loi la renonciation de leur souverain ; l'empereur exigeoit que le royaume d'Aragon et la
principauté de Catalogne fussent rétablis dans
leurs privilèges, sans quoi il soutenoit que la

confirmation des états ne seroit point aussi solennelle qu'elle devoit l'être ; Philippe V de son côté prétendoit que l'empereur, en renonçant à la couronne d'Espagne, cessât d'en prendre le titre et de s'intituler Majesté Impériale et Catholique, comme aussi de créer des chevaliers de la toison d'or. Aucun de ces deux princes ne vouloit céder.

Les deux médiateurs, George I et le duc d'Orléans, pour parer à ces difficultés, convinrent d'un acte, par lequel, en vertu de leur autorité et comme juges compétens, ils suppléoient aux formalités qui pourroient manquer à ces renonciations ; en sorte que ni sa majesté Impériale, ni le roi catholique, ni leurs héritiers et successeurs, ne pourroient en aucun temps à venir prétendre, objecter ou alléguer la nullité de l'une ou de l'autre desdites renonciations de part et d'autre, à raison, ou sous prétexte de quelque défaut de formalité que ce pût être, et en particulier à l'égard de la renonciation du roi d'Espagne, en ce qu'elle n'auroit point été approuvée et confirmée par les états ; et au cas que contre toute attente cela vînt à arriver, le présent acte tiendra lieu de toute chose quelconque qui pourroit être désirée pour la perfection desdites renonciations, et spécialement du manquement d'approbation des états d'Espagne ; et quelqu'autre défaut que ce soit, de l'une ou de l'autre part desdites renonciations, devoit être suppléé et tenu pour suppléé par ledit acte.

On conçoit absolument, continue le même écrivain, que des princes peuvent convenir qu'ils se déclareront contre une puissance qui manqueroit à observer les conditions de paix auxquelles elle se seroit engagée sous leur médiation ; mais qu'ils suppléent à des formalités que l'usage a établies dans des pays où ils n'ont aucun pouvoir, pour que certains actes pussent valider et devenir obligatoires, on ne conçoit pas à quel titre ils entreprendroient de le faire. Après tout, ils agissoient conséquemment, et après avoir décidé dans le traité de Londres ou de la quadruple alliance, que la Sicile devoit appartenir à l'empereur, que le duc de Savoie devoit se contenter de la Sardaigne, que l'Espagne devoit renoncer au droit de réversion qu'elle s'étoit réservé en cédant la Sicile, que les duchés de Toscane, de Parme et de Plaisance étoient des fiefs de l'empire et des fiefs masculins, ils pouvoient bien suppléer à des formalités, ou du moins déclarer qu'ils le faisoient. Que diroit-on en Angleterre si deux princes étrangers prétendoient suppléer le consentement du parlement nécessaire pour la validité de certains engagemens que le roi auroit promis de prendre, et s'ils déclaroient que ce défaut de consentement ne pourroit être objecté ou allégué comme un titre de nullité ? »

J'ajouterai ici quelques remarques sur les traités secrets, usage qu'une politique timide et occupée d'intérêts momentanés a établi, et qui contribue à introduire la fraude et la mauvaise foi dans les négociations et les engagemens. On fait des traités secrets, parce qu'on dresse des conventions contraires aux lois d'un pays, ou aux engagemens publics qu'on a contractés, ou parce qu'on craint de déplaire à quelqu'autre puissance. Or je demande quel avantage on peut retirer d'un traité qu'on n'ose avouer. Les engagemens doivent être publics, pour qu'on ne puisse pas les violer sans s'exposer au reproche de l'infidélité et de la perfidie ; si l'ambition viole tous les jours les sermens les plus solennels, déposés entre les mains de Dieu et des hommes ; quel respect aura-t-on pour des traités secrets, que la puissance même à qui on manque de parole, ne produira point au grand jour, parce qu'elle ne pourroit se plaindre d'une infidélité qu'en révélant elle-même les mystères de son ambition et de sa mauvaise foi ?

Quand deux puissances se liguent ensemble pour attaquer et détruire les lois d'un pays qu'il est de leur devoir de respecter si elles veulent elles-mêmes qu'on respecte la forme de leur gouvernement, comment peuvent-elles avoir quelque confiance l'une en l'autre ? L'injustice qui les allie leur donne nécessairement des soupçons qui les désunissent sans qu'elles s'en aperçoivent ; de - là des projets mal concertés , des espérances trompées , et des avantages passagers achetés trop chèrement par la perte de sa réputation. Les inconvéniens des traités secrets sont encore plus grands quand on y déroge à ses engagemens publics. Qui peut alors répondre à l'un des alliés que l'autre ne le trompe pas ? Pourquoi une seconde perfidie coûteroit-elle plus qu'une première ? La bonne foi est le seul lien de la société ; détruisez-la , tout est détruit chez les hommes ; l'intérêt n'en tient point lieu , et ne peut point rassurer les méchans , parce que leur intérêt n'est que l'intérêt de leurs passions toujours capricieuses ; ils ne sont jamais les mêmes ou ne voient jamais long-temps les objets de la même manière : de-là les plaintes récipro-ques des alliés , leurs trahisons secrètes , leurs ruptures ouvertes , et l'incertitude avec laquelle ils préparent et exécutent leurs desseins.

Lorsque deux états se lient par des conven-tions cachées , dans la crainte de déplaire à une puissance , je demande si la même crainte ne les empêchera pas de remplir leurs pro-messes. Si on ne peut compter sur des traités secrets , à quoi sert-il donc d'en conclure ? Signer secrètement des conventions justes et raisonnables , c'est une puérilité , c'est une absurdité ; contracter secrètement des engagemens injustes ; c'est vouloir être dupe ou fripon. On craint le grand jour, on négocie en secret, parce qu'on se joue de ses sermens, qu'on n'a aucun principe fixe, et qu'esclave des intérêts mobiles et flottans que les passions changent incessamment, on veut toujours être prêt à conclure un traité relatif aux circonstances dans lesquelles on se trouve.

Si la plupart des nations nous ouvroient les archives de leurs secrets, on auroit le spectacle le plus scandaleux pour l'humanité ; on verroit la foi méprisée et violée par des engagemens contradictoires ; on verroit les négociations, qui ne doivent servir qu'à la sureté des nations, en préparer la ruine. Tandis que des états semblent ne désirer que la paix, et affectent dans leurs manifestes la plus grande modération, on les verroit se faire garantir d'avance la possession des pays que leur ambition dévore ; on auroit la clef de toutes les injustices, de toutes les infidélités qui ont déshonoré la politique ; et on verroit que ces injustices et ces infidélités sont presque toutes produites par la malheureuse facilité qu'on trouve à faire des traités secrets.

Je conclus des réflexions qu'on vient de lire, que l'usage de contracter des engagemens cachés, est contraire aux règles de la politique qui se propose de faire le bonheur des peuples. J'ajoute qu'il blesse les principes du droit des gens : la coutume autorise et tolère les traités secrets, mais ne les justifie pas, parce que le droit des gens n'est pas ce qui se pratique, mais ce qui doit se pratiquer. Le nôtre est encore plus barbare qu'on ne pense, et il s'en faut bien que les nations de l'Europe observent les unes à l'égard des autres les lois que leur prescrit la nature. Il seroit bien digne de la sagesse des peuples dont le gouvernement n'admet aucun engagement secret, d'en proscrire l'usage de l'Europe entière. Sans doute que la politique, débarrassée des soupçons, des défiances, des incertitudes qui l'environnent, se conduiroit avec plus de bonne foi, et se hasarderoit moins souvent à commettre des fraudes, parce qu'elle en craindroit moins de la part de ses alliés.

F R A N C E.

Les traités de Westphalie, Nimègue, Riswick, Bade, et de la quadruple alliance, subsisteront dans toute leur force, excepté les articles auxquels il sera dérogé par cette pacification. (Traité de Vienne, article 3.)

Le roi Stanislas abdiquera la couronne de Pologne, et en conservera cependant les titres et les honneurs. On lui restituera ses biens et ceux de la reine sa femme. La czarine et le roi de Pologne, électeur de Saxe, seront parties contractantes dans ce chef. (Préliminaires de 1735, article 1, et article séparé). Ces préliminaires, de même que les conventions du 11 avril et du 28 août 1736, font partie du quatrième article du traité de Vienne. (Traité de Vienne, article 6. Acte d'abdication du roi Stanislas, signé à Konigsberg le 27 janvier 1736. Actes passés à Vienne le 23 novembre 1736, par la czarine et le roi, Auguste III de Pologne, pour la reconnoissance des droits et des titres du roi Stanislas, et par la France, pour la reconnoissance du roi Auguste). Toutes ces pièces font partie du sixième article du traité de Vienne.

L'empereur dérogeant au premier article des préliminaires de 1735, par lequel le roi Stanislas ne devoit être mis en possession que du duché de Bar, en ayant une expectative sur la Lorraine, consent que ce prince entre aussi en possession de ce dernier duché et de ses dépendances, excepté le comté de Falckenstin, sans attendre que le duc de Lorraine entre en possession du duché de Toscane. (Convention du 11 avril 1736, articles séparés 1 et 2. Convention du 28 août 1736, article 2. Traité de Vienne, article 9).

Après la mort de Stanislas, premier roi de Pologne, duc de Lorraine, les duchés de Lorraine et de Bar seront réunis pour toujours à la couronne de France, qui renonce à l'usage de la voix et de la séance dans les diètes de l'empire. (Préliminaires de 1735, article premier. Convention du 28 août, article 2. Traité de Vienne, article 9. Acte du duc de Lorraine pour la cession de ses états). Il fait partie du neuvième article du traité de Vienne.

Les duchés de Lorraine et de Bar demeureront sous ce nom. Le roi de France promet d'en faire un gouvernement particulier dont il ne sera jamais rien démembré pour être uni à d'autres gouvernemens. (Convention du 28 août, article 13. Traité de Vienne, article 9).

L'EMPEREUR, L'EMPIRE.

La France garantit la pragmatique-sanction. (Préliminaires, article 6. Traité de Vienne, article 10).

Le roi d'Espagne et le roi des deux Siciles cèdent à l'empereur les duchés de Parme et de Plaisance pour en jouir lui et ses héritiers selon l'ordre de succession établi dans la maison d'Autriche. (Traité de Vienne, article 7. Diplome du roi d'Espagne en date du 2 novembre 1736, pour la cession des duchés de Parme et de Plaisance à l'empereur. Diplome du roi des deux Siciles sur le même sujet, en date du premier mai 1736). Ces deux actes font partie du septième article du traité de Vienne.

Tous les forts construits sur l'une et l'autre

rive du Rhin, contre la teneur des précédens traités de paix, et particulièrement des articles 22, 23 et 24 de Riswick, seront détruits, de même que les ponts élevés sur ce fleuve. (Traité de Vienne, article 12).

Le commerce sera rétabli entre les sujets du roi de France et de l'empire, conformément aux anciens usages et aux privilèges accordés par les traités antérieurs. (Traité de Vienne, article 17).

PRINCES D'ITALIE.

L'empereur ne poursuivra point la désinca-mération de Castro et de Ronsiglione. (Préliminaires art. 5. Traité de Vienne, art. 5). Voyez dans le troisième chapitre de cet ouvrage l'extrait du traité de Pise.

Les royaumes de Naples et de Sicile sont donnés à Don Carlos, infant d'Espagne, etc. pour en jouir lui et ses héritiers mâles et femelles. On y joindra les places que l'empereur occupe sur la côte de Toscane, et les terres que le roi d'Espagne possédoit dans l'isle d'Elbe en 1718, lorsque le traité de la quadruple alliance fut signé. Au défaut de la postérité de Don Carlos, ces deux royaumes, etc. passeront au second fils, ou autres fils puînés ou à naître de la reine d'Espagne, Elisabeth Farnèze, ou à leurs représentans et ayant cause. (Préliminaires, article 3. Traité de Vienne, article 7. Diplome de l'empereur, en date du 11 décembre 1736, pour la cession du royaume des deux Siciles et des ports de la côte de Toscane à Dom Carlos). Cet acte fait partie du septième article du traité de Vienne.

Conformément à l'article 32 du traité de Bade, l'empereur rendra justice à la maison de Guastalla, au sujet de ses prétentions sur le duché de Mantoue. (Préliminaires, art. 2).

MAISON DE SAVOIE.

L'empereur cède au roi de Sardaigne, à ses hoirs, et même à ses héritiers, princes d'une branche collatérale de sa maison, le Novarois, le Tortonois et les quatre terres de San-Fidele, Torre di-Forti, Gravedo et Campo-Maggiore. Ce prince les possèdera comme fiefs de l'empire, et sera le maître d'y fortifier les placés qu'il jugera à propos. (Préliminaires, article 4. Traité de Vienne, article 8. Diplome de l'empereur, en date du 6 juin 1736, pour la cession du Novarois, du Tortonois, etc. au roi de Sardaigne). Cet acte fait partie du huitième article du traité de Vienne.

L'empereur accorde au roi de Sardaigne et à ses héritiers la supériorité territoriale des terres appelées vulgairement les Langhes; ils les possèderont comme un arrière-fief de l'empire. (Préliminaires, article 4. Traité de

Vienne, article 8. Mandement de l'empereur en date du 7 juillet 1736, aux vassaux et sujets des fiefs des Langhes). Cet acte fait partie du huitième article du traité de Vienne. On ne rapporte point ici la liste des terres impériales des Langhes ; ce détail est superflu, en cas de besoin on peut avoir recours aux articles 4 ou 8 du traité de Vienne.

POLOGNE.

L'électeur de Saxe, Auguste III, sera reconnu pour roi de Pologne, grand duc de Lithuanie, etc. (Préliminaires, article 1. Traité de Vienne, article 6).

Les provinces et villes de Pologne seront conservées dans la jouissance de tous leurs droits. L'empereur, le roi de France, la czarine et l'électeur de Saxe, garantiront pour toujours les libertés, droits, privilèges, etc. de la nation polonoise, et particulièrement la libre élection de son roi. (Préliminaires, article premier. Traité de Vienne, article 6. Acte d'accession de la Russie aux préliminaires de 1735. Acte d'accession du roi de Pologne, Auguste III, aux mêmes préliminaires). Ces actes, en date du 15 mai 1736, font partie du sixième article du traité de Vienne. On convint particulièrement de cette condition, pour satisfaire aux engagemens que la couronne de France avoit pris avec la république de
Pologne,

Pologne, par le traité de Versailles, du 18 septembre 1735, il y est dit (art. 2.) que la France ne se prêtera à aucune proposition de paix, que la liberté des Polonois ne soit reconnue de toutes les puissances belligérantes. Par l'article suivant, le roi très-chrétien déclare qu'en tout temps il embrassera la défense de la république de Pologne, supposé qu'on veuille contraindre sa liberté dans l'élection de ses rois; en ce cas, il s'engage à lui donner tous les secours qu'on peut attendre d'un allié fidelle, et dont on conviendra selon l'exigence des conjonctures.

M A I S O N   D E   L O R R A I N E.

Le roi d'Espagne et le roi des deux Siciles cédent à François III, duc de Lorraine et de Bar, le droit d'expectative sur le grand duché de Toscane. Ce prince, après la mort du possesseur actuel, entrera en possession de cette principauté, qui passera à ses héritiers, selon l'ordre de succession établi à l'égard des duchés de Lorraine et de Bar. (Préliminaires, art. 2. Convention du 28 août 1736, art. 5. Traité de Vienne, art. 7. Diplôme du roi d'Espagne, en date du 2 novembre 1736, pour la succession éventuelle du grand duché de Toscane à la maison de Lorraine. Diplôme du roi des deux Siciles, en date du premier mai 1736, pour le même sujet).

Le duc de Lorraine, et dans la suite, tous ceux qui auroient eu droit de lui succéder dans les duchés de Lorraine et de Bar, conserveront les titres et les armes de ces deux duchés ; bien entendu que ce privilège n'infirmera en rien la cession faite au roi de Pologne, Stanislas premier, et à la France, et que la maison de Lorraine n'en inférera aucune prétention, aucun droit sur son ancien domaine. (Convention du 28 août 1736, article 6).

Le roi de France se charge des dettes appelées dettes d'état, hypothéquées sur les revenus des duchés de Lorraine et de Bar ; il s'engage encore à payer régulièrement à la duchesse douairière de Lorraine, et à ses héritiers, les rentes qu'elle a sur les états cédés. (Convention du 28 août 1736, articles 8 et 9). Je ne parle point ici des pensions annuelles que la France devoit payer au duc de Lorraine, au prince Charles son frère, aux princesses ses sœurs : ces pensions sont éteintes depuis que le duc de Lorraine, aujourd'hui empereur, est en possession de la Toscane, et qu'il n'est plus chargé de payer aucune rente à des princesses de la maison de Médicis.

Livourne demeurera toujours port libre et franc, comme il a été réglé par les traités précédens. (Préliminaires, article 2).

GARANTIES.

Je remarquerai simplement que le roi de France et l'empereur, garantissent toutes les dispositions du traité de Vienne. A l'égard des autres puissances, telles que le roi d'Espagne, le roi des deux Siciles, le roi de Sardaigne, la czarine et la maison de Saxe, qui ne sont parties contractantes que dans quelques chefs seulement, elles garantissent simplement ces articles. C'est ainsi, par exemple, que les cours de Madrid et de Naples ne donnent à l'empereur leur garantie que pour les duchés de Parme et de Plaisance; et au duc de Lorraine, que pour le grand duché de Toscane. La czarine et la maison de Saxe ne contractent qu'en ce qui concerne la Pologne, et les engagemens de la cour de Turin, ne sont relatifs qu'à ses intérêts.

CHAPITRE XIII.

Paix d'Abo, en 1743.

APRÈS la paix de Neustadt, la Suède, accablée des maux que lui avoit fait la guerre, ne fut occupée pendant plusieurs années que de son gouvernement intérieur. Elle ne pensa point à recouvrer les provinces qu'elle avoit perdues, et la diète convoquée extraordinairement en 1734, refusa de prendre part à la guerre qu'avoit allumée la double élection du roi Stanislas et de l'électeur de Saxe au trône de Pologne. La France n'oublia rien pour engager cette assemblée à défendre ses intérêts, elle renouvela même son traité de subside ; mais ce bienfait fut perdu : et à la première plainte qu'en fit la cour de Pétersbourg, les Suédois lui offrirent de renouveler l'alliance de 1724, qui étoit prête à expirer. Ce second traité fut conclu ; la France offensée refusa de ratifier le sien, & l'on peut regarder ce refus comme la première cause des sentimens de haine ou de jalousie que la Suède reprit contre la Russie.

En effet, la diète de 1738, commença ses opérations par prendre connoissance du renouvellement d'alliance avec cette puissance, et vouloit être instruite des motifs qui avoient rendu nul le traité de subside conclu avec la France. Cet examen donna lieu à une discussion approfondie des intérêts de l'état. Avoit-il été prudent de sacrifier un ancien allié dont on avoit reçu en toute occasion des secours, à l'amitié équivoque d'un voisin ambitieux, et qui s'étoit enrichi des dépouilles de la Suède ? Cinq sénateurs, accusés d'avoir passé leurs pouvoirs en traitant avec la Russie, furent déposés ; et si leur disgrace n'occasionna pas une rupture subite entre les deux états, elle l'annonça et fit naître une mésintelligence qui sembloit n'attendre qu'un prétexte pour éclater.

En se rappelant le souvenir de leur ancienne gloire, les Suédois oublioient leurs dernières disgraces. Ils se lièrent plus étroitement à la France, et conclurent avec la Porte une alliance perpétuelle, dont j'ai rendu compte dans le cinquième chapitre de cet ouvrage. En un mot, ils étoient d'autant plus ardens à vouloir se venger, que la liberté qu'ils avoient acquise depuis la mort de Charles XII leur avoit inspiré plus de courage et d'amour de la patrie.

Telle étoit la disposition des esprits lorsque l'impératrice de Russie, Anne Iwanowna, mourut le 27 octobre 1740. Elle avoit établi par son testament une forme de gouvernement contraire aux intérêts de trop de personnes pour être durable. La confiance entière dont

.cette princesse honora pendant tout son règne
le duc de Curlande, Jean Ernest, comte de
Biren, avoit fait plusieurs mécontens. La der-
-nière preuve d'attachement qu'elle lui donna
en l'établissant régent de Russie pendant la
longue minorité du successeur qu'elle avoit
choisi, acheva de soulever les Russes : les uns
se plaignoient qu'un enfant encore au berceau,
et qui n'avoit de droit à l'empire que par sa
mère, la duchesse de Brunswick-Bevern, lui
eût été préféré ; les autres murmuroient contre
l'injustice faite à la princesse, Elisabeth Petrowna,
fille de Pierre premier, et qui étoit appelée au
trône par le testament de l'impératrice Cathe-
rine sa mère. Soit que les ennemis du duc de
Curlande fussent dévoués à la duchesse de
Bevern, soit qu'ils fussent attachés à la princesse Elisabeth, ils se réunirent dans le dessein
de rendre odieux le gouvernement présent.

Le Sénat de Suède n'ignoroit pas ces dispositions, et prévoyoit avec plaisir les troubles
dont la Russie alloit être agitée ; il convoqua
une diète extraordinaire pour le 15 décembre
1740. La France, qui craignoit que la cour de
Pétersbourg ne prît la défense de la reine
de Hongrie contre les princes qui avoient des
droits à faire valoir sur la succession de l'empereur Charles VI, anima les Suédois à réparer
les pertes qu'ils avoient faites par la paix de
Neustadt ; et sans doute elle étoit bien sûre

de son crédit à Stockolhm, puisqu'en traitant avec le roi de Prusse le 5 juin 1741 , elle s'engagea de porter la Suède à rompre avec la Russie. Cette promesse ne fut point vaine, la guerre fut déclarée le 24 du mois suivant, et cette déclaration fut suivie d'un manifeste, dans lequel on reprochoit à la cour de Pétersbourg le violement de plusieurs articles de la dernière paix, des injures qu'un souverain ne doit jamais souffrir, et l'assassinat du major-général Sinclair, ministre de Suède à la Porte.

Les Suédois ne s'étoient point trompés dans leurs conjectures ; le duc de Curlande fut arrêté et relégué avec toute sa famille dans les déserts de la Sibérie , et la régence passa entre les mains de la duchesse de Brunswick - Bevern. Ce ne fut-là que le prélude d'une révolution encore plus considérable que devoit éprouver le gouvernement de Russie. Il se formoit un parti pour porter sur le trône la fille de Pierre-le-Grand. Cette entreprise conçue , méditée et exécutée le 5 décembre 1741 , avec autant de courage que de prudence , eut le succès désiré. Le jeune empereur Iwan , la régenté , son mari et leurs ministres furent arrêtés ; et Elisabeth Petrowna, proclamée par la garde , reçut les hommages et le serment de fidélité de tous les ordres de l'état.

Ces révolutions , comme la plupart de celles qui arrivent dans un gouvernement despotique, furent terminées trop promptement pour que les Suédois en tirassent l'avantage qu'ils en avoient attendu. Pétersbourg changeoit de maître sans paroître y prendre part ; les grands prêtoient sans efforts et sans répugnance les sermens qu'on exigeoit d'eux ; les provinces étoient dociles par habitude et par engourdissement ; et le général Lasci, qui commandoit les Russes sur la frontière de Finlande, se détermina à obéir à tous les ordres qui lui viendroient du palais lorsqu'il pouvoit peut-être se rendre l'arbitre du gouvernement.

Un des premiers soins de la nouvelle impératrice, en montant sur le trône, fut de terminer la guerre à peine commencée. Elle renvoya les officiers suédois qui avoient été faits prisonniers à l'affaire de Wilmansfrand, et les chargea de porter des propositions de paix. Ces ouvertures furent suivies d'un armistice ; pendant lequel le baron de Nolcken négocia avec les ministres de Pétersbourg. La Suède, en consentant que les articles de la paix de Neustadt servissent de base à ceux du nouveau traité, demandoit cependant qu'on y fît divers changemens ; elle offroit de rendre la partie du fief de Kexholm qui lui avoit été abandonnée, et exigeoit la restitution de la Carélie et du district de Wibourg ; et que pour la dédommager des frais de la guerre, on lui donnât en outre deux millions de rischdalle

Il étoit impossible que la négociation du baron de Nolcken eût un heureux succès; la paix, si je puis parler ainsi, n'étoit pas mûre. Les Suédois ne pouvoient, sans se déshonorer, paroître las de la guerre après une première campagne, et il n'étoit arrivé aucun événement qui les autorisât à renoncer si brusquement aux vues qui leur avoient fait prendre les armes. La nouvelle impératrice de son côté ne pouvoit ni mendier ni acheter la paix sans décrier son gouvernement; ainsi des conférences prématurées et commencées sans autre objet qu'un désir vague de la paix se terminèrent sans fruit, faute de pouvoir trouver un point de conciliation.

La seconde campagne commença, mais l'armée suédoise sembloit avoir conjuré elle-même la perte de Finlande, et ne faire la guerre que pour fuir devant les ennemis. Ces désastres étoient l'ouvrage de l'esprit de parti qui divisoit la Suède. La liberté établie après la mort de Charles XII paroissoit étrangère et même odieuse à une cabale considérable qui cherchoit sourdement à décrier l'autorité de la diète et l'administration du sénat pour-rétablir le pouvoir arbitraire. Elle espéroit que si l'armée étoit battue et malheureuse, les Suédois humiliés se dégoûteroient de la forme présente de leur gouvernement, qu'ils accuseroient la liberté de leurs défaites, et que pour rappeler la victoire, ils rétabliroient la couronne dans les droits qu'elle avoit perdus. Après une longue suite de marches et de retraites toujours pré-cipitées, dont il est inutile de rendre compte, l'armée suédoise se trouva enfin enfermée à Helsingforts, sans ressources et prête à périr ; on croit voir les Romains aux Fourches-Cau-dines : elle fut obligée de capituler, et reçut, comme une faveur, la permission de rentrer en Suède ; en abandonnant la Finlande à ses ennemis.

Il n'étoit plus temps de songer à continuer la guerre, et les Suédois firent proposer à la cour de Russie de conclure la paix en renou-velant purement et simplement le traité de Neustadt. Cette demande ne fut pas acceptée, et Elisabeth manqua l'occasion de se couvrir de gloire en montrant autant de sagesse que de modération. Les Suédois eurent recours à la médiation du roi d'Angleterre ; et, pour la rendre plus efficace, la diète appela à la suc-cession du trône le duc de Holstein-Gottorp, neveu de l'impératrice de Russie, et qui ne reçut la nouvelle de son élection, qu'après avoir été fait grand duc de Russie, et qu'il eut embrassé la religion grecque. Cette démarche, propre à rapprocher les esprits, leva les princi-pales difficultés qui empêchoient qu'on n'enta-mât une négociation sérieuse. Le duc de Holstein appelé au trône de Russie, ne pouvoit plus accepter celui de Suède, mais il protégea les intérêts, et l'impératrice demanda que la diète, favorable à la maison de Holstein, fît choix du prince Adolphe-Frédéric de Holstein-Gottorp-Eutin, évêque de Lubeck, pour succéder à la couronne ; et dès qu'on fut convenu de cet important article, la paix qu'on négocioit à Abo en Finlande y fut signée le 17 août 1743.

Cete pacification n'apporta aucun changement à la situation ni aux intérêts du Nord ; mais si la czarine ne se fût pas rendue maîtresse de l'élection d'un successeur au trône de Suède, peut-être que les Suédois, qui avoient éprouvé la supériorité accablante des Russes, auroient cherché à se relever en choisissant pour roi un prince déjà puissant par lui-même. Quoiqu'ils n'aient paru partagés dans l'élection qu'entre les maisons de Hesse et de Holstein, quelques personnes instruites ont cru qu'on auroit vu revivre l'union de Calmar, si la Suède n'avoit pas été obligée de céder à des impressions étrangères. Il est certain du moins que le roi de Danemarck avoit pour amis tous les partisans de l'ancien gouvernement, et que plusieurs princes croyoient devoir le favoriser.

Il importoit beaucoup à la république de Pologne, que la Russie eût dans son voisinage une puissance jalouse de sa grandeur, et qui pût lui causer quelque inquiétude. A la faveur des ménagemens que la cour de Pétersbourg auroit été forcé d'avoir pour la Suède unie au Danemarck et à la Norwège, les Polonois auroient secoué l'espèce d'empire que le czar Pierre premier a pris sur eux, et que ses successeurs exercent encore.

Le roi de Prusse n'étoit pas moins intéressé à favoriser l'union de Calmar. Je sais qu'à la paix de Westphalie, la maison de Brandebourg n'a cédé que malgré elle une partie de la Poméranie aux Suédois ; elle a toujours continué à regarder cette province comme un patrimoine, et elle tentera toujours de la recouvrer. Cependant je suis persuadé que la cour de Berlin ne pense pas que la foiblesse des Suédois doive rendre plus facile l'exécution de ses projets. Les politiques se trompent quand ils avancent vaguement et en général, que c'est toujours un mal pour un état que l'agrandissement de son voisin. Le roi de Prusse sait que cette maxime a ses exceptions. Il regarde au contraire avec chagrin l'affoiblissement des Suédois ; il en reçoit le contre-coup, parce qu'il en sent davantage la supériorité de la Russie dans le Nord. S'il y avoit quelque espèce d'égalité entre la Russie et la Suède, la cour de Berlin feroit pencher la balance à son gré, elle se feroit craindre, elle se feroit rechercher, et employant la même politique dont la maison de Savoie s'est servie à l'égard de la France et de la maison d'Autriche, elle auroit certainement les

mêmes succès , et s'empareroit bientôt des provinces qui font l'objet de son ambition.

Il n'y a point de prince en Europe , qui
n'ait éprouvé combien la nouvelle considération dont la cour de Pétersbourg jouit depuis
le commencement de ce siècle , a diminué de
la sienne. Pierre I et ses successeurs out accoutumé les états même les plus reculés à des
attentions, à des égards jusqu'alors inconnus ;
ils les ont forcés à des ménagemens , ils leur
ont inspiré des alarmes. Dans la guerre de 1733 ,
on a vu une armée de Russes sur le Rhin. Il
étoit donc de l'intérêt de toutes les puissances
d'abaisser la Russie , ou du moins de travailler
à l'union de Calmar , pour lui opposer un ennemi
redoutable , et l'occuper des seules affaires
du Nord.

Il n'y a eu que la cour de Vienne qui ait
d'abord vu augmenter son crédit par l'élévation de la Russie. L'alliance que l'empereur
Charles VI contracta le 6 août 1726 , avec la
veuve de Pierre premier , étoit fondée sur leur
avantage mutuel. Ces deux puissances trop
éloignées l'une de l'autre pour se faire aucun
tort , ou se croiser dans leurs intérêts , ne
devoient point être jalouses de leurs forces ;
ce qui agrandissoit le pouvoir de l'une augmentoit la considération de l'autre. En un mot ,
la Russie menaçoit le Nord des forces de la
maison d'Autriche , et la maison d'Autriche

s'appuyoit dans le Midi de l'Europe de l'amitié de la Russie.

Mais les choses avoient changé de face depuis que l'avènement de la princesse Elisabeth à l'empire avoit ouvert le chemin du trône au duc de Holstein - Gottorp son neveu. La cour de Vienne ne pouvoit se déguiser que les liens de son alliance ne commençassent à se relâcher. L'héritier présomptif de Russie étoit prince de l'empire ; il avoit des droits et des prétentions à y faire valoir, et il étoit aisé de prévoir qu'un jour les ministres du duc de Holstein à la diète de Ratisbonne feroient sentir que leur maître est l'empereur de Russie. Cette réflexion n'avoit pas échappé à la sagacité du conseil de Vienne, principalement occupé du soin d'agrandir son crédit en Allemagne : il craignit la future élévation de la maison de Holstein, et que pour en préparer et favoriser la fortune, l'impératrice Elisabeth ne commençât dès ce moment à séparer ses intérêts de ceux de la reine de Hongrie. Puisqu'il fit quelques tentatives inutiles pour changer l'ordre de succession nouvellement établi en Russie, il n'est pas douteux qu'il n'eût agi en faveur du Danemarck, si les Suédois avoient encore été les maîtres de se choisir un roi.

Il étoit important pour toute l'Europe d'opposer à la Russie une masse de puissance, capable d'occuper son ambition dans le Nord ;

mais qu'on me permette de demander si l'union de Calmar étoit bien propre à produire l'effet qu'on en attendoit. Suffit-il d'unir des provinces les unes aux autres pour former une grande puissance ? Peut-être que l'union de la Suède et du Danemarck n'auroit servi qu'à réveiller les anciennes haines qui les avoient divisés. Est-il vraisemblable qu'un prince accoutumé à gouverner ses anciens états avec le pouvoir le plus absolu, eût consenti à n'être en Suède, avec le titre de roi, que le simple adminis- trateur des lois de la république ? Il eût été suspect à ses nouveaux sujets. Plus on lui eût lié les mains par des actes d'assurance, des capitulations et des sermens, plus il eût été pressé de s'en affranchir. Les partisans du nou- veau gouvernement, qui forment la partie la plus considérable de la nation, seroient-ils demeurés oisifs au milieu de leurs alarmes ? Occupés de leurs soupçons, ils se seroient fait un art de contrarier le gouvernement. La Suède et le Danemarck, accoutumés à des prin- cipes tout différens d'administration, n'auroient jamais agi avec ce concert qui pouvoit rendre leur union redoutable ; peut-être que leurs divi- sions intestines auroient servi à l'agrandisse- ment de la Russie. En supposant que la cour de Coppenhague eût réussi par adresse à dompter la liberté et les lois de la Suède, elle n'en auroit pas été plus puissante contre ses voisins ; elle auroit continué pendant long-temps à regarder les Suédois comme ennemis , ou du moins comme des sujets mécontens et mal affectionnés. —

Si le parti de la liberté , en triomphant de celui qui lui est opposé, étouffe les divisions qui affoiblissent aujourd'hui la Suède ; s'il affermit le gouvernement présent , comme on a lieu de l'espérer ; s'il allume dans tous les cœurs l'amour du bien public ; la Suède réduite à ses seules forces ne sera-t-elle pas plus respectée de ses voisins, que si soumise à un prince étranger et puissant , elle eût vu altérer et ruiner les principes de son administration ? La cour de Pétersbourg ne l'a pas pensé , puisque s'apercevant en 1749 de quelques commotions favorables aux progrès de la prérogative royale , elle demanda aux Suédois de s'engager par un acte solennel à ne rien changer à leur constitution présente. Je me garde bien de censurer cette conduite , mais je ne puis m'empêcher de remarquer que , dans ces circonstances , le cardinal Mazarin auroit eu une politique toute différente. Quand il vit la fortune de Cromwel et la proscription de la maison de Stuart , il craignit que l'Angleterre ne se formât en république , et ne devînt par-là trop formidable à ses voisins.

La situation présente du Nord est un des objets les plus intéressans qui puissent occuper la politique. L'empire russien n'est point déchu, dit-on, depuis le règne de Pierre-le-Grand, les arts s'y perfectionnent encore de jour en jour; son commerce s'étend; sa marine est florissante, et ses milices aguerries et disciplinées viennent de faire voir dans la dernière guerre, qu'elles conservent l'esprit de celles qui battirent Charles XII à Pultova. Tout promet aux Suédois un avenir heureux. A chaque diète les lois toujours plus sages concourent à affermir la constitution présente, et en s'affermissant elle se perfectionnera nécessairement. Il se présente à l'esprit une foule de réflexions sur les intérêts de la Suède et de la Russie, et elles n'échapperont pas aux lecteurs accoutumés à rechercher les causes de la prospérité et de la décadence des états.

SUÈDE, RUSSIE.

Il y aura une paix perpétuelle entre la Suède et la Russie. Loin de former dans la suite aucune alliance qui soit contraire aux articles d'Abo, ces deux puissances renonceront même aux engagemens qu'elles pourroient avoir contractés, et qui y seroient nuisibles. L'une ne donnera jamais aucun secours aux ennemis de l'autre, et elles conviennent entre elles d'une amitié très-étroite. (Traité d'Abo, article 1). Après la conclusion de la paix d'Abo, la Suède et la Russie renouvelèrent leur traité conclu à Stockholm le 22 février 1724 pour douze ans, et confirmé le 5 août 1735. J'ai déjà parlé de cette alliance dans le neuvième chapitre de cet ouvrage, à l'article de la maison de Holstein-Gottorp ; mais n'ayant rendu compte que des engagemens relatifs aux intérêts des princes de Holstein, je vais faire connoître les autres conventions de cette alliance remise en vigueur, et qui fait partie de la paix d'Abo.

Si l'un des états contractans est attaqué par quelque puissance étrangère, l'autre emploira ses bons offices pour rétablir la concorde ; mais dans le cas que ses soins soient infructueux, il donnera au plus tard, quatre mois après qu'il en aura été requis, un secours à son allié. De la part du roi et royaume de Suède, ce secours consistera en huit mille hommes d'infanterie, deux mille chevaux, six vaisseaux de 50 à 70 pièces de canon et deux frégates de trente ; de la part de la cour de Russie, en douze mille fantassins, quatre mille chevaux, neuf vaisseaux de 50 à 70 canons. et trois frégates de trente. Ces troupes auxiliaires, seront entretenues par le prince qui les fournira. A l'égard des vaisseaux auxiliaires, on les équipera et ravitaillera pour quatre mois. A l'expiration de ce terme, la puissance requérante leur fournira l'entretien. Le commandement général des forces auxiliaires appartiendra au général du prince requérant, de manière néanmoins qu'on n'entreprendra rien d'important, qui n'ait été conclu et arrêté dans un conseil de guerre, et en présence de l'officier général qui commandera les troupes auxiliaires. (Traité de Stockholm, du 22 février 1724, et renouvelé le 5 août 1735, articles 4, 5, 6, 7 et 8). Si le contractant requis étoit attaqué à cause des secours qu'il donne à son allié, celui-ci ne pourra faire aucun traité de trève ni de paix, sans son consentement. (Traité de Stockholm, article 17).

Tout vaisseau de guerre appartenant à la couronne de Suède, qui passera devant un fort de Russie, fera le salut suédois, et on lui répondra par le salut russien. Réciproquement tout vaisseau de guerre de Russie saluera de son salut ordinaire les forts de Suède devant lesquels il passera, et on lui répondra par le salut suédois. On dressera une convention particulière pour régler la façon dont les vaisseaux de Russie et de Suède se gouverneront, soit qu'ils se rencontrent en mer, soit qu'ils se trouvent dans un port. Jusques-là, pour éviter toute contestation, ils ne se feront aucun salut. (Traité d'Abo, article 17). J'ignore si la convention dont il est parlé dans cet article, a été dressée. Avant le règne de Pierre-le-Grand, les Russes ne connoissoient point l'usage du salut. Il seroit à souhaiter que les puissances de l'Europe convinssent entre elles de quelques articles sur ce point; cette négociation seroit difficile, plusieurs peuples étant extrêmement jaloux de l'honneur de leur pavillon, et affectant même sur certaine mer un empire que leurs voisins n'ont jamais voulu reconnoître. Seroit-il impossible de supprimer le salut qui peut occasionner les querelles les plus importantes, et qui dans le fond n'est bon à rien ?

On rappelle et confirme le vingtième article de la paix de Neustadt, par lequel on étoit convenu que les deux cours ne défraieroient plus les ambassadeurs qu'elles s'envoient mutuellement. (Traité d'Abo, art. 18). Quoique à l'avenir il arrivât quelques différends entre les sujets des deux états, le présent traité sera cependant tenu et observé à perpétuité dans toute sa force; et les différends survenus seront examinés par des commissaires nommés de part et d'autre, et terminés suivant les règles de l'équité. (Traité d'Abo, art. 19).

Tous ceux qui étant coupables de trahison, vol, meurtre et autre crime, ou qui même, sans être criminels, quitteront la Russie pour la Suède, ou la Suède pour la Russie, seront rendus sans délai à la puissance qui les réclamera. On rendra avec eux les effets qu'ils auront apportés, et leur famille, si elle les a suivis. (Traité d'Abo, art. 20). Rien n'est plus sage pour les états que de se rendre réciproquement les malfaiteurs qu'ils réclament. Mais on est étonné qu'une nation libre comme la nation suédoise, où les paysans citoyens ne sont pas des serfs attachés à la glèbe, semble ignorer que tout homme a droit de se faire une patrie, et que l'opinion contraire est un reste des préjugés nés dans la barbarie du gouvernement des fiefs.

RUSSIE.

. . Le roi et le royaume de Suède renouvellent et confirment en détail l'abandon entier et perpétuel de toutes les provinces, îles, côtes, villes, places, domaines, districts, etc. qui ont été cédés à la Russie par la paix de Neustadt. (Voyez le chapitre neuvième de cet ouvrage). Ils renoncent à tous les droits et prétentions qu'ils pourroient avoir ou former sur ces pays, qui seront unis pour toujours à la couronne de Russie. (Traité d'Abo, art. 4).

Sa majesté suédoise cède encore à la czarine, et à ses successeurs, le gouvernement de Kimengord dans le grand duché de Finlande ; les forteresses et villes de Frédérikskam et de Wilmansfrand ; la partie de la paroisse de Pyttis, qui est à l'ouest du Kimen ou Kiltis ; la ville de Nislot avec son territoire ; les ports, places, districts situés à l'embouchure du Kimen.

de même que toutes les îles qui sont au sud et à l'ouest de cette rivière. Sous aucun prétexte ou raison que ce puisse être, les Suédois ne revendiqueront jamais ces cessions. (Traité d'Abo, article 5).

Les limites respectives entre les deux puissances contractantes commenceront au cap du nord du golfe de Finlande, à l'embouchure du dernier bras à l'ouest de la rivière de Kimen, ou Keltis. La Russie conservera tout le pays situé à l'est et au nord de cette rivière, depuis son embouchure dans la mer jusqu'au district de Tavasthus et de Savolax. Du territoire de Nislot, où on établira le point fixe des limites, on tirera deux lignes, l'une du côté du sud vers les frontières du gouvernement ou province de Kimengord, et l'autre du côté de l'est vers celle de la Carélie : ces lignes serviront de bornes aux domaines des deux parties contractantes. On ne fera aucun autre changement dans le reste de leurs frontières, et elles subsisteront telles qu'elles ont été réglées par le traité de Neustadt. (Traité d'Abo, art. 7). Je me suis contenté de donner une idée générale des limites établies par la paix d'Abo. Si on veut en connoître les détails, il faut consulter le traité même, et avoir sous les yeux une carte exacte du duché de Finlande.

Dans tous les pays cédés à la Russie, les anciens habitans ne seront exposés à aucun changement par rapport à leur religion. Ils jouiront d'une entière liberté de conscience ; ils conserveront leurs églises et leurs écoles et tout ce qui en dépend, sur le pied établi dans le gouvernement de Suède. On pourra cependant, en faveur des anciens sujets de la cour de Russie, établir dans les mêmes domaines les cérémonies de la religion grecque. (Traité d'Abo, art. 8).

Dans toutes les provinces, villes, districts, domaines, etc. cédés à la Russie par les traités de Neustadt et d'Abo, les habitans nobles et roturiers, ayant magistrats, communautés et tribuns jouiront des mêmes privilèges dont ils ont joui sous le gouvernement de Suède, et conserveront leurs coutumes, droits, lois et justice. Chaque particulier sera maintenu et conservé dans la possession de ses biens, terres et revenus. (Traité d'Abo, art. 9 et 10).

SUÈDE.

A l'exception des pays abandonnés à la Russie, et énoncés dans les articles précédens, la cour de Pétersbourg restituera au royaume de Suède les pays occupés par les armées russes, et ne prétendra jamais y avoir aucun droit. (Traité d'Abo, art. 6). La Russie renouvelle l'abandon que le czar Pierre premier a fait à la Suède de la partie de la Carélie, appelée le fief de Kexholm. Ce fief, qui, sous quelque prétexte que ce soit, ne sera jamais revendiqué par les Russes, restera pour toujours uni à la couronne de Suède. (Traité d'Abo, art. 7). Il est libre au roi de Suède de faire acheter annuellement pour cinquante mille roubles de grains dans les ports du golfe de Finlande, moyennant que l'on prouve que c'est pour son compte ou pour des sujets qu'il aura autorisés, sans payer aucun droit, et de les transporter en Suède. Cependant ce privilège n'aura pas lieu dans les années stériles, ou lorsque par des raisons supérieures la cour de Pétersbourg défendra la sortie des grains. (Traité d'Abo, art. 13).

COMMERCE.

Les Suédois en Russie et les Russes en Suède seront traités, à l'égard du commerce, comme la nation la plus favorisée. On leur restituera les magasins et comptoirs qu'ils avoient respectivement en différentes villes de la domination russe et suédoise avant la guerre ; il leur sera permis d'en établir de nouveaux dans les autres places qu'ils jugeront à propos. Les vaisseaux suédois et russes qui échoueront sur les côtes respectives des deux puissances, seront aidés et secourus par les habitans du pays, toute déprédation sera défendue, et on restituera les effets réclamés dans l'an et jour. (Traité d'Abo, art. 14, 15 et 16).

Les plénipotentiaires d'Abo, au lieu d'être convenus par un article particulier de leur traité, que celui de Neustadt étoit en vigueur, ont préféré, comme on le voit, d'en rappeler en détail presque toutes les conventions.

CHAPITRE XIV.

PAIX D'AIX-LA-CHAPELLE,
en 1748.

Négociations et traités qui y sont relatifs.

PENDANT qu'on travailloit au traité de paix conclu à Vienne, en 1738, des différends élevés en Amérique entre les Espagnols et les Anglois, au sujet du commerce et des limites de la Caroline, menaçoient ces deux peuples, et par conséquent leurs alliés d'une nouvelle guerre en Europe. On avoit vu de tout temps les colonies des Européens dans le Nouveau-Monde chercher à s'étendre les unes aux dépens des autres, et violer par un commerce frauduleux les lois qui leur étoient imposées ; mais l'Europe avoit été occupée avant ce siècle d'affaires qui l'intéressoient d'une manière trop directe pour ne pas regarder ces querelles d'un œil presque toujours indifférent. La rivalité établie entre la France et la maison d'Autriche, fixoit leur attention et celle de toutes les puissances sur le sort de l'Italie, de l'Empire et des Pays-Bas. L'Espagne insensiblement déchue, et qui ne

résistoit qu'avec peine aux entreprises des François, ne songeoit point à se plaindre des Anglois,
dont les colonies de jour en jour plus puissantes
commençoient à l'inquiéter ; et quand dans sa
décadence elle se lia étroitement avec eux,
elle en tira de trop grands secours pour leur
disputer des déserts, et les chicaner sur la
contrebande qu'ils faisoient dans ses possessions.

Après la paix d'Utrechr, il se répandit un
nouvel esprit dans l'Europe. On diroit que les
états, lassés de leur ambition et des maux qu'ils
avoient soufferts, avoient enfin compris que
leur constitution ne leur permet pas d'être con-
quérans, et que la guerre ne pouvoit agrandir
leur fortune. Epuisés par les dépenses énormes
qu'ils avoient faites, ils sentirent que leurs
entreprises avoient été au-dessus de leurs forces,
et ils ne songèrent qu'à augmenter et régler
leurs revenus. En voyant les ressources infinies
que les Anglois et les Hollandois avoient
trouvées dans le commerce, on s'accoutuma à
le regarder comme le principal ressort de la
politique, et le nerf de la guerre et de la
paix. Cette nouvelle manière de penser devoit
rendre d'autant plus importantes pour l'Europe
les querelles qui se formoient en Amérique,
que les Anglois qui étoient avec la France à
la tête des affaires, n'avoient des vues de conquête et d'ambition que pour agrandir leurs
colonies et multiplier les relations de leur com-

merce dans le Nouveau-Monde ; et ce continent sera en effet un foyer de discorde pour le
nôtre , tant que ses intérêts nous paroîtront
d'un prix supérieur , ou du moins égal à ceux
de nos propres provinces.

Quelques mesures que l'Espagne eût prises.,
depuis que Philippe VI étoit affermi sur le
trône pour empêcher la contrebande dans ses
colonies , elle n'avoit point cessé d'avoir de
justes sujets de plainte contre les Anglois. Elle
auroit·éclaté plutôt, si elle n'avoit été distraite
par d'autres projets dont j'ai parlé , et par les
négociations qui occupèrent l'Europe jusqu'à
l'établissement de Don Carlos en Italie. Les
abus de la contrebande continuèrent , la cour
de Madrid se plaignit ; et n'ayant pu obtenir
aucune satisfaction de l'Angletterre , elle augmenta le nombre de ses gardes–côtes , et les
ordres qu'elle leur donna d'être plus vigilans
occasionnèrent enfin quelques ·hostilités. Les
esprits s'aigrirent , et s'il en faut croire les
Ang'ois , leur commerce étoit entièrement ruiné,
On visitoit leurs vaisseaux en pleine mer ; après
les avoir saisis sous les prétextes les plus frivoles , on les déclaroit, de bonne prise contre
toute règle , et leurs matelots étoient traités de
la manière la plus barbare, .

Les deux cours désiroient la paix ; elles
cherchèrent à se concilier ; et leurs ministres
signèrent à Londres, le 9 septembre 1738., des

articles préliminaires. On convint de prévenir une rupture par des voies amiables , et l'Espagne s'engageoit à payer à la Grande-Bretagne la somme de quatre-vingt-quinze mille livres sterling. Soit que l'ambassadeur de cette première puissance n'eût pas suivi fidellement ses instructions , soit , comme il est plus vraisemblable , que le ministère de Madrid en voyant la facilité de la cour de Londres à se prêter à un accommodement , se repentît d'en avoir trop montré , et voulût revenir sur ses pas pour obtenir des conditions plus avantageuses , Philippe V ne ratifia l'acte qu'on venoit de passer , qu'avec la clause que les Anglois prendroient à compte des quatre-vingt-quinze mille livres sterling qu'il devoit leur délivrer , la somme de soixante-huit mille livres sterling que lui devoit la compagnie de l'Assiento.

La cour de Londres se plaignit de cette restriction comme d'une infidélité , et après les reproches ordinaires en pareil cas , on renoua une nouvelle négociation. Le 10 janvier 1739 , les ministres des deux puissances convinrent vaguement et sans fixer aucun terme , que si les Assientistes ne satisfaisoient pas le roi d'Espagne , ce prince seroit le maître de suspendre le privilège de leur commerce ; et quatre jours après ils signèrent au Pardo , des articles par lesquels il étoit arrêté , qu'en attendant qu'on pût prendre de concert les mesures les plus propres à concilier les intérêts des deux nations au sujet du commerce, et qu'on réglât les limites de la Floride & de la Caroline, tout acte d'hostilité cesseroit en Amérique. Ni les Anglois, ni les Espagnols ne devoient élever de nouvelles fortifications sur les territoires contestés ; il leur étoit également défendu d'occuper de nouveaux postes ; et cependant la cour de Madrid consentoit à payer au roi d'Angleterre, quatre mois après la ratification des articles du Pardo, la somme de quatre-vingt-quinze mille livres sterling, et ce prince se chargeoit de dédommager ses sujets des pertes qu'ils avoient pu faire.

Ces préliminaires excitèrent une indignation générale en Angleterre, Les commerçans faisoient monter les déprédations des gardes-côtes espagnols, à des sommes immenses ; d'ailleurs ils ne se flattoient pas que le roi disposât avec fidélité de l'argent dont il seroit dépositaire. Toute la nation comptant assez sur ses forces pour espérer de réduire les Espagnols à souffrir le commerce illicite dont ils se plaignoient, se croyoit trahie et déshonorée. De quel droit, disoit-on à Londres, le roi d'Espagne affecte-t-il l'empire des mers d'Amérique ? Si ses colonies manquent de tout, s'il ne peut être obéi par ses propres officiers, qui pour s'enrichir favorisent nos contrebandiers, est-ce nous qu'il en doit punir ? La mer ne sera-t-elle plus libre ? Tout notre commerce ne sera-t-il que précaire, parce que quelques-uns de nos commerçans versent sur les côtes du Mexique quelques-unes de nos marchandises. Le parlement même entraîné par le mouvement général de la nation, paroissoit disposé à restreindre, par un coup d'autorité, la prérogative qui laisse au roi la disposition de la guerre et de la paix.

Le ministère intimidé ne trouva d'autre moyen pour calmer les esprits, que de paroître abandonner le traité du Pardo, il laissa dans la Méditerranée l'escadre qu'il s'étoit engagé de rappeler; et bien loin de donner des ordres pour suspendre les hostilités en Amérique, il se disposa à y faire passer de nouvelles forces. Tout annonçant la guerre, l'Espagne ne se hâta pas de payer au terme convenu les quatre-vingt-quinze mille livres sterling auxquelles elle s'étoit engagée ; et le roi d'Angleterre, trop heureux qu'on lui fournît un prétexte d'obéir à ses sujets, se plaignit d'une infraction qu'il désiroit, feignit de la colère, donna des lettres de représailles contre les Espagnols, et leur déclara enfin la guerre le 30 octobre 1739.

Les Anglois n'eurent pas les succès dont ils s'étoient flattés, et qu'annonçoit la supériorité de leurs forces maritimes. Ils surprirent Porto-Bello, dont ils rasèrent les forts ; mais ils furent obligés de lever le siège de Carthagène. On dit dans le temps que le gouvernement avoit fait manquer cette entreprise pour justifier ses négociations pacifiques du Pardo, dégoûter la nation d'une guerre qu'il n'avoit commencée que malgré lui, et la corriger d'une présomption qui la rend inquiète et trop indocile. Quoi qu'il en soit, cette guerre ne causa qu'une légère commotion en Europe. Le ministère anglois s'étoit fait une trop longue habitude d'aimer la paix, pour faire la guerre avec beaucoup de vigueur. Ses vues étoient timides; ses opérations étoient lentes; il négocioit mollement auprès des Puissances-Unies; et quoique cette république eût à se plaindre des gardes-côtes espagnols, elle prenoit le parti de laisser vider cette querelle par les Anglois, espérant avec raison, que sans peine, sans frais et sans danger, elle profiteroit des règlemens qui assureroient la liberté de leur commerce. L'Espagne, sans espérance de faire des conquêtes en Amérique, et n'y possédant déjà que de trop vastes provinces, étoit disposée à terminer une guerre défensive, dans laquelle elle pouvoit beaucoup perdre, et ne pouvoit rien gagner. La France armoit dans ses ports, mais pour favoriser la paix; et l'on vit cette guerre qui étoit prête à finir après une première campagne, se perdre, pour ainsi dire, dans celle qu'alluma la mort

de

de l'empereur Charles VI et qui fixa l'attention de toute l'Europe.

Ce prince mourut le 20 octobre 1740, et il avoit pris (voyez le douzième chapitre de cet ouvrage) des mesures si peu capables d'assurer l'indivisibilité de sa succession, que sans une modération extrême et peu vraisemblable de la part des princes qui avoient des droits à faire valoir sur son héritière, ou qui étoient jaloux de sa puissance, il étoit impossible de conserver la paix. On étoit attentif à toutes les démarches des cours d'Espagne, de Bavière et de Saxe ; on examinoit avec plus d'attention encore la conduite de la France, qu'on regardoit comme l'arbitre de la paix et de la guerre. Mais on se trompoit, l'orage se préparoit d'une autre côté ; et le roi de Prusse, en entrant à main armée dans la Silésie, pour faire revivre d'anciens droits qu'il prétendoit avoir sur cette province, décida l'Europe incertaine, et rendit nécessaire une guerre qui étoit encore douteuse.

Frédéric III n'étoit monté sur le trône que depuis quelques mois, et il succédoit à un prince qui pendant tout son règne n'avoit été occupé que du soin de peupler ses provinces, d'amasser de grandes richesses par une extrême économie, et sur-tout de se former une armée nombreuse et savamment disciplinée. Telle avoit été la politique constante de Frédéric II que son fils qui ne possédoit encore que les anciens domaines de sa maison, se trouva entre les mains des forces supérieures à celles des puissances les plus considérables. En effet, tandis que toutes étoient accablées de dettes, et ne trouvoient qu'à peine dans leurs revenus ordinaires, de quoi subvenir à leurs dépenses indispensables, et négligeoient des troupes médiocrement disciplinées, le roi de Prusse avoit un trésor de quatre-vingt millions, et un trésor encore plus précieux, c'est-à-dire, son éloignement pour le luxe, et une administration accoutumée à faire beaucoup de choses avec peu d'argent, et cent mille hommes qui sans avoir fait la guerre, pouvoient défier les armées les mieux aguerries et les plus nombreuses.

Toute cette grandeur formée dans le silence par l'industrie d'un prince, et non par des lois d'un gouvernement invariable, se seroit évanouïe sans qu'on s'en fût aperçu, si Frédéric III ne fût né avec des talens supérieurs, qu'une éducation mâle et sévère, et même des disgraces avoient développés et étendus. Il est difficile d'être prince, de pouvoir se faire redouter de ses voisins, et de n'être pas ambitieux. Frédéric crut qu'il lui étoit inutile d'être fort, si ses forces ne lui servoient pas à se rendre plus puissant. Sans avoir recherché aucun allié sans avoir traité avec aucune puissance, il entra en Silésie à la tête de trente mille hommes, un mois après la mort de l'empereur. Faisant à la fois le double rôle d'ami et d'ennemi de la cour de Vienne, il proteste qu'il en défendra les intérêts avec chaleur, tandis qu'il s'empare d'une de ses plus riches provinces : d'une main il donne le signal de la guerre, et de l'autre il offre à son ennemi son argent et ses troupes.

Par cette conduite, le roi de Prusse se rendit en quelque sorte le centre et l'arbitre de toutes les négociations qui commençoient à agiter l'Europe. Plus il faisoit d'offres de services à la reine de Hongrie, en lui présentant la paix et lui faisant la guerre, plus il attiroit à lui les princes qui vouloient la dépouiller. Par une suite de la position avantageuse qu'il avoit eu l'art de prendre, il profitoit également de la crainte et de l'ambition de toutes les puissances, et toutes leurs démarches lui étoient également utiles ; il étoit sûr de faire son accommodement avec la cour de Vienne en gardant ses conquêtes, ou d'avoir des alliés qui le seconderoient.

La reine de Hongrie trop éclairée pour espérer d'obtenir la paix par l'abandon de la Silésie, craignit qu'on ne crût qu'il suffisoit de l'intimider pour la forcer à faire de nouveaux sacrifices. A la suite des demandes du roi de Prusse, elle prévoyoit déjà celles que feroient le roi de Pologne, électeur de Saxe, la maison de Bavière et la cour de Madrid. Elle rejeta les unes pour n'être pas obligée d'accorder les autres; et se flattant d'imposer par cette fermeté au cardinal de Fleury qui vouloit la paix, parce qu'il craignoit la guerre, elle compta de réduire ensuite sans peine la cour de Berlin, qu'on n'étoit pas encore accoutumé à redouter. Cette conduite, la plus sage que pût tenir la cour de Vienne, ne fit que prêter des forces à des personnes puissantes qui avoient une influence considérable dans le conseil de France, et qui vouloient la guerre pour consommer, disoient-elles, l'ouvrage commencé par le cardinal de Richelieu, de l'abaissement de la maison d'Autriche. Elles ébranlèrent le principal ministre, en lui prouvant qu'il se flattoit en vain d'obtenir par des négociations ce que le roi de Prusse ne pouvoit obtenir par les armes; enfin, il paroissoit trop aisé d'accabler la reine de Hongrie, ou plutôt de lui faire la loi, pour que leur opinion ne prévalût pas.

Le traité que la France signa à Breslau, le 5 juin 1741, avec le roi de Prusse, fixa les idées jusqu'alors flottantes de la plupart des princes. Après les articles ordinaires dans ces sortes d'alliances, elle garantissoit la possession de la Basse-Silésie à la cour de Berlin, et s'obligeoit à la fois d'envoyer à l'électeur de Bavière les secours nécessaires pour soutenir ses droits sur la succession autrichienne, et d'occuper la Russie chez elle, en portant la Suède à lui déclarer la guerre. Le roi de Prusse de son côté convenoit des arrangemens dont j'ai déjà rendu compte ailleurs (voyez le premier chapitre de cet ouvrage, au sujet de la succession de Clèves et de Julliers , en faveur de la maison Palatine de Sulsbach) et promettoit de donner sa voix à l'électeur de Bavière pour l'élever sur le trône de l'empire. Ces deux princes traitoient séparément et d'une manière plus détaillée , au sujet des conquêtes que l'un avoit déjà faites , et que l'autre médi-toit ; et en se garantissant , sous la protection de la France , la Bohême et la Silésie , mirent le dernier sceau à la ligue formée contre la cour de Vienne.

Les hostilités ne tardèrent pas à commencer. Tandis que les Provinces-Unies , intimidées par l'armée françoise qui étoit sur le Bas-Rhin , n'osoient remplir leurs engagemens à l'égard de la pragmatique - sanction , et que le roi d'Angleterre s'engagea en qualité d'électeur de Hanovre, de ne troubler aucun des amis. de la France dans la poursuite de leurs droits ; l'électeur de Bavière, après s'être emparé de Passau le 31 août 1741 , entra sur les terres de la maison d'Autriche.

La reine de Hongrie abandonnée de ses deux fidelles alliés, et ne pouvant rien espérer de la Russie , où le gouvernement incertain n'annonçoit que des révolutions (voyez le chapitre précédent) sembloit devoir succomber promptement sous le nombre et les forces de ses ennemis ; mais leur confiance indiscrète la servit utilement. Quoi qu'ils n'eussent pris aucune des mesures nécessaires pour mettre cette princesse dans l'impuissance de se défendre, ils comptèrent qu'elle alloit leur demander une paix dont les conditions auroient été aussi fâcheuses pour elle que la guerre la plus malheureuse. Elle opposa par nécessité son désespoir à leur imprudence ; et quand la fortune commença à lui être favorable, les personnes qui avoient voulu la guerre en France avoient si peu compris la nature de leur entreprise et des moyens propres à la faire réussir , qu'elles accusèrent le cardinal de Fleury de ne leur avoir donné pour l'exécuter que la moitié des forces qu'elles avoient demandées. Il y a cependant toute apparence qu'une armée plus nombreuse n'auroit pas eu des succès plus heureux. Les forces que commandoit l'électeur de Bavière auroient suffi, si au lieu d'entrer en Bohême , après la prise de Passau , ce prince moins impatient de se faire couronner à Prague, fût allé faire le siège de Vienne même. Il falloit poursuivre la reine de Hongrie jusqu'à Presbourg, où elle auroit été obligée de capituler. La guerre d'invasion a ses lois particulières ; dès qu'elle traîne en longueur , elle est nécessairement malheureuse : c'est le sort de la capitale qui doit décider de celui des provinces.

Pendant que le maréchal de Belle-Isle occupé de l'élection de l'empereur, et de quelques négociations aussi faciles qu'inutiles, commandoit de Francfort les opérations de Bohême, l'armée sans chef réel, et distribuée, soit pour subsister, soit pour couvrir une plus grande étendue de pays, en différens corps incapables de se secourir mutuellement, étoit foible par-tout, et ne pouvoit se défendre nulle part. Les Autrichiens profitèrent de cette disposition extraordinaire ; et la veille que l'électeur de Bavière fut élu empereur, ils forcèrent dix mille François d'évacuer Lintz, en s'engageant par leur capitulation à ne point porter les armes d'un an contre la cour de Vienne.

Les François avoient d'abord mal fait la guerre, parce qu'ils n'avoient point eu de général ; et afin de réparer cette faute, on envoya le maréchal de Broglie en Allemagne, pour y commander conjointement avec le maréchal de Belle - Isle. On se souvient encore des funestes divisions qui régnèrent entre eux, et les François furent malheureux par-tout, parce qu'ils eurent deux généraux. L'un, plus entreprenant et plus hardi dans ses opérations, prétendoit cependant qu'après avoir mal commencé la guerre, le seul parti raisonnable étoit d'évacuer la Bohême et de ramener l'armée en France. L'autre, plus précautionné dans toutes ses démarches, étoit moins tranchant à la guerre qu'en politique. Il trouvoit beau, pour ne pas convenir de ses fautes, de conserver Prague à force de travaux, sans songer qu'il regarderoit enfin comme un grand avantage d'en pouvoir retirer les restes d'une armée languissante. De quelle utilité pouvoit être pour les François une guerre défensive en Bohême ? S'il est inutile de conquérir des provinces qu'on ne peut conserver, l'est-il moins de faire des efforts pour s'y maintenir ?

Je ne dois pas rechercher ici les causes des malheurs presque continuels que la France éprouva jusqu'en 1744, je me bornerai à examiner pourquoi la guerre devenoit plus ardente et plus opiniâtre, à mesure qu'on négocioit avec plus d'ardeur pour avoir la paix.

Après l'affaire de Lintz qui causa une révolution singulière en Allemagne, " Le cardinal de Fleury, dit l'Auteur de l'histoire universelle, voyant tant d'espérances trompées, tant de désastres qui succédoient à de si heureux commencemens, écrivit au général Kenigseck une lettre qu'il lui fit rendre par le maréchal de Belle-Isle ; il s'excusoit dans cette lettre de la guerre entreprise, et il avouoit qu'il avoit été entraîné au-delà de ses mesures. Bien des gens savent, dit-il, combien j'ai été opposé aux résolutions que nous avons prises, et que j'ai été en quelque façon forcé d'y consentir. Votre excellence est trop instruite de tout ce qui se passe pour ne pas deviner celui qui mit tout en œuvre pour déterminer le roi à entrer dans une ligue qui étoit si contraire à mon goût et à mes principes.

Pour toute réponse , la reine de Hongrie fit imprimer la lettre du cardinal de Fleury. Il est aisé de voir quels mauvais effets cette lettre devoit produire. En premier lieu, elle rejetoit évidemment tout le reproche de la guerre sur le général chargé de négocier avec le comte de Kenigseck ; et ce n'étoit pas rendre la négociation facile, que de rendre sa personne odieuse : en second lieu , elle avouoit de la foiblesse dans le ministère, et c'eût été bien mal connoître les hommes, que de ne pas prévoir qu'on abuseroit de cette foiblesse , que les alliés de la France se refroidiroient , et que ses ennemis s'enhardiroient. Le cardinal voyant sa lettre imprimée , en écrivit une seconde , dans laquelle il se plaint au général autrichien de ce qu'on a publié sa première lettre, et lui dit , qu'il ne lui écrira plus désormais ce qu'il pense. Cette seconde lettre lui fit encore plus de tort que la première ; il les fit désavouer toutes deux dans quelques papiers publics ; et ce désaveu qui ne trompa personne mit le comble à ses fausses démarches, que les esprits les moins critiques excusèrent dans un homme de quatre-vingt sept ans , fatigué des mauvais succès. Enfin, l'empereur fit proposer à Londres des projets de paix, et sur-tout ces mêmes sécula-risations d'évêché en faveur de Hanovre. Le ministre anglois ne croyoit pas avois besoin de l'empereur pour les obtenir. On insulta à ses offres en les rendant publiques ; et l'empereur fut réduit à désavouer ses offres de paix, comme le cardinal de Fleury avoit désavoué la guerre.

Ces démarches prématurées de la France donnèrent une confiance extrême à ses ennemis, et les alliés de la cour de Vienne rougirent d'avoir désespéré trop tôt son salut. Le mi-nistère de la Grande-Bretagne aussi passionné pour la guerre, qu'il avoit été pacifique, parois-soit oublier l'Espagne et l'Amérique pour la repaître de l'espérance de voir envahir par les Autrichiens l'Alsace, la Lorraine, la Flandre françoise et les pays voisins. Les Anglois tou-jours conduits par leur ancienne politique d'equi-libre et de balance eurent encore la même conduite que milord Bollinbroke leur avoit reprochée pendant la guerre de 1701. Ils prodi-guoient leurs richesses et multiplioient leurs dettes pour des succès qui ne pouvoient être avantageux qu'à la reine de Hongrie. Il leur fut aisé de débaucher les alliés de la France, puisqu'elle les avoit avertis elle-même par ses alarmes de pourvoir à leurs intérêts particuliers. Le roi de Pologne, électeur de Saxe, ne tarda point en effet à s'accommoder avec la reine de Hongrie ; le roi de Prusse, par ses traités de Breslau du 11 juin, et de Berlin du 28 juillet 1742, fit sa paix et obtint l'abandon de la Silésie, soit parce que la cour de Vienne se promettoit de la reprendre dans des temps plus favorables, soit parce qu'elle espéroit de se dédommager par quelque conquête sur la France.

À la faute de demander la paix quand il n'étoit pas temps, succèda celle de croire qu'on l'obtiendroit par les soins des Provinces-Unies. La France pouvoit-elle ignorer les dispostions des états-généraux et de la province de Hollande, à remplir les engagemens qu'ils avoient contractés avec l'empereur Charles VI, au sujet de la pragmatique-sanction ? Elle savoit sans doute que cette république n'étoit pas assez puissante pour imposer la loi à ses alliés ; cependant elle se flatta que si ses partisans s'opiniâtroient à demander la paix, ou l'observation d'une neutralité équivoque, les Provinces-Unies, dans l'impuissance de servir la cour de Vienne par leurs forces, ne manqueroient pas de la servir par leur médiation, et que la paix en seroit le fruit. Mais pourquoi les partisans de l'Angleterre et de la cour de Vienne, aigris par des contestations, auroient-ils consenti d'adopter l'avis des partisans de la France ? Je veux par impossible qu'ils l'eussent fait ; quel en auroit été le succès auprès de leurs alliés ? De faire mépriser la médiation et de les irriter contre la France.

On n'étouffe point les passions dans le moment de leur effervescence ; et celles que la guerre avoit allumées devoient avoir leur cours. Opposer un désir timide de la paix à l'ambition , la crainte à la vengeance et à la haine, c'est les accroître ; c'est en leur opposant un grand courage et des difficultés sans cesse renaissantes , qu'on les lasse et les apprivoise.

Avec quelque habileté que le ministre de Versailles à la Haye exécutât sa commission , ses soins , bien loin de réussir à faire entamer une négociation de paix , ne devoient pas même empêcher que la république ne donnât enfin des secours considérables à la reine de Hongrie. Les villes de Dordrecht et de Briel et la province d'Utrecht avoient beau dire qu'il falloit ménager la France, on ne les croyoit point , parce que la France n'avoit pas l'art de se faire craindre. Pour donner du poids à l'avis de ses partisans , elle auroit dû paroître dans la résolution de faire la guerre avec la plus grande vigueur. Au lieu d'insinuer , qu'à l'exemple de ce qui s'étoit passé dans la guerre de 1733 , on étoit prêt à convenir d'une neutralité pour les Pays-Bas, il auroit fallu que la république eût eu lieu de craindre qu'on n'y transportât le théâtre de la guerre.

Après des débats qui duroient depuis deux ans , les états de la province de Hollande résolus de décider la question des secours à la pluralité des voix , sans attendre l'unanimité que demandoient les lois fondamentales de l'union , firent une députation aux villes de Dordrecht et de Briel , et écrivirent aux provinces pour leur représenter qu'ayant reconnu la validité de leurs engagemens au sujet de la pragmatique-sanction , dès le moment que le roi de Prusse étoit entré en Silesie ; il n'étoit plus temps de contester sur la nature des secours que demandoit la cour de Vienne , ni d'examiner si la république devoit plutôt faire le rôle de médiatrice que celui d'alliée fidelle.

Il est certain , disoient les états , que les alliances et les garanties ne devoient être contractées qu'après les plus sérieuses délibérations ; et qu'avant que de prendre un parti , il faut en prévoir les suites ; mais dès qu'une fois on est lié par des engagemens , il n'est plus question de délibérer s'ils doivent être remplis : ce seroit mettre en doute si une puissance doit violer ou non la foi des traités et des sermens. Prétendre que nos engagemens sont nuls , sous prétexte que la cour de Vienne n'a pas rempli les siens avec exactitude , c'est une chicane qui rendroit notre alliance méprisable. Pourquoi attendre à nous plaindre que le moment d'agir soit venu ? C'est quand on nous manquoit , qu'il falloit réclamer la religion des traités , et on ne nous auroit point alors soupçonnés de foiblesse , d'infidélité et de mauvaise foi.

La république a des voisins puissans auxquels elle ne peut résister par ses seules forces ; sentant donc le besoin qu'elle a de ses alliés, peut - elle négliger leurs intérêts sans imprudence ! Doit-elle les irriter ? Doit-elle s'en faire mépriser ? Doit-elle les inviter à devenir ses ennemis ? Quelle que soit l'issue de cette guerre , elle sera infailliblement pernicieuse pour nous, si nous ne voulons en être que spectateurs inutiles. On disposera sans nous de nos propres intérêts ; exclus de toute négociation , nous n'aurons aucun ami qui nous serve. Qui peut même nous répondre que, par cette conduite infidelle et timide, nous puissions continuer à jouir de la paix ?

Sans doute il seroit à souhaiter qu'en interposant sa médiation, la république rétablît la paix dans l'Europe; mais une démarche indiscrète et hors de saison n'auroit aucun succès. Sommes-nous assez puissans pour que nos alliés ne puissent faire la guerre sans nous ? Ils regarderoient aujourd'hui nos bons offices comme une injure, ou du moins comme une preuve de notre indifférence pour eux. Si nous voulons que nos soins pour la paix réussissent, commençons par nous rendre agréables à nos alliés, qui la rejettent.

Le mauvais succès de ces premières démarches ne corrigea point la France de chercher la paix par des moyens incapables de la rétablir. Tournant ses vues du côté de l'empire, qui par la nature de son gouvernement est destiné à recevoir les impressions qu'on veut lui donner, et non pas à régler par son autorité les affaires de l'Europe, elle aigrit la plaie qu'elle vouloit guérir. Le Corps germanique offrit sa médiation pour terminer les différends de l'empereur et de la reine de Hongrie ; et comme si cette médiation eût été capable d'imposer aux cours de Londres et de Vienne, le ministre de France à la diète de l'empire donna à entendre que la guerre seroit finie dès que l'Allemagne seroit pacifiée, et déclara le 26 juillet 1743, que " son maître voyoit avec un extrême plaisir qu'il se fût ouvert une voie aussi naturelle que convenable, pour rétablir la tranquillité de l'empire. Il ajoutoit que les troupes françoises n'y étant entrées qu'en qualité d'auxiliaires, et après avoir été appelées par l'empereur et par plusieurs des princes les plus puissans, le roi n'avoit différé de les rappeler sur les frontières de son royaume, que pour donner auparavant au Corps germanique un témoignage public de la droiture de ses intentions, et de la volonté où il est de concourir à ce que l'Allemagne paroît désirer, de même qu'à l'affermissement de la bonne correspondance et du bon voisinage entre la France et l'Empire sur les fondemens des traités de paix. »

La réponse que la cour de Vienne fit à cette déclaration, fut telle que toute l'Europe l'avoit prévue. La reine de Hongrie déclara à son tour, que s'il suffisoit à la France de rappeler ses troupes pour jouir du repos qu'elle avoit troublé, elle seroit enhardie à faire désormais des démarches aussi funestes au corps entier de l'empire qu'à chacun de ses membres en particulier. Tandis qu'elle demanda formellement à être indemnisée pour le passé, et qu'on lui donnât des suretés pour l'avenir, le Corps germanique étonné n'osa réclamer ses droits, toujours obligé de céder à la force. Tel devoit être le fruit des négociations de la France; la confiance de la cour de Vienne avoit dû augmenter, à mesure que son ennemi avoit montré un désir plus indiscret et plus impatient de la paix.

C'est ainsi que trois campagnes qui, si elles avoient été conduites avec intelligence et vigueur, auroient vraisemblablement suffi pour concilier les parties belligérantes, ne servirent en effet qu'à changer l'objet de la guerre, et en attiser le feu. Il ne s'agissoit plus de faire valoir des droits contre la pragmatique-sanction : la reine de Hongrie qui se seroit crue d'abord trop heureuse de ne perdre que quelque légère portion de son héritage, demandoit actuellement des indemnités. De simple auxiliaire, la France étoit devenue partie principale. L'une avoit acquis des alliés, l'autre avoit perdu les siens. A une guerre politique il succédoit, pour

ainsi

ainsi dire, une guerre de passion, et les yeux les plus perçans ne voyoient la paix que dans un long éloignement.

Quand la France, trop tard convaincue des desseins de ses ennemis, connut enfin qu'il ne lui restoit d'autre parti que de faire la guerre, elle sentit que le moindre inconvénient de ses négociations passées étoit la honte de s'être nourrie d'espérances chimériques. Ses finances étoient épuisées, ses troupes étoient rebutées; et ce qui achevoit de rendre sa situation plus fâcheuse, c'est qu'ayant craint que l'Angleterre et la cour de Vienne ne doutassent de la sincérité de ses dispositions pour la paix, si elle cherchoit à se faire des alliés, elle s'étoit opposée constamment aux entreprises des Espagnols, et avoit négocié avec la cour de Turin, moins pour l'engager de s'attacher à elle, que pour l'empêcher de s'allier avec la cour de Vienne.

C'étoit ne pas mieux connoître les intérêts de cette puissance, qu'on n'avoit connu les dispositions de la Hollande, de l'empire, de la cour de Vienne et de l'Angleterre. Une neutralité étoit contraire à tous les principes du roi de Sardaigne accoutumé à profiter des divisions de la maison d'Autriche et de la France pour s'agrandir. Ce prince avoit publié ses véritables intentions dans le mémoire où il exposoit ses droits sur le duché de Milan; et c'étoit déclarer d'une manière assez claire à toute l'Europe, qu'il vendroit ses secours à la puissance qui en connoîtroit mieux le prix. La convention même qu'il signa, le premier février 1742, avec le roi d'Angleterre et la reine de Hongrie, et par laquelle il se réservoit l'entière liberté de faire valoir ses droits dans tel temps et par tels moyens, soit par lui-même en particulier, soit par telles alliances qu'il jugeroit les plus convenables, n'étoit encore qu'une invitation à l'Espagne et à la France de rechercher son amitié.

Quand on voulut enfin profiter de ces dispositions favorables, mais trop négligées, il n'étoit déjà plus temps de négocier avec la cour de Turin, ou du moins on ne le pouvoit faire avec succès. Tandis que le ministère d'Angleterre tranchoit hardiment toutes les difficultés, la France ne put faire que des propositions vagues et incertaines, parce qu'elle n'étoit pas même encore d'accord avec l'Espagne sur le sort de l'Italie. Si le roi de Sardaigne parut hésiter dans ses démarches, ce ne fut que pour vendre plus cher son alliance; et il signa, le 13 septembre 1743, le traité de Worms, par lequel il s'engageoit, moyennant un subside de deux cent mille livres sterling que lui payeroit l'Angleterre, d'entretenir une armée de quarante-cinq mille hommes au service de la reine de Hongrie.

La France se seroit vue dans la même situa-

tion que pendant la guerre de 1701, c'est-à-
dire, qu'elle auroit eu à combattre toutes les
forces de l'Europe, si le roi de Prusse, jaloux,
ou plutôt inquiet des succès de la cour de
Vienne, n'eût craint de sentir le contre-coup
des désavantages de la maison de Bavière et
de la France; peut-être aussi que ses premiers
succès avoient augmenté son ambition. Quoi
qu'il en soit, il jugea que pour consolider
les traités de Breslau et de Berlin, il devoit
empêcher que la reine de Hongrie ne devînt
assez puissante pour oser les violer; et il entama
une négociation à Francfort et à Versailles.
L'électeur Palatin, par attachement pour sa
maison, autant que par reconnoissance pour
les dispositions faites au sujet de la succession
de Clèves et de Julliers, et le landgrave de
Hesse-Cassel, dans l'espérance d'être élevé à
la dignité électorale, furent les seuls princes
de l'empire qui osèrent s'intéresser avec la cour
de Berlin aux affaires désespérées de l'empereur.

Dans leur traité signé à Francfort le 22
mai 1744, on ne se proposoit en apparence
point d'autre objet que d'affermir la constitution et les lois fondamentales de l'empire, me-
nacées d'une ruine prochaine; on devoit proposer un armistice général pour l'Allemagne,
en attendant que les différends de l'empereur
et de la reine de Hongrie fussent terminés à
l'amiable, par des arbitres dont ils convien-

droient, ou par les tribunaux ordinaires du corps germanique. " Mais d'autant que l'éloignement que la cour de Vienne et ses alliés (étoit-il dit dans un article séparé) ont témoigné jusqu'à présent pour le rétablissement du repos et de la tranquillité dans l'Europe, ne donne que trop de sujet de craindre, que bien loin de se prêter à des voies amiables, conformément au but du présent traité, la reine de Hongrie en rejètera ou éludera tout au moins l'effet que l'on devoit s'en promettre, il sera indispensable de recourir à des moyens plus forts et plus efficaces ; sa majesté le roi de Prusse, toujours animé du désir de coopérer à la pacification de l'Allemagne, après mûres réflexions, a considéré qu'il ne pouvoit point y avoir d'expédiens plus courts et plus décisifs, que de promettre et s'engager, ainsi qu'elle promet et s'engage par le présent article séparé, de se charger de faire l'expédition de la conquête de toute la Bohême, et de mettre en possession de cette couronne sa majesté impériale, et de la lui garantir pour elle, ses successeurs et ses héritiers à l'infini. Sa majesté impériale, touchée de la plus vive reconnoissance, cède à cette condition, dès à présent, à sa majesté prussienne irrévocablement et à perpétuité pour elle, ses héritiers et descendans à l'infini, de la manière la plus forte et la plus authentique, les droits qui lui appar-

tiennent sur les cercles, seigneuries et villes
ci-après nommés; savoir, la ville et tout le
cercle de Konigsgratz en son entier. En outre,
sa majesté impériale cède à sa majesté le roi de
Prusse les cercles de Bunzlau et de Leitmeritz;
en sorte que tous les pays qui se trouvent situés
entre les frontières de la Silésie et la rivière
de l'Elbe, et suivant depuis la ville et le comté
de Konigsgratz jusqu'aux confins de la Saxe,
appartiendront à sa majesté le roi de Prusse,
de manière que le cours de l'Elbe sera la barrière des deux états : ainsi ce qui se trouvera
situé sur l'autre bord de cette rivière, en dedans
de la Bohême, restera à sa majesté impériale,
quand même ce seroient des dépendances des
cercles cédés à sa majesté prussienne, à l'exception de la seigneurie et ville de Partowiz et
de la ville de Collin, que sa majesté impériale cède dès à présent à sa majesté le roi de
Prusse, pour elle, ses héritiers et successeurs
à l'infini. Sa majesté impériale s'engage à la
même susdite condition, dès à présent, de
garantir à sa majesté le roi de Prusse pour
elle, ses héritiers et descendans à l'infini, tous
les pays qu'elle lui a cédés ou lui cède en
vertu de ce présent article; bien entendu que
la Bohême, sur le pied qu'elle doit demeurer
à sa majesté impériale, ne pourra plus être
susceptible d'aucun démembrement. De plus,
sa majesté impériale cède à la même susdite

condition , à sa majesté prussienne irrévocablement et à perpétuité pour elle ; ses héritiers et descendans à l'infini , de la manière la plus forte , la plus solennelle et la plus authentique , les droits qui lui appartiennent sur la Haute-Silésie ; elle s'engage en outre de la lui garantir pour elle , ses héritiers et descendans à l'infini , aussisôt que sa majesté prussienne en aura fait la conquête et s'en sera mise en possession ; de même sa majesté prussienne promet de garantir à sa majesté impériale la Haute-Autriche pour elle , ses héritiers et descendans à l'infini , aussitôt que sa majesté impériale en aura fait la conquête et s'en sera mise en possession. »

Le traité signé à Paris , entre la France et la cour de Berlin étoit fait dans le même esprit : tandis que les François attaqueroient les Pays-Bas autrichiens , le roi de Prusse devoit faire une invasion dans la Bohême , et les deux puissances se garantissoient leurs conquêtes. On ne négocioit plus que pour faire la guerre , et l'état des puissances belligérantes avoit cessé d'être équivoque. Dès le mois précédent la France avoit déclaré la guerre au roi d'Angleterre et à la reine de Hongrie. La cour de Madrid , impatiente d'agir , se disposoit à faire les plus grands efforts pour établir un second de ses princes en Italie. Le roi des deux Siciles rompit la neutralité à laquelle il avoit consenti deux ans avant. Le fils du prétendant, le prince Edouard, à qui toute l'Europe devoit bientôt prendre un si grand intérêt, et qu'elle devoit enfin oublier, étoit arrivé en France. On lui avoit ménagé un parti dans la Grande-Bretagne, il devoit descendre dans la Tamise avec dix mille hommes, et marcher à Londres où ses partisans l'attendoient. Une tempête empêcha l'exécution de ce projet; et ce ne fut que l'année suivante que ce prince, accompagné de six ou sept officiers attachés à sa maison, descendit dans le nord de l'Ecosse, et par son courage se montra d'abord digne d'un meilleur sort que celui qui l'attendoit. La France enfin s'ouvrit une entrée en Italie par les états de la république de Gênes, qui voyant que contre toutes sortes de lois les cours de Londres et de Vienne disposoient par le traité de Worms du marquisat de Final en faveur du roi de Sardaigne, fut obligée de rechercher la protection de leurs ennemis.

L'irruption que les Prussiens firent dans la Bohême en 1744 donna lieu à une nouvelle négociation avec le roi de Pologne, électeur de Saxe, qui, dès le 20 décembre de l'année précédente, avoit attaché sa fortune à celle de la reine de Hongrie. Par le nouveau traité qu'il signa à Varsovie, le 8 janvier 1745, avec cette même princesse, l'Angleterre et les Provinces-Unies, il s'engagea de donner trente mille hommes pour la défense de la Bohême, moyennant un subside annuel de cent cinquante mille livres sterling que les Anglois et les Hollandois devoient lui payer. Quand tout danger seroit cessé du côté de la Bohême, le subside devoit être réduit à quatre-vingt et dix mille livres sterling, et le roi de Pologne de son côté ne seroit alors obligé de fournir à ses alliés que dix mille hommes, qu'ils emploîroient à leur gré en Allemagne ou dans les Pays-Bas. La ligue qui avoit déjà manifesté ses projets de conquête, ne se bornoit point à une pure défensive ; il étoit dit dans le huitième article de l'alliance, que si ses mesures réussissent, sa majesté polonoise, électeur de Saxe, participera, par des convenances qu'on lui procurera, aux avantages qui en résulteront.

Tandis que les François, étant enfin parvenus à connoître une partie de leurs intérêts et de leurs ennemis, faisoient sérieusement la guerre pour hâter le retour de la paix, la mort de l'empereur, suivie de l'accommodement de son fils avec la cour de Vienne, apporta un changement considérable dans la situation de l'Europe. Si cet événement débarrassoit la France d'un allié qui n'avoit que d'énormes prétentions sans forces, il augmentoit le crédit de la reine de Hongrie en Allemagne, portoit en quelque sorte le grand duc, son mari, sur le trône impérial, et rendoit incertains les derniers engagemens du roi de Prusse. La campagne de ce prince, en 1744, avoit mal réussi, et il s'étoit vu obligé d'évacuer la Bohême et de se retirer en Silésie. On assembloit contre lui les forces les plus considérables, et ne pouvant plus retirer aucun avantage du traité de Francfort, que l'accommodement de la maison de Bavière avoit annullé, il ne songea en effet qu'à préparer sa paix par un mélange adroit de négociations et d'hostilités, et tel qu'il l'avoit pratiqué quelques années auparavant lorsqu'il étoit entré en Silésie.

Ce prince, habile à démêler les intérêts de ses ennemis, se garda bien de s'adresser à la cour de Vienne, qui, abandonnant aux soins de l'Angleterre et des Provinces - Unies la défense des Pays-Bas, n'étoit occupée que de conquérir la Silésie ; on n'eût pas daigné l'écouter. Il fit ses propositions de paix à la cour de Londres, dont l'intérêt étoit bien moins de faire restituer à la reine de Hongrie une province qu'elle avoit perdue, que de se servir de ses forces et de les réunir toutes contre la France. La négociation entamée sous de si heureux auspices éprouva si peu de difficultés, que le 26 août 1745, les deux princes signèrent à Hanovre une convention par laquelle il étoit arrêté que le roi de Prusse, qui s'engageoit à donner sa voix au grand duc pour le faire empereur, conserveroit la Silésie comme elle lui avoit été cédée par les traités de Breslau et de Berlin ; et que le roi d'Angleterre , de même que toutes les autres puissances contractantes à la paix générale, lui en garantiroient la possession. La cour de Berlin garantissoit à la reine de Hongrie tous les états qu'elle possède en Allemagne, et cette princesse devoit à son tour lui garantir les siens. On exigeoit de la maison de Saxe , appelée éventuellement à la succession autrichienne , un acte d'abandon de ses droits sur la Silésie. On convenoit de travailler à un échange de quelques terres de cette province enclavées dans la Lusace, et de remettre au roi de Prusse la ville de Cosel avec les munitions dont elle étoit pourvue quand elle avoit été prise. Toutes les prétentions occasionnées par la présente guerre entre les cours de Berlin et de Dresde étoient anéanties ; et la maison palatine , de même que la maison de Hesse-Cassel devoient être remises en possession de tous leurs domaines.

La cour de Vienne rejeta avec hauteur cet accommodement , et le roi de Prusse sentant que c'étoit à la guerre à terminer et vivifier, si je puis parler ainsi, la négociation de Hanovre , dirigea ses opérations militaires de façon qu'il pût réduire la reine de Hongrie en accablant le roi de Pologne. Il se porta en Lusace, y battit les Saxons et les Autrichiens , et mit cette princesse dans la nécessité de faire la paix à la hâte en abandonnant une seconde fois la Silésie, ou de voir perdre à son allié ses états héréditaires. Quand par cette position avantageuse il put imposer la loi, il renoua sa négociation ; et son ministre le comte de Podewilz écrivit à Villiers, envoyé du roi d'Angleterre à la cour de Dresde, que son maître étoit prêt de faire la paix conformément aux articles de Hanovre. « Mais vous jugez bien, ajoutoit-il, que le roi ne sauroit discontinuer de profiter de ses avantages, et de les pousser aussi loin qu'il est possible pour prévenir les dangereux desseins de ses ennemis, jusqu'à ce qu'il ait plu à la cour où vous êtes d'accéder purement et simplement à la convention de Hanover. »

Deux jours après, le 30 novembre, Villiers répondit : « que le roi de Pologne n'étoit point éloigné d'accéder à la convention de Hanovre, mais qu'il falloit nécessairement en communiquer avec la cour de Vienne, comme partie principale, ce qu'on alloit faire incessamment. Il ajoutoit que le roi de Pologne s'engageoit à faire sortir les troupes d'Autriche de son pays, qui n'y étoient entrées que sur des lettres réquisitoriales, aussitôt que sa majesté le roi de Prusse, selon sa propre déclaration, feroit rétrograder et sortir son armée des états de Saxe ; et qu'il n'accorderoit même plus aucun passage aux troupes autrichiennes pour se porter dans la Silésie, ou dans l'électorat de Brandebourg »

Le roi de Prusse, qui n'étoit entré en Saxe, que pour faire la paix, entendoit trop bien ses intérêts pour en sortir avant que d'avoir consommé son ouvrage. Les maux que souffroit cet électorat parloient plus éloquemment que n'auroit pu faire le négociateur le plus habile ; et les petites difficultés qui retardoient le succès de la négociation, furent tranchées par la bataille de Kesseldorff. « La fortune qui a secondé ma cause, écrivit le roi de Prusse à Villiers, le 18 décembre, m'a mis en état de ressentir bien vivement les procédés injustes et équivoques du roi de Pologne ; mais, bien loin de penser à me venger, je lui offre encore pour la dernière fois mon amitié. Mes succès ne m'aveuglent point ; et quoique j'eusse raison d'être enflé de ma situation, je suis toujours dans les sentimens de préférer la paix à la guerre.... Vous me verrez plutôt périr, moi et toute mon armée, que de me relâcher sur la moindre minutie de ce traité. Si la reine de Hongrie veut donc enfin faire une fois la paix, je suis prêt de la signer selon la convention de Hanovre ; et si elle la refuse entièrement, je me verrai en droit de hausser mes prétentions contre elle. Apportez-moi donc les dernières résolutions du roi de Pologne, et que je sache s'il préfère la ruine totale de son pays à sa conservation, les sentimens de la haine à ceux de l'amitié, et en un mot, s'il aime mieux attiser l'embrasement funeste de cette guerre que de rétablir la paix avec ses voisins, et de pacifier l'Allemagne.

Les ministres de la cour de Vienne et du roi de Pologne se rendirent à Dresde, où le roi de Prusse étoit entré après la bataille de Kesseldorff ; et cette négociation, commencée le 28 novembre 1745, fut terminée le 25 du mois suivant par deux traités. Jamais les succès militaires du roi de Prusse en Saxe ne lui auroient procuré si promptement la paix, sans la convention de Hanover, qui lui tenoit lieu d'articles préliminaires, et qui rendit inutile toute discussion sur les points les plus essentiels de l'accommodement. Jamais aussi cette convention ne lui auroit été d'aucune utilité, s'il eût remis à des ambassadeurs le soin d'en suivre et d'en faire remplir l'exécution : c'est en mêlant à propos la guerre et la négociation, qu'il parvint au but qu'il s'étoit proposé.

La paix particulière du roi de Prusse auroit fait un tort considérable à la France, si elle n'avoit été à la veille de trouver elle-même une Saxe, où elle devoit forcer l'Angleterre et la cour de Vienne à consentir enfin à la paix. Ce qui prouve de la manière la plus évidente combien il avoit d'abord été imprudent de ménager les Provinces-Unies, c'est leur consternation à la vue des succès de l'armée françoise, commandée par le maréchal de Saxe, sous les ordres du roi. La campagne de 1745, faite ailleurs que dans les Pays-Bas, auroit été infructueuse ; mais dès que la Hollande dut craindre que la guerre ne fût portée sur sa frontière, et peut-être même sur son territoire, elle sentit la nécessité de travailler à la paix. Elle engagea ses alliés à se prêter à une négociation ; dès le mois d'avril 1746 un congrès fut ouvert à Breda ; et l'Europe auroit été pacifiée en peu de temps, si les François étoient entrés dans les domaines des Provinces-Unies, lorsque au commencement de la campagne elles donnèrent retraite à l'armée de leurs alliés : il est surprenant que le ministère de France n'ait pas alors profité de l'exemple utile que le roi de Prusse lui avoit donné en entrant dans la Saxe.

Plusieurs causes concoururent à la fois à faire languir les conférences de Breda. La France, toujours entraînée par ses premiers préjugés, persistoit à prendre l'espèce de ménagemens simulés que la république avoit à son égard pour un reste d'amitié qu'il ne falloit pas négliger: Elle craignoit toujours de se faire un nouvel ennemi, sans songer que les Hollandois, en se déclarant ouvertement, n'auroient pas été plus utiles à leurs alliés qu'ils l'étoient. On-comptoit encore sur leurs bons offices et leur médiation, et on ne voyoit pas qu'en les supposant sincèrement portés à la paix, leurs prières à Londres et à Vienne seroient infructueuses, tant que ces puissances ne les verroient pas prêts à succomber. Les Provinces-Unies pénétrèrent ces motifs ; et jugeant que le péril étoit encore éloigné, elles songèrent bien moins à faire la paix à Breda, qu'à servir leurs alliés et retarder les opérations militaires de la France. « On leur reprocha dans la suite d'avoir fait naître avec affection, dès l'ouverture des conférences, des difficultés aussi imprévues que contraires aux engagemens formels qu'elles avoient pris, et qui paroissoient n'avoir été imaginées que pour embarrasser de plus en plus les négociations de la paix, et pour en retarder le succès. „

Dès que la Hollande se comportoit avec si peu de sincérité, il lui étoit d'autant plus aisé de toujours négocier sans jamais rien terminer, que la France s'étoit chargée du fardeau pénible et dangereux de traiter des intérêts de ses alliés, et refusoit d'admettre aux conférences de Breda d'autres ministres que ceux du roi d'Angleterre et des états-généraux ; par-là son plénipotentiaire, quelle que fût son habileté, se trouvoit nécessairement dans la dépendance du comte de Sandwich et du comte de Vassenear. D'ailleurs les évènemens de la campagne en Italie n'avoient été que trop propres à donner de la confiance aux alliés de la maison d'Autriche. Sept mille François surpris à Asti avoient été forcés de se rendre prisonniers ; et cet événement avoit eu des suites encore plus fâcheuses que la prise de Lintz. Rien n'avançoit à Breda, et le congrès se sépara un peu avant l'ouverture de la campagne de 1727, sur la déclaration que fit le ministre de France, que " vu le peu de succès des conférences entamées, et la proximité des armées, qui rendoit le séjour de Breda peu propre à continuer ces conférences avec la tranquillité et la bienséance requises, leurs majestés catholique et très-chrétienne désiroient qu'on choisît un endroit plus libre ; qu'ainsi elles proposoient, pour la tenue ultérieure des conférences, les villes d'Aix-la-Chapelle, de Cologne, de Dusseldorp, de Trèves ou de Worms, et qu'elles laissoient au choix des puissances alliées à se déterminer pour quelqu'une de ces villes, afin d'y renouer les conférences de paix. „

On s'assembla à Aix-la-Chapelle au commencement de 1748 ; et vraisemblablement ce nouveau congrès n'auroit pas eu un meilleur succès que le précédent, si la raison de guerre et la sureté des conquêtes de la France dans les Pays-Bas ne l'eussent forcée de renoncer enfin à tous les ménagemens qu'elle avoit eus pour les Provinces-Unies. Le roi leur avoit déclaré le 17 avril 1747, " qu'il promettoit

au

au général de ses troupes de prendre indistinctement toutes les mesures que son habileté et son expérience dans l'art militaire pouvoient lui suggérer, pour empêcher l'armée ennemie de troubler la possession légitime des conquêtes du roi, et pour affermir le repos des peuples nouvellement soumis à sa domination. »

Le roi ajouta dans cette déclaration « qu'en prenant le parti forcé d'entrer sur le territoire de la république, son dessein n'étoit pas de rompre avec elle ; ... qu'il ne vouloit apporter aucun trouble à la religion, au gouvernement, ni au commerce des Provinces-Unies ; ... et qu'il ne regardera même les places et pays qu'il se trouvera obligé d'occuper pour sa propre sureté, que comme un dépôt qu'il s'engage à restituer dès que les Provinces-Unies donneront des preuves non équivoques qu'elles ne fournissent plus aux ennemis de sa couronne ces secours de toute espèce, qui sont une des principales causes de la continuation de la guerre. »

Les Provinces-Unies ne comptèrent point sur cette espèce d'adoucissement que la France mettoit à une déclaration de guerre. Quelque discipline qu'observât l'armée françoise, les maux de la guerre leur parurent extrêmes ; et dès que leur pays fut ouvert aux contributions, elles désirèrent sincèrement la paix. Les dangers auxquels la république étoit exposée firent juger à la cour de Londres, qu'il n'étoit plus temps de s'opiniâtrer à continuer la guerre; et que plus on différoit à pacifier l'Europe, plus il en coûteroit aux alliés pour faire rétablir les Provinces-Unies dans leur première situation. La France triomphoit de la cour de Vienne, et de l'Angleterre par la Hollande, comme le roi de Prusse en avoit triomphé par la Saxe; et on ne devine point par quelles conditions cette guerre auroit pu être terminée, si les François avoient d'abord été assez malheureux pour réussir dans les premières négociations, par lesquelles ils avoient cherché à se fermer l'entrée des Pays-Bas par la neutralité des Provinces-Unies.

Quoique la Grande-Bretagne eût acquis un nouvel allié dans la Russie, et que trente mille Russes fussent en marche pour se rendre dans les Pays-Bas, elle calcula que cette nouvelle armée feroit moins de mal à la France, que la France n'en feroit aux Provinces-Unies. Les plénipotentiaires d'Angleterre et de Hollande eurent autant d'activité à Aix-la-Chapelle qu'ils avoient montré de nonchalance à Breda; l'ambassadeur de France les seconda, et les préliminaires de la paix furent signés, le 30 avril 1748. Ces ministres convinrent même, par un article secret, " qu'en cas de refus ou de délai de la part de quelqu'une des puissances intéressées à la paix, de concourir à la signa-

ture et à l'exécution des articles préliminaires ,
les rois de France et d'Angleterre , et les états-
généraux se concerteroient ensemble sur les
moyens les plus efficaces pour l'exécution de
ce qui est convenu ; et que si , contre toute
attente , quelqu'une des puissances persistoit
à n'y pas consentir , elle ne jouiroit point des
avantages qui lui sont procurés par les articles
préliminaires. »

Le traité définitif signé, le 18 octobre 1748 ,
par les trois puissances qui avoient réglé les
préliminaires , et auquel l'impératrice-reine ,
l'Espagne , le roi de Sardaigne , le duc de
Modène et la république de Gènes accédèrent,
quelques jours après, mit fin à une guerre qui
dans sa naissance sembloit devoir changer la
face de la plupart des états de l'Europe et leur
donner de nouveaux intérêts ; et qui cependant,
à l'exception du duché de Parme, de la Silésie,
et de quelques cantons du Milanès , laissa toutes
les puissances dans la même situation où elles
étoient avant la guerre : si ce n'est que toutes
avoient contracté de nouvelles dettes , et que
toutes avoient besoin d'une longue paix pour
rétablir leurs finances.

La cour de Vienne a conservé presque
toutes ses possessions, et il ne lui en a coûté
pour faire de son nouvel ordre de succession
une loi générale et authentique de l'Europe,
que le sacrifice de quelques petits états dont,

la perte ne l'a point affoiblie. L'acquisition de la Silésie a rendu le roi de Prusse plus puissant, mais ce n'est que parce qu'il avoit déjà eu l'art d'être très-puissant avec les seuls domaines de sa maison. Malgré la possession de la Silésie, la cour de Berlin ne fera qu'un rôle peu considérable en Europe, dès qu'elle cessera de se conduire par les principes qu'elle a adoptés, ou que ses forces ne seront plus dirigées par les mêmes talens. Les acquisitions du roi de Sardaigne n'apportent aucun changement à ses intérêts ; elles le confirmèrent seulement dans l'espérance que la maison d'Autriche et la France, si elles portent la guerre en Italie, lui donneront peu à peu l'empire de cette importante province. L'établissement de don Philippe dans les duchés de Parme, de Plaisance et de Guastelle, n'augmente ni les forces ni la considération de l'Espagne et de la France ; c'est plutôt une charge pour la maison de Bourbon d'avoir à protéger la fortune d'un prince que ses forces ne mettent pas en état de se défendre contre ses voisins.

Les Provinces-Unies, qui n'étoient que auxiliaires dans cette guerre, éprouvèrent seules une révolution dans leur gouvernement ; je veux parler du stathouderat qu'elles ont rétabli et même rendu héréditaire.

Tout le monde sait que depuis la mort de Guillaume III, dernier descendant de ces stathouders immortels , qui ont présidé à la naissance de la république , et qui l'ont fait triompher de la maison d'Autriche , les Provinces-Unies avoient repris le système politique du pensionnaire Jean de Wit , et que , regardant le stathouderat comme une magistrature ennemie de la liberté , elles ne vouloient plus se gouverner que par leurs magistrats ordinaires.

Si on se rappelle quelle est l'étendue de la puissance d'un stathouder qui fait grâce aux criminels , qui préside à toutes les cours de justice , qui nomme les magistrats de toutes les villes , qui traite directement avec les puissances étrangères , qui juge les différends élevés entre les provinces et les villes , qui dispose des emplois militaires , et commande les armées de terre et de mer , il n'est pas douteux que cette autorité ne dût paroître suspecte à tous les républicains. Mais si , d'un autre côté , on examine le gouvernement de la république , dont chaque province conserve ses lois , ses magistrats, son indépendance et sa souveraineté ; si on fait attention aux droits de chaque ville qui forme en quelque sorte un état libre ; si on pense que les états-généraux ne peuvent prendre une résolution décisive qu'après que les affaires à délibérer ont été portées aux états particuliers des provinces , et de-là renvoyées à l'examen de leurs commettans ; si enfin on fait attention qu'à l'égard des affaires majeures , telles que la paix, la guerre, les alliances, la levée des troupes et l'établissement de quelque nouvelle imposition, l'unanimité des suffrages est requise; on jugera sans peine que la république etoit toujours voisine d'une sorte d'anarchie, et que ce gouvernement n'étoit propre à faire le bonheur de la république que dans les temps du calme le plus profond.

Si pendant la guerre de 1701 les Provinces-Unies se passèrent d'un stathouder, c'est-à-dire, d'un magistrat, dont l'autorité suprême tînt toutes les parties de l'état unies ; c'est que les événemens de cette guerre célèbre furent trop favorables aux ennemis de la France pour que la république ne pût pas se gouverner par ses magistrats ordinaires. D'ailleurs sa haine contre la France produisoit alors les mêmes effets qu'avoit produits la crainte qu'elle avoit eue autrefois de l'Espagne ; cette haine réunissoit les suffrages, et précipitoit les esprits au-devant des résolutions les plus courageuses et les plus importantes.

Depuis la paix d'Utrecht jusqu'à la guerre de 1741, les Provinces-Unies jouirent de la plus grande tranquillité ; mais dès que cet heureux temps ne subsistéroit plus, et qu'elles se trouveroient dans le cas de prendre part à une guerre importante, il étoit impossible qu'il n'y eût pas des divisions entre les différens membres de l'état. Au défaut d'un même chef qui leur donnât le même esprit, ils n'avoient plus les mêmes préjugés, les mêmes passions, les mêmes haines qu'autrefois; et à mesure qu'une partie de la république s'étoit accoutumée à moins craindre l'ambition de la France, elle avoit été moins attachée à ses alliés.

Ce qui devoit arriver, arriva en effet pendant la guerre de 1741. Les Provinces-Unies furent divisées au sujet de l'exécution des engagemens qu'elles avoient contractés par rapport à la succession de l'empereur Charles VI. Après de longs débats, qu'il étoit impossible de terminer, et qui suspendoient l'activité du gouvernement, la province de Hollande, au préjudice des lois de l'union, prit enfin le parti de ne point attendre l'unanimité de ses villes pour accorder à la reine de Hongrie un secours de vingt mille hommes; et les états-généraux, à son exemple, passèrent cette résolution importante à la simple pluralité des suffrages. Cette conduite, qu'on ne peut blâmer puisqu'elle n'alloit qu'à violer une loi destructive de tout ordre, de toute police, de tout bien, de toute politique, augmenta cependant l'inquiétude qui divisoit la république. L'alarme se répandit parmi les patriotes les moins éclairés, mais les plus nombreux; la confiance qu'on avoit au gouvernement présent fut détruite, et on ne prévoyoit que des troubles, parce qu'on avoit violé une loi qui les faisoit naître. Les citoyens qui désiroient un stathouder et formoient un parti puissant, profitèrent de cette disposition des esprits pour préparer une révolution.

Elle éclata lorsque les troupes françoises entrèrent sur le territoire de la république, en 1747. Le peuple n'ignorant pas que la discorde qui régnoit dans les états - généraux, dans les états de chaque province, et dans le conseil même de plusieurs villes seroit un obstacle à l'exécution des plus sages entreprises, si on n'avoit pas un chef, commença à s'entretenir des services que les princes de la maison d'Orange ont rendus à la république, qu'ils ont plusieurs fois tirée des plus grands dangers. On se rappela la guerre de 1672. On crut se trouver dans la même situation, on crut devoir recourir au même remède, et les magistrats dont la politique étoit décriée ne purent résister au vœu général de la nation. Les bourgeois de Terverre furent les premiers à demander le rétablissement du stathouderat. Le 25 avril 1747, le conseil de cette ville arrêta qu'on éliroit pour stathouder de Zélande le prince de Nassau-Orange, et que ses représentans aux états de la province proposeroient cette élection. La demande du conseil de Terverre fut reçue avec acclamation, l'exemple de la Zélande fut suivi par les trois provinces qui n'avoient point encore de stathouder, et le 4 mai les états-généraux déclarèrent le prince d'Orange stathouder , capitaine et amiral général des provinces de l'union. On ne s'en tint pas là , le collège des nobles de Hollande proposa dans les états de cette province de rendre le stathouderat héréditaire , non-seulement en faveur des mâles , comme on l'avoit fait en 1647 , mais même en faveur des princesses de la maison d'Orange ; et cette proposition , adoptée par les états de la province de Hollande , devint une loi générale dans la république.

Cette loi porte que la dignité de Stathouder ne pourra jamais appartenir à un prince revêtu de celle de roi ou d'électeur , ou qui ne professeroit pas la religion réformée. Les stathouders, pendant leur minorité , doivent être élevés dans les Provinces-Unies. Cette suprême magistrature ne passera , au defaut de mâles , à des princesses , que dans le cas où elles auront épousé , du consentement des états , un prince de la religion réformée , et qui ne sera ni roi ni électeur. Une princesse héritière du stathouderat l'exercera sous le titre de *gouvernante* ; et pour commander en temps de guerre , elle proposera à la république un général qui lui soit agréable. Pendant la minorité du stathouder , la princesse mère en exercera le pouvoir avec le titre de gouvernante ; mais à condition qu'elle ne se remariera pas.

TRAITÉS RAPPELÉS.

Les traités de Westphalie, de 1648; ceux de Madrid entre l'Angleterre et l'Espagne de 1667 et 1670; les traités de paix de Nimègue de 1678 et 1679; de Riswick de 1697, d'Utrecht de 1713, de Bade de 1714, le traité de la triple alliance de la Haye en 1717, celui de la quadruple alliance de Londres en 1718, et le traité de paix de Vienne de 1738, servent de base et de fondement au traité de paix générale conclu à Aix-la-Chapelle. Ils seront considérés comme en faisant partie, et tous leurs articles seront religieusement exécutés, à l'exception de ceux auxquels il sera dérogé par la présente pacification. (Traité d'Aix-la-Chapelle, art. 3).

MAISON D'AUTRICHE.

Le roi de Prusse renonce en son nom, et au nom de ses héritiers et successeurs, à toutes les prétentions qu'il pourroit avoir et former contre la maison d'Autriche. (Traité de Breslau du 11 juin 1742, entre les cours de Berlin et de Vienne, article 5. Traité de Berlin, du 28 juillet 1742, entre les mêmes puissances, art. 5. Traité de Dresde, du 25 décembre 1735, entre les mêmes puissances, art. 2). Par ce dernier traité les deux précédens sont renouvelés.

Le roi de Prusse se charge du payement des sommes hypothéquées sur la Silésie, et dues aux sujets d'Angleterre et de Hollande ; à l'égard de ces derniers, il sera le maître de retenir par forme de compensation ce qui lui est dû par la république de Hollande. (Traité de Berlin, art. 9). Le même prince payera les sommes prêtées par des particuliers silésiens au Stever-Amt, à la bancalité et sur les domaines de Silésie. Les deux puissances contractantes s'arrangeront pour le payement des sommes dues aux sujets de la cour de Vienne et aux particuliers étrangers, lesquelles sont hypothéquées sur le Stever-Amt, la bancalité et les domaines de Silésie ; comme aussi des sommes dues par la bancalité et la banque de Vienne aux sujets du roi de Prusse. (Ibid. art. séparé).

Le titre de duc souverain de Silésie sera donné à la reine de Hongrie et à ses héritiers et successeurs à perpétuité, malgré la cession de ce duché faite à la maison de Brandebourg. (Traité de Berlin, article 13). J'avoue que j'ignore quels peuvent être l'esprit et l'objet de cette convention. Quel est l'avantage de porter le titre d'une principauté qu'on ne possède plus ? Croire que ce soit protester contre la cession qu'on fait, et conserver une sorte de droit, ce seroit une erreur grossière.

Le roi de Prusse garantit à l'impératrice reine de Hongrie tous les états qu'elle possède en Allemagne. (Traité de Dresde, article 8).

Le roi de Sardaigne garantit à la même princesse tous les royaumes, états, pays et domaines qu'elle possède actuellement, ou qu'elle doit posséder en vertu des différens traités qui sont rappelés par celui de Worms. Afin de ne laisser aucun germe de discorde entre les puissances contractantes, le roi de Sardaigne renonce pour lui et pour ses successeurs, mais seulement en faveur de la reine de Hongrie et de ses héritiers, à ses droits sur l'état de Milan. Il s'engage à la garantie de l'ordre de succession établi par la pragmatique-sanction ; et cependant dans le cas où il sera requis de donner des secours pour le défendre, il ne sera point obligé de les envoyer hors de l'Italie. (Traité de Worms du 13 septembre 1743, articles 2 et 3.) Il résulte de cette convention que si la cour de Vienne cédoit le Milanès à quelque puissance étrangère, la maison de Savoie rentreroit dans les droits qu'elle prétend avoir sur cette province. Pour prévenir toute querelle, le prince qui acquerroit le duché de Milan, devroit donc exiger l'accession de la cour de Turin.

Le roi de Pologne, électeur de Saxe, renouvelle ses engagemens pris pour lui et ses héritiers en 1733, au sujet de la pragmatique-sanction. C'est par ces engagemens que ce prince mérita l'amitié des cours de Vienne et de Pétersbourg, qui le placèrent sur le trône de Pologoe. (Voyez le douzième chapitre de cet ouvrage). Il garantit le nouvel ordre de succession établi dans la maison d'Autriche , et promet d'agir de toutes ses forces , afin qu'il ne soit porté aucune atteinte ultérieure à l'indivisibilté des états et domaines autrichiens. (Traité du 30 décembre 1743 , entre les cours de Vienne et de Dresde , articles 2 et 3. Traité de Varsovie du 8 janvier 1745 , article 3).

L'électeur de Bavière , fils de l'empereur Charles VII , renonce , tant pour lui que pour ses héritiers et successeurs, à toutes les prétenfions formées par sa maison sur la succession de Charles VI. Il reconnoît et garantit l'ordre de succession établi par la pragmatique-sanction. (Traité de Fuessen du 22 avril 1745 , entre les cours de Vienne et de Munich, article 2).

Toutes les puissances intéressées et contractantes au traité général et définitif d'Aix-la-Chapelle , c'est-à-dire, la France, l'Espagne, l'Angleterre, la cour de Turin, les Provinces-Unies, le duc de Modène, la république de Gènes , garantissent la pragmatique - sanction pour tout l'héritage de l'empereur Charles VI en faveur de sa fille l'impératrice reine de Hongrie, et de ses descendans à perpétuité , suivant l'ordre établi par cette loi. Toutes ces puissances renouvellent leur garantie dans la meilleure forme qu'il est possible, à l'exception cependant des cessions déjà faites par l'empereur Charles VI et par l'impératrice sa fille, et de celles qui sont stipulées par le présent traité. (Traité d'Aix-la-Chapelle, article 21). Si jamais question a été terminée complètement, c'est celle de la pragmatique sanction. Tous les princes qui avoient des droits ou des prétention sur l'héritage de Charles VI, non seulement y ont renoncé, mais ont même garanti le nouvel ordre de succession. Ou la foi des traités n'est qu'un jeu, ou cette affaire ne peut désormais occasionner de nouvelles querelles en Europe. (Voyez ce que j'ai dit dans le douzième chapitre de cet ouvrage, au sujet de la validité des garanties). Tout droit qui n'a pas été réclamé pendant la guerre de 1741 doit être censé prescrit. Quand un prince auroit un juste sujet de s'opposer à la pragmatique-sanction, aucune des puissances contractantes à la paix d'Aix-la-Chapelle ne pourroit l'aider de ses forces; parce que leur garantie est faite solennellement, authentiquement, et, en un mot a toutes les marques qui rendent un acte obligatoire.

MAISON DE BRANDEBOURG.

La reine de Hongrie cède à perpétuité au roi de Prusse, ses héritiers et successeurs, pour en jouir en pleine souveraineté, et sans aucune dépendance de la couronne de Bohême, la basse et haute Silésie, de même que le district ou pays de Kalzcher appartenant autrefois à la Moravie. La reine de Hongrie ne retiendra dans la haute Silésie que la principauté de Teschen, la ville de Troppau, la seigneurie de Kennersdorff et les autres fiefs dépendans de la Moravie, quoique enclavés dans la haute Silésie. (Traité de Breslau, du 11 juin 1742, article 5. Traité de Berlin, du 28 juillet 1742, article 5. Traité de Dresde, du 25 décembre 1745, article 2). J'ai déjà averti que ce dernier traité rappelle et confirme les deux précédens. Si on veut connoître avec exactitude et dans le plus grand détail les limites respectives des états des cours de Vienne et de Berlin dans la haute Silésie, on peut consulter le cinquième article du traité de Berlin.

Les villes, châteaux et comté de Glatz sont cédés en toute souveraineté au roi de Prusse et à ses héritiers. (Traité de Breslau, article 5. Traité de Berlin, article 5). La cour de Vienne renonce à tout droit, impôt, contribution sur les pays abandonnés au roi de Prusse, de même qu'à toute expectative ou survivance que l'empereur Charles VI pourroit avoir donnée sur les fiefs, terres, seigneuries ou bénéfices situés dans les pays cédés par les traités de Breslau et de Berlin (Traité de Dresde, article 2). La reine de Hongrie et ses successeurs donneront au roi de Prusse et à ses héritiers les titres de duc souverain de Silésie et de comte souverain de Glatz. (Traité de Berlin, article 13). La reine de Hongrie s'engage d'obliger les états de Bohême de donner un acte de renonciation à tous les fiefs dépendans autrefois de la couronne de Bohême, et qui sont cédés au roi de Prusse en toute souveraineté. (Traité de Berlin, article 12). On lit avec plaisir des conventions qui supposent dans les souverains quelque idée du droit originaire et primitif des nations. Il n'est que trop commun de voir aliéner, vendre et échanger des états, comme s'il ne s'agissoit que d'une ferme; mais cet usage est-il autorisé par le droit naturel? Les hommes ne sont pas des troupeaux de bœufs et de moutons.

Les sommes dues aux Brabançons et hypothéquées sur la Silésie seront acquittées par la reine de Hongrie. (Traité de Berlin, art. 9). Il sera libre à tous ceux qui voudront vendre leurs biens situés dans les pays cédés au roi de Prusse, ou transférer leur domicile ailleurs, de le faire pendant l'espace de cinq ans, sans payer aucun droit pour cette vente ou ce changement de domicile. Toutes les personnes qui possèdent des biens dans les provinces de la domination des deux puissances contractantes ont la liberté d'entrer au service de l'une ou de l'autre, ainsi qu'il leur conviendra. (Traité de Berlin, article 3).

Le

Le roi de Prusse conservera la religion catholique en Silésie ; dans l'état où elle est actuellement, ainsi que chaque habitant dans les possessions, libertés et privilèges qui lui appartiennent légitimement, sans déroger toutefois à la liberté entière de conscience pour la religion protestante en Silésie, et aux droits du souverain ; de sorte pourtant que le roi de Prusse ne se servira pas des droits du souverain au préjudice de l'état actuel de la religion catholique en Silésie. (Traité de Berlin, article 6.) Il seroit difficile d'expliquer ce que c'est que ce droit du souverain, en vertu duquel on peut dépouiller le citoyen des possessions, libertés et privilèges qui lui appartiennent légitimement. Le droit naturel n'est guère connu dans les pays où l'on croit nécessaire de dresser des articles pareils à celui qu'on vient de lire.

La cour de Vienne renonce et fera renoncer les états de Bohême à tout droit de relief que la couronne de Bohême a exercé jusqu'à présent sur plusieurs états, villes et districts appartenant anciennement à la maison de Brandebourg. De quelque nature que soient ces domaines, ils ne seront plus regardés à l'avenir comme fiefs de la couronne de Bohême, mais censés et déclarés libres de cette mouvance. (Traité de Berlin, article 11.)

Les deux puissances contractantes s'engagent mutuellement à favoriser, autant qu'il est possible, le commerce entre leurs états et sujets respectifs. L'impératrice reine garantit au roi de Prusse la possession de tous ses états (Traité de Dresde, articles 6 et 8).

Cette princesse s'engage au nom de l'empereur son mari, qu'il accordera au roi de Prusse et à sa maison électorale tous les avantages, privilèges, prérogatives et droits qu'il a accordés aux deux maisons électorales de Saxe et de Hanover. L'impératrice fera tous ses efforts pour disposer l'empereur de confirmer aussi tous les autres avantages que l'empereur Charles VII avoit accordés au roi de Prusse et à sa maison. (Traité de Dresde, article 7).

Pour donner une idée de ces privilèges, je rapporterai ici quelques articles du traité que le roi de Prusse avoit conclu à Bréslau, le 4 novembre 1741, avec l'électeur de Bavière, depuis empereur Charles VII. Ce dernier prince s'engage, dès qu'il sera monté sur le trône impérial, de donner à sa majesté prussienne, pour tous ses états situés dans l'empire, un privilège de *non appellando*, c'est-à-dire, que les sujets du roi de Prusse ne pourront appeler de ses tribunaux à ceux de l'empire. Ce privilège sera aussi étendu que ceux qui ont été accordés précédemment à la maison de Saxe, à la Suède pour ses états d'Allemagne, et à la maison même de Brandebourg par le duché de Stetin.

En second lieu, le même prince s'engage de procurer, en vertu de l'autorité impériale, à sa majesté prussienne l'introduction du duché de Meurs dans le collège des princes à la diète de l'empire.

3°. D'avancer, autant qu'il sera possible, l'admission de sa majesté prussienne dans le comté de Limbourg, comme fief de l'empire; ce qui lui a déjà été accordé par l'empereur Charles VI, et que la mort de ce prince a empêché de mettre à exécution.

4°. D'accorder à sa majesté prussienne et à ses successeurs, dans les lettres particulières aussi bien que dans celles qui émaneront de la chancellerie de l'empire, au lieu du titre de votre dilection, dont on s'est servi jusqu'ici, celui de Majesté, avec le prédicat de Très-Grand, sur le même pied que les derniers empereurs l'ont observé à l'égard de la couronne de France; et même envers le roi d'Angleterre dans leurs lettres particulières. Qu'en outre, à l'imitation des autres rois de l'Europe, sa majesté prussienne puisse en écrivant au futur empereur se servir dans sa lettre de l'expression Nous, et que la chancellerie de l'impire dans les lettres qu'elle écrira à sa majesté prussienne, soit comme électeur, soit comme prince de l'empire, supprimera absolument les expressions, commandons et ordonnons, qu'on ne vouloit déjà plus accepter du temps du feu empereur

mais que ladite chancellerie se servira au contraire des expressions demandons et souhaitons.

5°. Et comme par un vil intérêt, la chancellerie de l'Empire a fait difficulté de reconnoître les gentilshommes, barons et comtes que sa
majesté prussienne avoient créés ; quoique ce
droit lui appartienne incontestablement, comme
à toutes les têtes couronnées, est aussi-bien
qu'aux rois de Bohême, qui ont fait expédier
plusieurs de ces patentes par leur chancellerie,
sans que celle de l'empire y ait fait la moindre
opposition ; l'électeur de Bavière, futur empereur, promet de défendre à la chancellerie de
l'empire non-seulement de faire à l'avenir de
pareilles chicanes, mais lui ordonnera même de
reconnoître sans aucune difficulté les gentils-
hommes, barons et comtes faits par sa majesté
prussienne parmi ses sujets de ses états de
l'empire.

6°. De mettre l'acte de la prise d'investiture
et l'excuse de ce qu'on ne comparoît pas en personne, sur un autr pied, à l'égard des pays
et états appartenant à sa majesté prussienne,
c'est-à-dire, qu'au lieu de recevoir l'investiture
à genoux, comme il est d'usage, l'électeur de
Bavière devenant empereur, la donnera aux
envoyés du roi de Prusse, tant pour l'électorat
que pour les autres états, de la même manière
et dans la même forme qu'elle est donnée à la
maison d'Autriche pour ses fiefs. En outre sa

majesté prussienne sera exempte de tout droit de chancellerie pour la prise d'investiture de ses duchés et principautés ; elle lui sera accordée gratis comme aux électeurs pour leur électorat.

7°. D'ériger le comté de Tecklenbourg en principauté, et de lui procurer un suffrage dans le collège des princers.

8°. De confirmer de nouveau, spécialement pour sa majesté prussienne, le privilège accordé par la bulle d'or aux électeurs d'acquérir des fiefs de l'empire sans le consentement de l'empereur ; et d'ordonner à cet effet aux tribunaux de l'empereur d'y tenir la main, et de ne plus faire de difficulté à cet égard.

9°. De favoriser autant qu'il sera possible les enrôlemens de sa majesté prussienne pour recruter son armée dans l'empire, comme un droit qui lui appartient en qualité d'électeur, et de n'y mettre aucun empêchement.

La reine de Pologne, électrice de Saxe, donnera au roi de Prusse un acte solennel de cession des droits éventuels que cette princesse et ses héritiers de l'un et de l'autre sexe pourroient vouloir prétendre un jour, en vertu de la pragmatique - sanction et comme héritiers éventuels de la maison d'Autriche après son extinction, à tous les états et pays cédés au roi de Prusse par la cour de Vienne, en vertu des traités de Breslau et de Berlin. La cour de Saxe donnera au roi de Prusse et à ses héritiers les titres de duc de Silésie et de comte de Glatz. (Traité de Dresde du 25 décembre 1745 , entre le roi de Prusse et la maison de Saxe, article 6).

Le roi de Pologne, électeur de Saxe, cède au roi de Prusse la ville et péage de Furstenberg sur l'Oder, avec ses dépendances , ainsi que le village de Schidlo ; de sorte que les deux rives de l'Oder de ce côté-là appartiendront à la maison de Brandebourg. Le roi de Pologne sera dédommagé de cette cession par l'abandon que lui fera le roi de Prusse d'un territoire de même valeur, dépendant de la Silésie et enclavé dans la Lusace. La maison de Saxe ne pourra établir aucun nouveau péage sur l'Oder , ni incommoder la libre navigation sur cette rivière. (Traité de Dresde , article 7). L'échange stipulé par cet article n'a pas eu lieu, les deux cours ont pris d'autres arrangemens à cet égard par la paix de Hubersbourg. (Voyez le chapitre suiv.).

La religion protestante sera maintenue et conservée dans tous les états de l'électorat de Saxe, y compris la haute et basse Lusace, de même que dans les états du roi de Prusse, suivant la teneur de la paix de Westphalie. (Traité de Dresde , article 8).

Tous les vassaux, sujets, officiers militaires ou civils du roi de Prusse, qui ont des capitaux dans les fonds publics de Saxe, en seront fidellement remboursés aux termes échus , suivant la teneur de leurs obligations. (Traité de Dresde , article 11).

Le duché de Silésie et le comté de Glatz, tels que le roi de Prusse les possède en vertu des traités de Breslau et de Berlin, lui sont garantis par toutes les puissances contractantes au traité d'Aix-la-Chapelle. (Traité d'Aix-la-Chapelle, article 22).

Le roi d'Angleterre promet et s'engage en son nom et au nom de ses successeurs, de tenir la main et d'employer efficacement tout ce qui est dans son pouvoir, pour que le roi de Prusse et ses héritiers restent dans la paisible et entière possession de la Silésie et du comté de Glatz, et qu'ils y soient maintenus contre tous ceux qui voudroient les y troubler. (Acte de garantie du roi d'Angleterre, du 19 sept. 1746).

Le Corps germanique garantit au roi de Prusse la possession de la Silésie et du comté de Glatz, et promet de le maintenir de toutes ses forces dans la jouissance de ces principautés. (Acte de la diète de l'empire, du 24 mai 1751).

Me permettra-t-on de faire une remarque au sujet de l'accession de l'impératrice de Russie aux traités de Breslau, du 11 juin et de Berlin du 28 juillet 1742 ? Cette princesse dit dans son acte d'accession que " le roi de la Grande-Bretagne, conjointement avec la reine de Hongrie et de Bohême et le roi de Prusse, pour mieux confirmer l'union, l'harmonie et la bonne intelligence entre eux tous, ont jugé qu'il seroit convenable au bien général de l'Europe et au maintien et l'avancement de leurs intérêts en particulier, d'inviter l'impératrice de Russie à accéder au traité définitif conclu et signé à Berlin le 28 juillet 1742 ; qu'en conformité, sa majesté impériale de toutes les Russies, pour parvenir à un but si salutaire, et afin de répondre à une invitation si aimable, comme aussi pour donner à ces trois puissances des marques de sa haute estime et du désir qu'elle a de vivre avec elles dans la meilleure intelligence, a bien voulu accéder au susdit traité, avec les formalités requises et de la manière la plus forte, en tant que cette accession pourra servir à parvenir au but proposé, savoir de confirmer et d'affermir la bonne union, l'harmonie et l'amitié entre lesdites cours respectives ; le roi de la Grande-Bretagne, la reine de Hongrie et de Bohême et le roi de Prusse, déclarant de leur côté qu'ils acceptent cette accession comme d'une amie et alliée. ,,

Je ne devine point quels peuvent être le principe, la fin et la force d'un pareil acte. Je voudrois qu'on pût me dire quelle sorte d'engagement la Russie contracte par cette accession. Tandis que les garanties les plus solennelles et les plus expresses sont devenues des actes presque inutiles en Europe, pourquoi imaginer des accessions qui ne disent rien, en voulant cependant avoir l'air de dire quelque chose ? Les actes d'accession ne doivent être employés en politique, que quand deux puissances, après être convenues entre elles des articles d'une alliance ou d'une ligue, invitent un autre état de s'y joindre comme partie contractante et alliée. Un acte dont on ne peut retirer aucun fruit est un acte inutile. Après que la paix de Berlin eut été rompue par l'irruption que le roi de Prusse fit dans la Bohême en 1744, je demande ce que le roi d'Angleterre et la reine de Hongrie pouvoient exiger que fît la Russie en vertu de son accession ? Si on n'a rien à me répondre, il faut convenir que ma remarque est juste.

MAISON DE SAVOIE.

La reine de Hongrie cède au roi de Sardaigne, ses héritiers et successeurs, le territoire appelé Vigevanasque, le pays d'Aghiera, et les parties du duché de Pavie, situées entre le Pô et le Thesin, et au-delà du Pô en y comprenant Robbio et son territoire. La cour de Turin jouira de ces domaines cédés en pleine propriété et souveraineté, sauf la juridiction directe de l'empire. La navigation sera libre sur les rivières qui servent de limites aux états des deux puissances contractantes. (Traité de Worms du 13 septembre 1743, article 9). Il faut lire cet article entier dans le traité même, si on veut être instruit de tout ce qui regarde les frontières respectives des deux puissances. Ces deux cessions faites par la reine de Hongrie au roi de Sardaigne sont confirmées par la paix générale. (Préliminaires de la paix d'Aix-la-Chapelle , article 7. Traité d'Aix-la-Chapelle , article 12).

La cour de Vienne avoit acheté l'alliance du roi de Sardaigne par d'autres sacrifices ; elle lui abandonnoit encore la ville de Plaisance et la partie du Plaisantin située entre le Pavesan et la rivière de Nura depuis sa source jusqu'à son embouchure dans le Pô. Mais en lui cédant ses droits sur la ville et le marquisat de Final, elle ne lui cédoit rien, puisque cette principauté appartenoit de la manière la plus légitime à la république de Gênes. (Voyez le dixième chapitre de cet ouvrage). On a dérogé à ces deux articles par la paix générale. La cour de Turin n'a conservé sur la partie du duché de Plaisance qui lui étoit donnée par le neuvième article du traité de Worms , qu'un droit d'expectative ou de réversion, dans le cas que don Philippe , duc de Parme et de Plaisance , meure sans hoirs mâles quand don Carlos, roi des Deux Siciles, monteroit sur le trône d'Espagne. A l'égard du dixième article du traité de Worms, concernant le marquisat de Final, les plénipotentiaires d'Aix-la-Chapelle l'ont annullé, en réglant que la république de Gênes resteroit en possession de tous les états, places, villes, forts, etc. dont elle jouissoit avant la guerre. La France s'opposa à ce qu'on dépouillât les Génois d'un pays qu'ils avoient acheté de l'empereur Charles VI, et les Anglois insistèrent d'autant moins, qu'ils s'étoient chargés de les dédommager, c'est-à-dire, de leur rembourser le prix de leur acquisition.

Quand les plénipotentiaires de France, d'Angleterre et des Provinces-Unies eurent signé les articles préliminaires de la paix, le ministre de la cour de Vienne leur déclara authentiquement que l'impératrice reine de Hongrie ne pouvoit souscrire à l'établissement de Don Philippe en Italie, que dans le cas que toutes les cessions faites au roi de Sardaigne par le traité de Worms seroient révoquées et anéanties. « Il est évident, étoit-il dit dans la protestation de la cour de Vienne, que les hauts-contractans du traité de Worms n'étant entrés dans les engagemens de ce traité que dans la vue d'empêcher un établissement de la maison de Bourbon en Italie ; et l'impératrice en particulier n'ayant été obligée de faire les cessions dont il s'agit que par ce motif et par la considération des avantages qu'on lui promettoit en échange, la raison et l'équité ne permettent pas que sa majesté soit tenue aux engagemens qui lui sont onéreux, tandis qu'au lieu de lui procurer les avantages qui étoient stipulés en sa faveur, l'on renverse directement le but, la base et le fondement du traité, par les nouveaux sacrifices que l'on veut exiger de sa majesté impériale pour l'établissement de l'infant. »

Les plénipotentiaires qui s'étoient rendus les arbitres de la paix n'eurent aucun égard à cette protestation, que la cour de Vienne n'auroit jamais dû hasarder. Il étoit aisé de prévoir que cette démarche n'apporteroit aucun changement à leur politique, et ne seroit propre par conséquent qu'à aliéner la cour de Turin, et rendre suspects les engagemens de la maison d'Autriche.

ESPAGNE; DUCHÉS DE PARME, PLAISANCE ET GUASTALLE; MAISON DE SAVOIE.

L'impératrice-reine cède à l'infant d'Espagne, don Philippe, les duchés de Parme, de Guastalla, et la partie du Plaisantin qu'elle s'est réservée, par le traité de Worms, pour être possédés par lui et ses descendans mâles, nés en légitime mariage, en la même manière et dans la même étendue qu'ils ont été ou dû être possédés par les présens possesseurs. Dans le cas où Don Philippe ou un de ses descendans seroit appelé au trône d'Espagne ou de Naples, la cour de Vienne ou ses ayant causes rentreront en possession des duchés de Parme et de Guastalla, et de la partie du Plaisantin qu'elle s'est réservée par le traité de Worms. (Traité d'Aix-la-Chapelle, art. 7. Acte de cession de l'impératrice-reine inséré dans l'article 7 du traité d'Aix-la-Chapelle). L'intention de; plénipotentiares qui ont dressé cet article a sans doute été de régler que dans le cas où un duc de Parme seroit appelé à la succession des royaumes d'Espagne ou des deux Siciles, il y passeroit avec toute sa famille sans pouvoir laisser un de ses fils puîné dans ses premiers états ; mais il faut convenir que cette stipulation est écrite d'une manière un peu louche , ou du moins qui n'est pas assez claire. La matière des successions est de la plus grande importance, dans le droit public de l'Europe ; et c'est une grande faute pour des ambassadeurs de ne pas s'exprimer d'une manière propre à prévenir les doutes et les chicanes.

A l'égard de la ville de Plaisance et de la partie du Plaisantin, qui appartenoient au roi de Sardaigne par le traité de Worms, ce prince les cède avec la clause de réversion quand le roi de Naples, don Carlos, sera monté sur le trône d'Espagne, ou dans le cas que l'infant don Philippe vînt à mourir sans enfans mâles. (Traité d'Aix - la - Chapelle , art. 7. Acte de cession du roi de Sardaigne , inséré dans le septième article du traité d'Aix-la-Chapelle). Cet acte du roi de Sardaigne est conforme aux expressions dont on s'étoit servi dans les préliminaires où il est dit que les duchés de Parme, de Plaisance et de Guastalla seront cédés au sérénissime infant don Philippe pour lui tenir lieu d'établissement, avec le droit de réversion au présent possesseur, après que sa majesté le roi des deux Siciles aura passé à la couronne d'Espagne, ainsi que dans le cas que le sérénissime infant viendroit à mourir sans enfans.

Par l'expression : Après que sa majesté le roi des deux Siciles aura passé à la couronne d'Espagne, on juge sans peine que les plénipotentiaires de France entendoient que la réversion des pays cédés, auroient lieu quand don Carlos passeroit à la couronne d'Espagne, parce qu'ils croyoient que dans ce cas l'infant don Philippe seroit appelé à la couronne de Naples. Mais ils se trompoient. (Voyez le douzième chapitre de cet ouvrage) Ayant été instruits, dans l'intervalle qui s'écoula depuis la signature des préliminaires jusqu'à la conclusion du traité définitif de l'ordre de succession établi par le traité de Vienne à l'égard des deux Siciles, et que don Carlos étoit le maître de laisser un de ses fils à Naples, ils sentirent la faute qu'ils avoient faite. Il étoit ridicule que, la France se contentât de faire céder Parme, etc, à don Philippe seulement pour quelques années ; il étoit absurde de stipuler que ce prince perdroit ses états, parce que son frère en acquerroit de nouveaux.

Il fallut revenir sur ses pas, et on engagea l'impératrice - reine à s'exprimer dans son acte de cession suivant l'intention présumée et sous-entendue des plénipotentiares, et non pas conformément à la lettre des préliminaires. En conséquence on restreignit dans le traité défi-nitif la cession des duchés de Parme, Guas-talla, etc. aux hoirs mâles de don Philippe; car par les préliminaires les filles n'étoient point exclues de la succession.

La cour de Turin n'eut pas la même com-plaisance. Elle voulut que le traité définitif fût en tout pareil aux préliminaires; et quand don Carlos succéda en Espagne à Ferdinand VI, le roi de Sardaigne fut en droit de rentrer dans la partie du Plaisantin, qui lui avoit été abandonnée par le traité de Worms, et qu'il avoit cédé à don Philippe. On sera instruit des suites de cette affaire en lisant ici le préam-bule et les articles essentiels du traité signé à Paris le 10 Juin 1763, par les ministres de France, d'Espagne et de Sardaigne.

Le roi très-chrétien ayant assuré le roi de Sardaigne, par une lettre écrite de sa main le 5 février 1759, que si à l'époque de la paix sa majesté Sarde n'étoit en possession de la ville de Plaisance et du territoire plaisantin jusqu'à la Nura, selon le cas prévu par le traité d'Aix-la Chapelle, sa majesté Sarde auroit un équivalent dont elle seroit satisfaite. Sa majesté très-chrétienne a communiqué cet engagement à sa majesté catholique, laquelle a bien voulu concourir à l'accomplissement de la parole du roi très-chrétien, non-seulement pour donner au roi son cousin des preuves de l'amitié tendre qui les unit, mais aussi pour remplir les vues qu'ont les deux couronnes d'assurer son altesse royale, l'infant don Philippe, frère de sa majesté catholique, et gendre du roi très-chrétien, la possession de ses états. Et comme jusqu'à présent l'équivalent territorial qui pouvoit satisfaire sa majesté sarde, et dont ce prince désiroit que la France fît la recherche, n'a pu se trouver sans nuire à aucune puissance, ce qui seroit contraire aux sentimens des trois monarques contractans : le roi de Sardaigne, pour complaire au roi très-chrétien, est convenu avec leurs majestés très-chrétienne et catholique de la transaction suivante.

Leurs majestés très-chrétienne et catholique reconnoissent de nouveau en faveur de sa majesté le roi de Sardaigne le droit de réversion de la souveraineté de la ville de Plaisance et de la partie du Plaisantin jusqu'à la Nura, spécifié dans le traité d'Aix-la-Chapelle, au cas où la lignée masculine de l'infant don Philippe,

possesseur

possesseur actuel , viendroit à s'éteindre , de même que dans le cas où ce prince ou ses descendans mâles passeroient par succession à l'une des couronnes de sa famille. (Traité de Paris , du 10 juin 1763 , article premier).

Non-seulement leurs majestés très-chrétienne et catholique reconnoissent le droit de réversion en faveur du roi de Sardaigne , spécifié dans l'article précédent , mais de plus elles le lui garantissent expressément par la présente convention , selon les termes exprimés ci-dessus , et lui promettent de s'opposer à quiconque entreprendroit d'empêcher l'exécution dudit droit de réversion. (Ibid. article second).

En attendant que le temps et le cas arrivent d'effectuer ladite réversion , leurs majestés très-chrétienne et catholique s'obligent de faire jouir le roi de Sardaigne , dans la forme qui satisfera sa majeté sarde , de la même quantité de revenu annuel , en déduisant les charges et frais d'administration , que rapporteroient à ce prince la ville et la partie du Plaisantin jusqu'à la Nura , s'il en avoit la possession actuelle. A l'effet de quoi sa majesté très – chrétienne s'engagera par une convention particulière vis-à-vis de sa majesté sarde , à la remise de la somme capitale du revenu desdits pays , laquelle somme sera vérifiée à l'amiable et de bonne foi entre les deux cours de France et de Turin. (Ibid. article 3).

Le roi de Sardaigne promet et s'oblige, pour lui et ses successeurs, que le cas mentionné de la réversion étant arrivé, il ne pourra en user, pour se mettre en possession desdits pays dénommés dans cette convention, et dans le traité d'Aix-la-Chapelle, que préalablement il n'ait pris à l'amiable les mesures qui assurent à sa majesté très-chrétienne la restitution dudit capital, dans les mêmes termes qui sont convenus pour lui fournir cette somme; sa majesté sarde s'engage de plus, tant pour elle que pour ses successeurs, à ne chercher ni alléguer aucun motif ou prétentions qui puissent diminuer ou reculer ladite restitution, étant convenu expressément entre les trois cours, que toute autre affaire ne doit avoir rien de commun avec celle qui forme l'objet de la présente convention. (Ibid. article 4).

Leurs majestés très-chrétienne et catholique conviennent que le roi de Sardaigne commencera à jouir de l'équivalent des rentes du Plaisantin jusqu'à la Nura, à compter du 10 mars de cette année, jour de l'échange des ratifications du traité de paix, de la France et de l'Espagne avec l'Angleterre. Cette époque est d'autant plus juste, qu'elle correspond à celle qui est indiquée par la lettre du 5 février 1759, du roi très-chrétien au roi de Sardaigne. (Ibid. article 5).

Comme il est convenable que les puissances

contractantes au traité d'Aix-la-Chapelle soient instruites de tous les arrangemens pris relativement au susdit traité, la convention présente leur sera communiquée, et en conséquence, les trois monarques contractans requerront leur garantie. (Ibid. art. 6). En conséquence de cet arrangement, la somme de neuf millons a été remise au roi de Sardaigne.

ANGLETERRE.

Le roi de Sardaigne et la reine de Hongrie, en reconnoissance du zèle que sa majesté britannique a montré pour la cause commune, confirment à ses sujets tous les avantages dont ils ont joui dans leurs états, relativement au commerce. Ils promettent de leur en accorder d'autres, autant que cela sera praticable, par un traité particulier de commerce et de navigation, quand le roi d'Angleterre les en requerra. (Traité de Worms, art. 15).

L'article cinquième du traité de la quadruple alliance, du 2 août 1718, est renouvelé expressément. Il aura la même force que s'il étoit écrit dans le traité d'Aix-la-Chapelle, c'est-à-dire, que la France garantit l'ordre de succession établi en Angleterre en faveur de la maison de Hanover, et qu'elle ne souffrira pas, sur les terres de la domination, les princes de la maison de Stuart, qui prétendent avoir des droits au trône de la Grande-Bretagne (Traité d'Aix-la-Chapelle , article 14). C'est en conséquence de cet article , que le prince Édouard fut obligé de sortir de France. Depuis ce temps il a vécu ignoré du public. L'entreprise de ce prince en 1745 sera vraisemblablement la dernière tentative de la maison de Stuart , pour remonter sur le trône de la Grande-Bretagne , où , dit-on , le parti des Jacobites diminue de jour en jour.

La guerre ayant privé pendant quatre ans la compagnie de l'Assiento des avantages de son traité , l'Espagne l'en dédommagera en lui renouvelant encore pour quatre ans le privilège de la traite des Nègres et du vaisseau de permission. (Préliminaires de la paix , art. 10. Traité d'Aix-la-Chapelle , article 16). On ne trouve dans le traité d'Aix - la - Chapelle que ce seul article relatif au commerce des Anglois , et à la guerre qu'ils avoient déclarée à l'Espagne en 1739. Ce qui prouve qu'ils avoient pris les armes par humeur , ou qu'ils faisoient la paix par caprice et par étourderie. Il n'y a , je crois , point de congrès où les affaires aient été traitées avec moins de patience et moins de maturité , que dans celui d'Aix-la-Chapelle ; pour hâter la conclusion de la paix , on se contentoit d'ébaucher les matières. Pour prévenir les suites de cette précipitation imprudente , les plénipotentiaires d'Espagne et d'Angleterre signèrent le 24 juin, une déclaration particulière, par laquelle ils convinrent que leurs maîtres respectifs règleroient entre eux les articles concernant le commerce. Il se tint des conférences à ce sujet, après la conclusion de la paix, et on signa à Buen-Retiro le 5 octobre 1750, un traité qui fait en quelque sorte partie de la pacification d'Aix-la-Chapelle, et dont je vais rendre compte.

Le roi d'Angleterre cède au roi d'Espagne son droit à la jouissance de la traite des Nègres et du vaisseau de permission, pendant les quatre années stipulées par le traité d'Aix-la-Chapelle. Le roi d'Espagne, en payant cent mille livres sterling à la compagnie de l'Assiento, sera regardé comme acquitté de tout ce qu'il pourroit lui devoir ; tout droit, toute demande, toute prétention que le roi d'Angleterre et les Assientistes pourroient former seront éteints. Le roi d'Espagne cède encore au roi d'Angleterre toute demande qu'il pourroit faire à la compagnie de l'Assiento, au sujet des articles déjà liquidés ou qui ne le sont pas encore. (Traité de Buen-Retiro, art. 1, 2 et 3). Ces conventions ont rapport aux articles du contrat de l'Assiento, par lesquels il étoit réglé que les deux rois seroient intéressés chacun pour un quart dans le commerce de la compagnie de l'Assiento. (Voyez le onzième chapitre de cet ouvrage.

Les Anglois ne payeront point d'autres droits d'entrée ou de sortie, pour leurs marchandises, dans les états du roi d'Espagne, que ceux qu'ils payoient sous Chales II. Quoique le pied del fardo ne soit fondé sur aucune ordonnance royale, le roi d'Espagne ordonne néanmoins qu'il soit observé à présent et à l'avenir comme une loi inviolable. Dans tous les ports d'Espagne, les Anglois ne payeront que les droits qui sont payés par les Espagnols mêmes. Ils seront traités comme la nation la plus favorisée. Toutes les immunités, franchises et privilèges accordés dans la suite à quelque nation que ce puisse être leur seront accordés, et ils jouiront dès ce moment de tous ceux dont ils ont joui avant la guerre. Les Espagnols, de leur côté, seront traités dans les états de la Grande-Bretagne comme la nation la plus favorisée. (Traité de Buen-Retiro, articles 4, 5 et 7).

Le roi d'Espagne permet aux Anglois de prendre du sel dans l'île de la Tortue, comme ils ont fait sous le règne de Charles II. (Traité de Buen-Retiro, article 6).

Les deux puissances contractantes promettent d'apporter tous leurs soins pour abolir toutes les innovations qui se seroient introduites dans le commerce, et pour qu'on les évite à l'avenir. (Traité de Buen-Retiro, article 8). Cet article a rapport au commerce illicite que les

'Anglois faisoient dans les possessions des Espagnols en Amérique, et à la licence des garde-côtes, qui avoient quelquefois abusé de leurs commissions.

Les rois d'Angleterre et d'Espagne confirment le traité d'Aix-la-Chapelle, et tous les traités qui y sont rappelés. Le traité de commerce, conclu par ces deux puissances à Utrecht, en 1713, est remis en vigueur, à l'exception des trois articles de ce traité, communément appelés explanatoïres, qui sont déclarés nuls. (Traité de Buen Retiro, art. 9). Par le traité de commerce fait à Utrecht, les Anglois en Espagne et les Espagnols en Angleterre devoient être traités comme la nation la plus favorisée. (Art. 2). Les Anglois ne devoient payer en Espagne que les droits en usage sous le règne de Charles II. (Art. 3). Les Anglois auront dans la Biscaye et dans la province de Guipuscoa des maisons et des magasins, avec les mêmes droits et les mêmes privilèges dont ils jouissent dans l'Andalousie, et les autres provinces de la monarchie espagnole, en vertu du traité de 1667. La même prérogative est accordée aux Espagnols dans les domaines de la Grande-Bretagne. (Art. 4). Les Anglois continueront à faire le commerce des Canaries sur le même pied qu'ils le faisoient sous le règne de Charles II. Il leur est permis d'y prendre un espagnol même pour leur jugeconservateur, et la cour de Madrid lui accordera tous les droits et toutes les immunités attachées ordinairement à cette place. (Art. 12).

FRANCE.

Dunkerque restera fortifié du côté de la terre en l'état qu'il est actuellement ; mais pour le côté de la mer on se conformera aux articles convenus par la paix d'Utrecht. (Traité d'Aix-la-Chapelle, art. 17).

On avoit réglé par les préliminaires d'Aix-la-Chapelle, que toutes les restitutions et cessions qui seroient ordonnées par le traité définitif se feroient en même temps (et le roi de France s'étant engagé par l'article 6 du traité de paix de restituer dans l'espace de six semaines ses conquêtes dans les Pays – Bas, on exigea pour sureté des restitutions que l'Angleterre devoit faire en Amérique , que la cour de Londres feroit passer à celle de Versailles deux personnes de rang qui y demeureroient en qualité d'ôtages , jusqu'à ce qu'on y eût appris d'une façon certaine et authentique la restitution de l'île royale au cap Breton , et de toutes les conquêtes que les Anglois pourroient avoir faites avant ou après la signature des préliminaires dans les Indes orientales et occidentales (Traité d'Aix-la-Chapelle, art. 9).

Je crois que la France auroit été singulièrement embarrassée des deux ôtages qu'elle avoit reçus si l'Angleterre n'eût pas exécuté avec bonne foi les restitutions dont elle étoit convenue. Exiger des ôtages d'un peuple pour s'assurer de sa fidélité à remplir ses engagemens, c'est un moyen par lui-même très-insuffisant ; à moins que par la qualité et le nombre des ôtages toute la nation qui les donne ne soit très-intéressée à leur salut, et que la puissance qui les reçoit ne soit autorisée à les mettre à mort, en cas d'infidélité de la part de leurs commettans. Malheur aux peuples quand la barbarie de leurs mœurs admet un pareil principe dans le droit des gens. J'ajouterai que quand l'usage autoriseroit à faire périr les ôtages d'un peuple infidelle à ses engagemens, ce moyen politique seroit encore insuffisant. Un peuple en faisant mourir les ôtages qu'il a entre les mains a satisfait sa colère et son emportement, mais il n'est point parvenu à la fin qu'il s'étoit proposée, et il se trouve dans la nécessité de recommencer la guerre.

Tous les auteurs qui ont écrit sur le droit de la nature et des gens, conviennent qu'il n'est pas permis de mettre à mort des ôtages ; et leur raison est que ces ôtages sont innocens de l'infidélité de leurs commettans. Ils ajoutent cependant qu'on peut resserer des ôtages dans

des prisons étroites et leur rendre la vie très-
dure ; mais il me semble que c'est ne pas bien
raisonner : car de ce qu'on ne doit pas se permettre une grande injustice , est-il juste d'en
conclure qu'on peut en faire une moins considérable ? Les mêmes raisons qui défendent de
mettre des ôtages à mort défendent de leur
faire souffrir de mauvais traitemens : d'où je
conclus que l'usage de donner et de prendre
des ôtages n'est bon à rien.

MAISON DE SAXE.

La reine de Hongrie reconnoît et confirme
de nouveau , en son nom et au nom de ses
héririers , le droit qu'a la masion de Saxe de
succéder , en vertu de la pragmatique-sanction ,
à tous les royaumes et états héréditaires de la
maison d'Autriche , immédiatement après les
descendans mâles et femelles de l'empereur
Charles VI. La reine femme du roi de Pologne , Auguste III , électeur de Saxe , comme
fille aînée de l'empereur Joseph , et ses descendans , tant mâles que femelles , préférablement
à tout autre , jouiront de ce droit d'expectative.
La reine de Hongrie promet de ne rien céder
ni aliéner , soit à perpétuité ou pour un temps ,
au préjudice direct ou indirect du droit de
succession éventuelle de la maison électorale
de Saxe. (Traité du 20 décembre 1743 , entre

les cours de Vienne et de Dresde , art. 2).
De-là il faut conclure que si quelque prince
forçoit la maison d'Autriche à abandonner quelques parties de ses possessions provenant de la
succession de l'empereur Charles VI , il devroit
obtenir un acte d'abandon ou de consentement
de la part de la maison de Saxe.

La reine de Hongrie garantit au roi de Pologne , électeur de Saxe , la possession de tous
ses états héréditaires. (Ibid. art. 3. Traité de
Varsovie du 8 janvier 1745 , art. 3).

En conséquence de la cession de la ville de
Frustenberg au roi de Prusse , il sera donné à
la maison de Saxe un territoire équivalent , pris
des terres dépendantes de la Silésie et enclavées dans la Lusace. (Traité de Dresde, art. 7).
J'ai déjà averti que cet article n'avoit pas eu
lieu. (Voyez le chapitre suivant).

Tout ce que le roi de Pologne enverra de
Saxe en Pologne , et de Pologne en Saxe ,
comme lui appartenant et muni de ses passe-
ports, ne payera aucun droit en passant par
la Silésie. (Traité de Dresde , art. 10).

MAISON DE MODÈNE, RÉPUBLIQUE DE GÊNES.

Le duc de Modène rentrera en possession de tous ses états. On lui rendra l'artillerie, les munitions de guerre, meubles, etc. qui y étoient quand ils ont été occupés par ses ennemis. Ce prince sera dédommagé en argent comptant des effets qui auront changé de nature. Il sera remis en possession des fiefs qui lui appartiennent en Hongrie, ou recevra un équivalent. (Traité d'Aix - la - Chapelle, art. 13).

La république de Gênes rentrera en possession de tous les états, places, forts, rentes et revenus, dont elle jouissoit avant la guerre. Les Génois disposeront de tous les fonds qu'ils avoient sur la banque de Vienne en Autriche, en Bohême, et en quelque autre partie que ce soit des états de l'impératrice - reine et du roi de Sardaigne, et les intérêts leur en seront payés exactement. (Traité d'Aix-la-Chapelle, art. 14). Au lieu de déclarer que l'article du traité de Worms, concernant le marquisat de Final, seroit regardé comme nul et non avenu, on stipula simplement, dans l'article 15 du traité d'Aix-la-Chapelle, que pour le bien et la tranquillité de l'Italie, toutes choses y demeureroient dans l'état où elles étoient avant la guerre, à l'exception des dispositions faites et énoncées dans le présent traité, et qui regardent l'établissement de l'infant don Philippe, et les nouvelles possessions de la cour de Turin.

GARANTIES ET PROTESTATIONS.

Toutes les puissances contractantes au traité d'Aix-la-Chapelle s'en garantissent mutuellement l'exécution. (Traité d'Aix-la-Chapelle, article 23).

Protestation de la république de Gênes, sur ce que, dans l'arrangement et disposition du traité de paix, le duc de Modène avoit été nommé et placé avant la république.

Protestation de la maison de Bavière, au sujet du duche de la Mirandole et du marquisat de Concordia, possédés par la maison de Modène.

Protestation du prince Edouard, fils du prétendant, remise au magistrat d'Aix-la-Chapelle, pour la conservation des droits ou prétentions de la maison de Stuart au trône de la Grande-Bretagne.

Protestation du saint-siège, au sujet de ses droits de suzeraineté sur les duchés de Parme et de Plaisance.

Protestation des états-généraux pour la conservation des intérêts de la maison de Nassau Orange, relativement au traité conclu à la Haie, le 26 décembre 1687, entre Charles II,

roi d'Espagne, et Guillaume III, et aux prétentions de la maison de Nassau sur celle d'Isenghien.

Protestation de la maison de Condé, concernant ses droits sur le marquisat de Montferrat.

Protestation de la maison de la Tremouille, au
sujet de ses droits sur le royaume de Naples.

Protestation de l'électeur Palatin, au sujet de
ses droits sur le marquisat de Berg-op-zoom.

Protestation de la maison de Hesse-Cassel, concernant ses droits sur le duché de Brabant.

Protestation de la maison d'Anhalt, au sujet
de quelques fiefs qu'elle réclame sur la maison
de Hanover. Plusieurs princes de l'empire firent
encore des protestations, qu'ils portèrent à la
diète de Ratisbonne.

J'ajouterai ici que les Corses présentèrent un
mémoire aux plénipotentiaires du congrés,
pour les inviter à prendre connoissance de leurs
démêlés avec la république de Gênes ; mais
cette démarche fut inutile ; et malgré la protection que la cour de Turin et la cour de Vienne
leur avoient promise (voyez le dixième chapitre
de cet ouvrage) on ne daigna pas même faire
attention aux plaintes des Corses. La guerre
opiniâtre qu'ils soutiennent encore, et qùi est
une espèce de phénomène en Europe, fera
peut-être lire avec plaisir quelques morceaux du
mémoire, dans lequel ils exposent les motifs de
leur révolte et leurs prétentions.

« Nous avions, parmi nous, disent les

Corses , nombre de seigneurs qui jugeoient sans appel les causes de leurs sujets , qui levoient leurs bannières , et se confédéroient avec la république ; qui exerçoient les charges et les dignités dans leur patrie ; et qui enfin étoient à tous égards sur le même pied que les autres nobles d'Italie. Aujourd'hui nobles et plébéïens , Corses , sont confondus en tout par la politique des Génois. Les uns comme les autres , depuis près de 170 ans , sont exclus solennellement , comme incapables d'exercer aucunes charges dans leur patrie , et même d'y servir dans les troupes. Nos évêchés sont tous pour les Génois , et il s'en est peu fallu qu'on ne nous enlevât de même nos cures.

Un mal plus affreux encore que tout ce que j'ai dit , c'est l'iniquité des magistrats que Gênes nous envoyoit tous les deux ans. Ces magistrats , pauvres et ignorans au dernier point , savoient uniquement qu'il leur étoit permis de commettre toutes sortes d'injustices contre les Corses pour amasser des richesses. Ils vendoient d'avance aux habitans l'absolution des meurtres qu'ils méditoient. Tout au plus la peine du Corse homicide étoit d'être envoyé à Gênes pour y servir dans les troupes , et au bout de quelque temps il étoit renvoyé dans son pays ; les parens de celui qu'il avoit tué , voyant que la république n'avoit point vengé le crime , se vengeoient eux-mêmes. Il n'est point, de nation qui ne fût fameuse par le même crime, si elle le punissoit de même par une promenade ordinairement peu fâcheuse et souvent utile.

Des lois également pernicieuses, sont celles par lesquelles Gênes nous a ravi toute sorte de commerce au dehors, et l'a contraint et borné en mille manières dans l'intérieur de notre île; il en est arrivé ce qui étoit la suite naturelle des règlemens de cette espèce. En un mot, les Corses se sont dégoûtés du travail, puisqu'ils ne pouvoient vendre leurs denrées; et il en seroit de même des peuples les plus laborieux s'ils étoient dans la même gêne....

Les Génois n'honorent et ne récompensent aucune vertu; ils ne châtient aucun crime; ils ne reconnoissent aucun service; tout au plus ils le payent d'honneurs obscurs, ou même flétrissans et injurieux : et le but constant de la république est d'affoiblir et d'appauvrir notre île, parce qu'elle est trop riche et trop puissante pour plier paisiblement sous le joug des Génois... Enfin est-il certain que, si les Génois veulent se soumettre les Corses, rien ne portera ni ne forcera les Corses à accepter le joug des Génois. Il seroit donc à souhaiter pour la république de Gênes qu'on pût la faire entrer en raison, et la déterminer à se défaire de l'île de Corse. »

NÉGOCIATIONS

NÉGOCIATIONS RELATIVES A LA PAIX D'AIX-LA-CHAPELLE.

Quand le traité d'Aix-la-Chapelle fut rendu public, les personnes qui désiroient que la paix fût affermie sur de solides fondemens, ne purent s'empêcher de remarquer que les plénipotentiaires, par une précipitation dont j'ignore les motifs, avoient négligé de régler plusieurs affaires qui pouvoient devenir une source de nouvelles querelles. On étoit convenu, par les articles préliminaires, que les prétentions de l'électeur Palatin sur le fief de Pleinsting, les demandes que le roi d'Angleterre, comme électeur de Hanover, faisoit à la cour de Madrid, et les différends élevés au sujet de la grande maîtrise de la toison d'or, des enclaves du Hainaut, de l'abbaye de Saint-Hubert, et des bureaux nouvellement établis dans les Pays-Bas, seroient renvoyés au congrés général, et y seroient décidés. Cependant on se contenta de stipuler dans le traité définitif, que tous ces objets seroient discutés et terminés à l'amiable, par des commissaires, ou d'une autre manière, selon qu'en conviendroient entre elles les puissances intéressées.

Quoique ces affaires fussent trop peu importantes pour allumer une nouvelle guerre, étoit-il permis de les négliger ? Qu'en auroit-il coûté aux plénipotentiaires pour les terminer? Une suspension d'armes avoit déjà fait cesser les malheurs les plus considérables de la guerre, et on n'avoit aucune raison de presser la conclusion de la paix.

Les politiques, qui étoient au fait des griefs qui avoient occasionné une rupture entre l'Espagne et l'Angleterre, et qui connoissoient les possessions et le commerce des deux peuples en Amérique, furent confondus en voyant qu'on s'étoit flatté d'établir une paix solide, par un article de quatre lignes, et qui rendoit seulement aux Anglois, pendant quatre ans, le commerce des nègres et le vaisseau de permission, dont ils avoient été privés par la guerre. Ce n'étoit point remonter à la source de la querelle; et pour la tarir, il falloit prendre des mesures propres à prévenir les fraudes du commerce et les hostilités des garde-côtes. Il falloit du moins régler que tout le passé seroit oublié, et convenir des sommes que la cour de Londres, le roi d'Espagne et la compagnie de l'Assiento, pourroient se demander. En effet, si l'Angleterre et l'Espagne n'avoient pas signé deux ans après la paix le traité de Buen-Retiro, dont j'ai rendu compte, il y auroit eu vraisemblablement de nouvelles hostilités entre les deux peuples.

Quoique l'Amérique n'eût point encore été un sujet de guerre entre la France et l'Angleterre, il ne falloit que connoître médiocrement leurs dispositions et leurs intérêts, pour être convaincu qu'il étoit absolument nécessaire de prendre à cet égard de très - grandes précautions. Autant que les Anglois paroissoient éloignés de faire des conquêtes en Europe, autant songeoient-ils à étendre leurs possessions en Amérique. Leurs colonies étoient aussi puissantes que celles des François l'étoient peu. Quand on travailloit à la paix, la marine de France étoit entièrement détruite, et celle d'Angleterre étoit dans l'état le plus florissant. Les Anglois avoient fait de nouveaux établissemens pendant la guerre, ils laissoient entrevoir des prétentions au sujet de l'Accadie et de la baie françoise, et tentant déjà de franchir les Appalaches, quelques-uns de leurs facteurs commençoient sur l'Oyo avec les Indiens. Que de sujets de crainte pour une politique qui porte ses vues dans l'avenir ! Cependant le comte de Saint-Severin se contenta de stipuler la restitution de l'île royale ou cap Breton, et de toutes les conquêtes que les armes ou les sujets de sa majesté britannique pourroient avoir faites, en ajoutant vaguement que toutes choses d'ailleurs seront remises sur le pied qu'elles étoient, ou devoient être, avant la présente guerre.

On se seroit aisément entendu après la paix, si le plénipotentiaire de France s'étoit contenté

de dire que toutes choses seroient remises sur
le pied qu'elles étoient avant la présente guerre;
et on n'auroit pu lui reprocher que de s'exprimer d'une manière trop succincte et trop vague
sur un objet qui exigeoit des conventions très-
précises et très-détaillées. Ce qui fit, si je puis
parler ainsi, que cet article du traité d'Aix-
la-Chapelle est devenu un foyer de querelles
interminables entre l'Angleterre et la France,
c'est l'expression, devoient être. Ces deux
mots, que le ministre anglois eut l'adresse de
glisser dans le traité, et dont les plénipotentiaires de France ne prévirent pas les conséquences, ouvroient une vaste carrière à l'ambition des Anglois.

Il ne faut pas, en effet, s'imaginer que l'Amérique étant toute différente de notre Europe,
il soit aussi aisé d'en régler le sort que celui
des provinces qui sont sous nos yeux, et que
nous connoissons. En Europe, tous les états
ont des frontières et des limites certaines ; en
Amérique, ce sont de vastes déserts, des
pays sans juridictions et sans limites, et chaque
puissance regarde les campagnes vagues qui
l'avoisinent comme son empire, et n'y met
aucune borne. Les anciens traités que les
François et les Anglois avoient faits au sujet
de l'Amérique, étoient et devoient être équivoques, obscurs, et même inintelligibles ;
cependant ces traités avoient entretenu la paix,

tant que les colonies, occupées du soin de se former, n'avoient point donné à leurs métropoles l'ambition de tout envahir : mais ils devoient servir de titre aux prétentions les plus démesurées, dès qu'il s'agiroit d'établir des frontières et des bornes entre les deux nations. Si on l'avoit prévu au congrès d'Aix-la-Chapelle, il auroit été aisé, ainsi que l'a remarqué M. le duc de Choiseul, (voyez le mémoire historique sur la négociation de la France et de l'Angleterre, depuis le 26 mars 1761, jusqu'au 20 septembre de la même année) de prévenir les différends en fixant des limites. Mais bien loin de prévoir ces difficultés et de les lever, les plénipotentiaires de France les multiplièrent au contraire. Régler que toutes choses seroient remises en Amérique sur le pied où elles devoient être avant la guerre, c'étoit accorder aux Anglois la faculté de tout oser et de tout entreprendre. En effet, on goûtoit à peine les avantages de la paix, qu'ils interprétèrent en leur faveur, des titres obscurs et inintelligibles, et sous prétexte de rétablir les choses comme elles devoient être avant la guerre, firent tous les jours de nouvelles entreprises contre les François établis sur la rivière de Saint-Jean, la côte des Etchemins et les côtes septentrionales de l'Accadie.

La cour de France fit des plaintes à l'Angleterre dans le mois de juin 1749; et pour arrêter des hostilités journalières qui pouvoient enfin allumer une nouvelle guerre, proposa de nommer des commissaires qui régleroient à l'amiable les limites des colonies angloises et françoises. Le roi de la Grande-Bretagne chargea MM. Shirlay et Mildmay, de traiter à Paris cette affaire avec le comte de la Galissonière et M. de Silhouette, que le roi de France avoit nommés ses commissaires dans cette importante négociation.

Les hostilités continuèrent et devoient en effet continuer en Amérique, parce que les ministres de France et d'Angleterre négocioient sans s'entendre, et ordonnoient innocemment la guerre, en croyant donner les instructions et les ordres les plus pacifiques. Le gouvernement anglois ne trompoit point la France, quand il lui disoit qu'il avoit donné les ordres les plus efficaces de ne commettre aucun attentat, soit du côté de la nouvelle Ecosse, soit de celui de la baie d'Hudson, contre les possessions ou contre le commerce des sujets de sa majesté très-chrétienne. Mais ces ordres ne devoient point suspendre le cours des hostilités, parce que les Anglois se croyoient autorisés par le traité d'Aix-la-Chapelle à rétablir les choses en Amérique sur le pied où elles avoient dû être, et que ce qui avoit dû être étoit selon eux bien différent de ce qui avoit été. Ils regardoient plusieurs établissemens françois comme autant de dépendances de leurs colonies. Ils avoient déjà envahi quelques parties du Canada, et ils se croyoient encore renfermés dans les limites de l'Accadie. La France les regardoit comme des agresseurs, et ils pensoient être sur la défensive, et ne former des habitations et n'élever des forts que sur leur territoire.

" Le roi m'ordonne, écrivoit M. Rouillé, ministre de la marine, au marquis de la Jonquière, gouverneur du Canada, de vous rappeler les ordres que sa majesté vous a déjà données plusieurs fois sur la conduite que vous avez à tenir avec les Anglois, particulièrement dans tout ce qui a rapport aux limites des colonies respectives, jusqu'à ce qu'elles aient été réglées. En soutenant ses justes droits contre toutes les entreprises qui pourroient y donner atteinte, vous ne devez rien entreprendre vous-même de contraire aux droits des Anglois. " En écrivant de la sorte dans la position où se trouvoient les choses, M. Rouillé attisoit le feu de la guerre qu'il vouloit prévenir. Il avoit beau prescrire au gouverneur d'user à l'égard des Anglois de tous les ménagemens compatibles avec l'honneur de la nation et la conservation de ses possessions ; il n'empêchoit pas que les Anglois, prévenus de l'étendue de leurs droits et de leurs domaines en Amérique, ne regardassent ces ménagemens mêmes comme autant d'injures et d'hostilités. " Tenez la main, continue M. Rouillé, à ce que les officiers que vous détacherez dans les postes qui se trouvent dans le voisinage des colonies angloises, se conduisent sur les mêmes principes : évitez en un mot, tout ce qui pourroit occasionner des plaintes fondées contre vous. " Ces ordres étoient impràticables, dès que les deux gouverneurs n'avoient aucune idée commune sur leurs droits et leurs limites respectives. Quoi que pût faire le marquis de la Jonquière, il devoit déplaire, ou aux Anglois qui l'accuseroient d'inquiéter leurs établissemens, ou au ministre de France qui se plaindroit de sa négligence à réprimer les entreprises dangereuses des Anglois. " Il y a lieu d'espérer, reprend M. Rouillé, que tout se passera de part et d'autre d'une manière conforme aux vues de leurs majestés pour le maintien de l'usage des deux nations. Vaine espérance ! M. Rouillé ne soupçonnoit pas toute l'étendue que les Anglois donnoient à la malheureuse expression, *devoient être,* du traité d'Aix-la-Chapelle ; et il eut lieu de juger qu'il avoit donné des ordres inutiles et même dangereux par la paix, dès que les commissaires commencèrent à entrer en négociation.

Ce fut le 21 septembre 1750, que les commissaires des deux nations se remirent des mémoires concernant les limites de l'Accadie.

M. de la Galissonière et M. de Silhouette prétendoient que l'Accadie, telle qu'elle avoit été
cédée par la paix d'Utrecht, c'est-à-dire, suivant ses anciennes limites, commence à l'extrémité de la baie françoise, depuis le cap
Sainte-Marie ou le cap Fourchu, qu'elle s'étend
le long des côtes et se termine au cap Canseau.
Messieurs Shirlay et Mildmay demandoient au
contraire que, sous le nom d'ancienne Accadie,
on comprît toutes les terres qui s'étendent
depuis la rivière de Kinibeki jusqu'au golphe
Saint-Laurent, et du fleuve Saint-Laurent au
Nord jusqu'à l'Océan. Le 11 janvier 1751, les
commissaires anglois remirent un mémoire,
par lequel ils se flattoient d'avoir évidemment
prouvé la justice de leurs demandes. Les commissaires de France y répondirent le 4 octobre
de la même année ; et on peut dire qu'ils réfu-
tèrent avec force les preuves que l'Angleterre
regardoit comme des démonstrations ; mais il
faut avouer aussi qu'en voulant fixer les anciennes limites de l'Accadie, ils ne furent guère
plus heureux que les écrivains anglois ; et l'on
perdit une année entière à un travail pénible qui
ne devoit produire aucun bien.

Il étoit inutile de remonter jusqu'à l'origine
des établissemens anglois dans l'Amérique, et
des colonies françoises, de citer des voyageurs,
des historiens, des chartes, des cartes de géo-
graphie ; des patentes des deux cours, des com-

missions données à des capitaines ou à des gouverneurs, et des lettres de ces mêmes capitaines
ou de ces gouverneurs. Tout ce travail qui
suppose de très-grandes connoissances doit faire
sans doute beaucoup d'honneur aux lumières
des commissaires des deux nations ; mais bien
loin d'être propre à terminer une négociation,
il empêchoit même de l'entamer. Plus les commissaires anglois et françois faisoient de recherches, plus ils se flattoient de ramener enfin leurs
adversaires à leur sentiment ; ils entretenoient
leurs cours de leurs espérances ; et ces espérances frivoles les empêchoient de commencer
une négociation sérieuse.

En lisant dans le douzième article du traité
d'Utrecht, que le roi de France cède à l'Angleterre, " la nouvelle Ecosse autrement dite
Accadie, en son entier, conformément à ses
anciennes limites ; „ il falloit avouer de bonne
foi, que ces mots : " conformément à ses anciennes limites „ ne disent rien. Il falloit convenir
qu'il ne peut y avoir de limite réglée dans un
pays qui n'avoit été habité que par des sauvages
errans, avant que les Européens y fussent établis.
A la manière dont les Européens s'établissoient
dans des provinces vagues, dont ils ne connoissoient que les côtes, et où ils ne possédoient réellement que les terres qu'ils défri-
choient, comment auroient-ils pu y fixer des
limites ? On s'agrandissoit peu-à-peu ; on cons-

truisoit des forts ; et les terres enclavées, ou comprises entre ces habitations, étoient soumises à la même juridiction. Au-delà on n'avoit que des espérances. Les gouvernemens, tantôt plus étendus, tantôt plus resserrés, n'avoient point un territoire constant et déterminé. Les colonies séparées s'unissoient, les colonies unies se séparoient ; et au milieu de ces révolutions continuelles, comment pourroit-on trouver les traces de quelques limites ?

Le travail des commissaires auroit vraisemblablement réussi à maintenir la paix, s'ils ne s'étoient pas piqués d'entendre ce qu'en effet ils n'entendoient pas. Il est évident, devoient dire les commissaires françois, que les anciennes limites de l'Accadie ne sont qu'une chimère, et que les plénipotentiaires d'Utrecht ne se sont servis de cette expression que parce qu'ils n'avoient pu convenir entre eux des limites qu'ils assigneroient à l'Accadie. Mettons-nous à leur place, devoient-ils ajouter, et faisons ce qu'ils n'ont pas fait. Certainement l'intention des Anglois au congrès d'Utrecht n'a point été de fermer l'entrée du Canada aux François, ou de s'emparer de cette colonie ; aujourd'hui qu'il n'est question que de se conformer aux articles de cette paix et d'en suivre l'esprit, ils ne peuvent donc pas vouloir reculer les limites de l'Accadie aussi loin que vous le prétendez ; ils ne peuvent donc pas vouloir se rendre les maîtres de la rive gauche du fleuve Saint-Laurent, depuis Quebec jusqu'à son embouchure, et de toutes les côtes, depuis le cap des Rosiers jusqu'à l'isthme. Au lieu de perdre notre temps à chercher les limites qui n'existent pas, fixons entre nos colonies des bornes qui assurent leur repos, et par conséquent la prospérité de leur commerce. Avant que de vouloir étendre nos possessions, et de nous égorger pour des déserts, voyons quel est le véritable intérêt de nos deux nations. Avant que de vouloir faire des conquêtes, examinons si nous retirons de nos domaines tout l'avantage qu'une sage industrie doit en attendre. Peut-être importe-t-il aux Anglois et aux François de partager entre eux l'Amérique septentrionale, afin qu'une certaine rivalité les soutienne et les encourage dans leurs travaux.

Le 11 février 1751, les commissaires françois communiquèrent à ceux d'Angleterre un mémoire pour établir les droits de la France sur l'île de Sainte Lucie. MM. Shirlay et Mildmay n'y répondirent que le 15 novembre de la même année; et la réfutation de leur mémoire ne fut délivrée, par les commissaires de France, que le 24 octobre 1754. Tant de lenteur, jointe à l'inutilité des recherches qu'on avoit faites, et à l'insuffisance des principes sur lesquels on raisonnoit, étoit d'autant plus propre à aigrir les esprits, que les hostilités avoient toujours continué du côté de l'Accadie et de l'Oyo. Si le gouvernement de France paroissoit encore ne pas désespérer de conserver la paix, la cour de Londres, lasse d'une négociation infructueuse, et fière de sa supériorité sur mer, se préparoit à faire la guerre.

Elle ne déguisoit point que ses armemens ne fussent destinés à la défenses de ses possessions en Amérique, et il y avoit deux mois que le duc de Cumberland avoit donné des ordres et des instructions au général Braddock pour attaquer à la fois les François en Accadie et sur l'Oyo, lorsque le ministère de France fit encore proposer à l'Angleterre, le 15 janvier 1755, " qu'avant d'examiner le fond et les circonstances de la querelle survenue dans l'Amérique septentrionale, il fût préalablement envoyé des ordres positifs aux gouverneurs des deux puissances respectives pour leur défendre désormais toute nouvelle entreprise et voie de fait, et leur ordonner au contraire, que toutes les choses fussent remisses, sans retardement, par rapport au territoire du côté de la rivière d'Oyo ou Belle-Rivière, au même état où elles étoient, ou devoient être avant la dernière guerre ; et que les prétentions respectives fussent à l'amiable déférées à la commission établie à Paris, afin que les deux cours pussent terminer le différend par une prompte conciliation. "

Quand le gouvernement d'Angleterre auroit

désiré la paix aussi sincèrement que la France ; quand les deux cours auroient envoyé à leurs gouverneurs des ordres conformes aux propositions qu'on vient de lire, on peut assurer que les hostilités n'auroient pas cessé en Amérique ; puisque malgré l'érudition et le travail des commissaires anglois et françois, rien n'étoit encore plus incertain que l'état où les choses devoient être remises, en vertu des traités d'Utrecht et d'Aix-la-Chapelle.

La négociation commença enfin à porter sur un fondement solide, lorque la France substitua aux propositions vagues qu'on avoit faites jusqu'alors un projet de traité préliminaire, dont je vais rapporter ici quelques articles.

« Les sujets de sa majesté très-chrétienne et de sa majesté britannique évacueront tout le pays situé entre la rivière d'Oyo et les montagnes qui bornent la Virginie, et se retireront, savoir, les François au-delà de ladite rivière d'Oyo, et les Anglois en-deçà desdites montagnes : de sorte que tout le terrain qui se trouve entre ladite rivière et lesdites montagnes sera regardé comme un pays neutre, pendant tout le temps que durera la présente convention ; et toutes les concessions, s'il y en a quelqu'une de part et d'autre sur ledit territoire, seront regardées comme nulles et non avenues.

Pour assurer d'autant plus l'exécution de la

cessation d'hostilités , et prévenir toute occasion de nouveaux troubles, les sujets réspectifs de sa majesté très-chrétienne et de sa majesté britannique ne pourront fréquenter , pendant la durée de la présènte convention , ledit territoire situé entre la rivière d'Oyo et lesdites montagnes , sous prétexte de commerce ou de passage , qui seront également interdits aux deux nations.

Conformément à l'article 9 du traité d'Aix-la-Chapelle , toutes choses seront remises, dans l'Amérique septentrionale , dans l'état où elles étoient, ou devoient être , depuis le traité d'Utrecht ; et , en conséquence, on démolira tous les forts qui , depuis cette époque, auroient été construits de part et d'autre , tant sur ledit territoire de l'Oyo , que dans toutes les autres parties de l'Amérique septentrionale , contestées entre les deux nations.

La présente convention préliminaire n'aura lieu que pendant deux ans , à compter du jour de l'échange des ratifications , cet espace de temps patoissant suffisant pour terminer finalement, par la voie d'une conciliation amiable , toutes les discussions relatives à l'Amérique septentrionale , qui pourroient occasionner par la suite de nouvelles brouilleries entre les sujets des deux puissances. »

Les propositions de la France auroient vraisemblablement produit l'effet salutaire qu'elle en attendoit, si elles eussent été faites quatre ans plutôt ; mais le conseil de Londres étoit alors las de négocier ; toutes ses dispositions étoient faites pour la guerre ; et ses espérances étoient trop grandes, et peut-être trop bien fondées pour y renoncer. En réponse au projet de traité qu'on vient de lire, il remit le 7 mars 1755, les articles suivans.

« Sa majesté britannique et sa majesté très-chrétienne s'engagent à envoyer, immédiatement après l'échange des ratifications de la présente convention, leurs ordres les plus précis à leurs généraux et gouverneurs respectifs en Amérique, d'arrêter et prévenir toutes voies de fait entre les deux nations ; et les duplicata de ces ordres seront remis de part et d'autre, avec les ratifications de la présente convention, aux ministres, tant de sa majesté britannique que de sa majesté très-chrétienne.

A l'égard de la rivière d'Oyo et des terres adjacentes, il est convenu et arrêté que pareils ordres seront envoyés en même temps, avec copie de la présente convention, auxdits généraux et gouverneurs, de faire démolir dans l'espace de six mois, ou plutôt si faire se pourra, à compter du jour de la signature de la présente convention, tous les forts construits sur la presqu'île dans le lac Erié, et sur la rivière aux Bœufs et sur l'Oyo.

De même, il est convenu entre sa majesté
britannique

britanique et sa majesté très-chrétienne, qu'une ligne à commencer du côté oriental de la baie de Canagahoqui sur la rive méridionale du lac Erié, sera tirée directement au sud, jusqu'à ce qu'elle touche le quarantième degré de latitude septentrionale, et de-là continuée au sud-ouest, jusqu'à ce qu'elle touche le trente-septième degré de ladite latitude.

De même, une ligne, à commencer à l'embouchure de la rivière Miamis, du côté méridional du lac Erié, sera tirée au sud ou sud-ouest, jusqu'à la source de la rivière Ouabache ou Saint-Jérôme; et de-là continuée le long de ladite rivière jusqu'à son confluent avec l'Oyo; et de-là en droite ligne au sud, jusqu'au susmentionné trente-septième degré de latitude septentrionale.

Tous les forts et toutes les forteresses construites où les établissemens faits par l'une ou par l'autre des deux couronnes, ou par leurs sujets respectifs dans ledit territoire situé entre lesdites lignes, seront démolis dans l'espace susdit de six mois, à compter du jour de la signature de la présente convention, ou plutôt, si faire se pourra, et resteront ainsi démolis, jusqu'à ce que les présentes disputes soient terminées à l'amiable entre les deux cours; de sorte que tout le pays qui se trouve entre les deux lignes susdites, dans son étendue du nord au sud, restera et sera regardé pendant ce temps-là comme un pays neutre ; et on ne s'en servira que pour y commercer avec les natifs, ce qui sera libre et permis aux deux nations, sans aucun empêchement ou molestation que ce soit.

Que les gouverneurs et généraux respectifs des deux couronnes nommeront des personnes entendues, dans l'espace de trois mois, à compter du jour de la signature de la présente convention, ou plutôt, si faire se pourra, qui tireront et marqueront lesdites lignes, dans l'espace de trois mois de plus, à compter du jour qu'elles seront nommées à cet effet.

En outre, il est convenu et arrêté que les deux forts sur la rivière de Niagara, et le fort Frédéric ou Crown-Point sur le lac Champlain, construits depuis le traité d'Utrecht, renouvelé et confirmé par celui d'Aix-la-Chapelle, seront démolis dans le même espace de six mois, à compter du jour de la signature de la présente convention ; et que par rapport à la susdite rivière de Niagara et les lacs d'Erié, d'Ontario et de Champlain, il sera libre aux sujets des deux couronnes de les passer, monter et descendre en toute sureté, et de commercer sans aucune molestation ou empêchement avec les Indiens qui habitent les pays situés aux environs des grands lacs, tant avec ceux qui sont sujets et amis de la Grande-Bretagne, qu'avec ceux qui sont sujets et amis de la France.

Il est pareillement convenu et arrêté qu'une ligne sera tirée de l'embouchure de la rivière Penobscot ou Pentagoet jusqu'à sa source, et de-là en droite ligne au Nord jusqu'à la rivière Saint-Laurent ; et que depuis un point qui se trouvera à la distance de vingt lieues en ligne directe, depuis l'embouchure de ladite rivière de Penobscot ou Pentagoet, on tirera une ligne à travers le continent, jusqu'au point qui se trouvera sur la côte du golfe Saint-Laurent, à la distance de vingt lieues du cap Tourmentin en droite ligne.

Que pour ce qui est des pays et territoires situés au Nord entre lesdites lignes, jusqu'à la rivière Saint-Laurent, ils ne seront établis ni possédés par les sujets de l'une ni de l'autre couronne, lesquels ne s'en serviront que pour y commercer.

Que toute la presqu'île et l'Isthme et la baie de Fundi ou baie françoise, et généralement toutes les terres, fleuves et rivages situés au sud-est de la ligne susmentionnée, qui doit être tirée au travers ledit continent depuis la rivière de Penobscot ou Pentagoet jusqu'au golfe Saint-Laurent, seront reconnus et déclarés appartenir en pleine souveraineté et propriété absolue à la couronne de la Grande-Bretagne.

En outre, il est convenu et arrêté que les généraux et gouverneurs respectifs des deux

couronnes nommeront des personnes entendues, dans l'espace de trois mois, à compter
du jour de la signature de la présente convention, ou plutôt si faire se pourra, qui tireront
et marqueront lesdites lignes dans l'espace de
trois mois de plus, à compter du jour qu'elles
seront nommées à cet effet. »

Rejeter les propositions préliminaires que
la France avoit faites pour entamer une négociation sérieuse, n'y répondre que par des
demandes qu'elle ne devoit pas accepter, c'étoit
vouloir la guerre. Le ministère anglois feignoit
encore de négocier et de désirer la paix, mais
il n'avoit d'autre objet que de mieux concerter
ses entreprises, et d'inspirer à la France une
sécurité qui l'empêchât de se préparer à la
guerre en déployant toutes ses forces.

On peut dire que la guerre dont je vais rendre
compte dans le chapitre suivant, n'auroit point
eu lieu, si la France n'avoit pas négligé au
congrès d'Aix-la-Chapelle de prévenir des
querelles qu'elle n'eut pas ensuite l'art d'étouffer
quand elles eurent éclaté. Le comte de Saint-
Severin auroit été le maître de régler et de
fixer le sort de l'Amérique s'il l'eût voulu.
Il auroit suffi de marquer les limites de l'Accadie
à l'Isthme, et de céder les terres comprises
entre la nouvelle Angleterre et la rivière de
Pentagoet pour assurer la tranquillité du
Canada. En laissant aux Anglois la liberté de

commercer sur l'Oyo, sans pouvoir cependant y bâtir des forteresses, on ne les mettoit pas dans la nécessité de faire la guerre pour étendre leur commerce dans l'intérieur du pays ; et le Canada auroit conservé sa communication avec la Louisiane. Enfin, toutes les querelles entre les deux nations au sujet des îles caraïbes, n'auroient-elles pas cessé, si les François, en possédant Sainte-Lucie et Tabago, eussent abandonné aux Anglois Saint - Vincent et la Dominique.

Il ne seroit pas difficile de prouver que ces conditions étoient avantageuses à la France, dont la marine étoit ruinée à la fin de la guerre de 1741, et dont les possessions étoient trop étendues dans le continent de l'Amérique. Personne, ne doutera, je crois, que l'Angleterre ne les eût acceptées : la situation dangereuse où se trouvoient les Provinces - Unies lui en imposoit la loi ; et le roi d'Angleterre étoit intéressé personnellement à rechercher la paix pour affermir la fortune de son gendre le nouveau stathouder. Il est même vraisemblable qu'une négociation établie sur ces principes auroit encore réussi, si on l'eût entamée en 1750, c'est-à-dire, dans le temps que le ministère de Londres n'avoit pas encore réparé les maux qu'avoit faits la guerre, et pris une politique différente de celle qu'il avoit eue depuis la mort de l'empereur Charles VI.

Avant que de continuer à rendre compte de la négociation qui ralluma la guerre, qu'on me permette de mettre sous les yeux des lecteurs, et de rappeler en peu de mots la naissance et les progrès des vues et des maximes de l'Angleterre au sujet de l'Amérique.

Quoique depuis le règne de la reine Elisabeth, les Anglois n'ayant point songé à faire des conquêtes en Europe, et que tous leurs projets d'agrandissement fussent tournés du côté de l'Amérique, toujours distraits par leurs affaires domestiques ou par celles de leurs alliés, ce n'est que dans la guerre de 1756, qu'ils commencèrent à faire leur objet principal de la conquête de l'Amérique septentrionale. La reine Elisabeth s'étoit contentée d'encourager le commerce et la navigation, et d'établir des colonies sur des principes assez sages pour qu'elles dussent s'accroître en peu de temps. A Jaques premier, prince foible et peu digne de régner, succéda Charles premier, dont le règne fut toujours agité par des guerres que le fanatisme et l'amour de la liberté avoient allumées.

L'Angleterre, pacifiée sous le gouvernement de Cromwel, songea enfin à conquérir de nouvelles possessions en Amérique. « Le dessein de Cromwel, dit Rapin Thoiras, étoit de se faire confirmer, par un parlement, dans la dignité de protecteur qu'il ne tenoit que des

officiers de l'armée. Il s'agissoit donc, premièrement, de rendre à l'état quelque service
signalé, afin de faire passer plus doucement son
usurpation. Secondement, comme l'Espagne
étoit alors sur son déclin, il crut peut-être qu'il
lui seroit aisé de faire sur cette couronne quelque conquête qui pourroit illustrer son protectorat, et faire voir aux Anglois, que s'il
cherchoit à s'élever, c'étoit pour être mieux en
état de servir la république. Troisièmement,
il y a quelque apparence que le cardinal
Mazarin eut beaucoup de part à cette résolution, afin de faire une puissante diversion à
l'Espagne.

Quoi qu'il en soit, Cromwel, dans le temps
même qu'on le revêtoit de la dignité de protecteur, mit en mer deux flottes, dont l'une,
commandée par Blake, fit voile vers la méditerranée, pour aller châtier les corsaires d'Alger
qui prenoient fréquemment des vaisseaux anglois. L'autre étoit commandée par Penn, et
avoit environ cinq mille soldats, qui étoient
sous le commandement de Venables. Ces deux
commandans avoient reçu de Cromwel des
ordres cachetés qu'ils ne devoient ouvrir qu'en un
certain temps. Cette flotte partit de Portsmouth
le 24 décembre, et après avoir tenu la mer
quelque temps, elle se rendit aux Barbades,
le 30 mars 1655. L'ordre cacheté que les
deux commandans avoient reçu portoit qu'ils

devoient aller à l'île d'Hispaniola, pour se rendre maître de Saint-Domingue, qui en est la ville capitale. Les instructions que Cromwel avoit données pour faire réussir cette expédition étoient si particulières et si bien détaillées, qu'il paroissoit bien que le projet en avoit été dressé par des gens qui connoissoient parfaitement le terrain.

A l'approche de la flotte angloise, les Espagnols abandonnèrent Saint - Domingue. Mais Venables, au lieu de mettre ses troupes à terre, à un mille de la place, comme il lui étoit ordonné par ses instructions, alla les débarquer à plusieurs milles de là. Par là il donna aux habitans le temps de se reconnoître, de retourner dans la ville, et de se mettre en défense. Lorsque les Anglois arrivèrent proche de Saint-Domingue, ils se trouvèrent si fatigués par une longue marche, par le grand chaud qu'il faisoit, par la faim et par la soif, qu'ils furent aisément repoussés, et obligés de regagner leurs vaisseaux, après avoir laissé dans l'île un grand nombre de morts et de blessés.

Le coup étant manqué, la flotte se rendit à la Jamaïque, dont elle s'empara sans beaucoup de peine. Elle y laissa quelques troupes que Cromwel prit soin de renforcer dans la suite, afin de conserver cette conquête où les Anglois ont établi une riche colonie. »

Les affaires de Cromwel l'empêchèrent de

reprendre son entreprise , mais si les Anglois ne faisoient pas des conquêtes , leurs colonies devenoient de jour en jour plus florissantes ; un grand nombre d'habitans s'y rendoit d'Angleterre , d'Ecosse et d'Irlande pour y trouver un repos qu'il cherchoit inutilement dans sa patrie.

Sous le règne de Charles II , l'Angleterre n'eut aucun système suivi. Le prince aimoit la paix par nonchalance , faisoit la guerre par foiblesse , se défioit de sa nation , se ménageoit la protection de ses voisins , et régnoit au jour le jour. Son successeur , plus imprudent que lui , n'occupa pas le trône avec plus de gloire ; et tout le monde sait que quand Guillaume III l'en eut chassé , les Anglois prirent un nouvel esprit. Tout fiers de tenir la balance entre les puissances de l'Europe , ils oublièrent l'Amérique pour ne s'occuper que de leurs alliés. Pendant la guerre de la succession , ils étoient en état de faire des entreprises considérables dans le nouveau monde , soit contre les François , soit contre les Espagnols ; et par une espèce de vertige , ils trouvèrent plus avantageux de se ruiner en faveur des Provinces-Unies et de la maison d'Autriche.

Après la disgrace du duc de Maleboroug , le nouveau ministère , à la tête duquel étoit milord Bolinbroke , se conduisit par des principes opposés à ceux des anciens ministres ;

et pour justifier sa conduite, il publia un écrit où il rappéloit les anciennes idées des Anglois sur l'Amérique, et relevoit les erreurs de leur politique depuis la révolution de 1688. « La raison, dit le nouveau ministère, que nous allégames pour commencer la guerre, et la continuer dix ans de suite depuis la révolution, étoit d'obliger la France à reconnoître le feu roi, et à nous rendre la baie de Hudson ; mais pendant toute cette guerre, nos forces maritimes furent absolument négligées, et nous employames près de six millions de livres sterling par an à étendre les frontières des Hollandois. C'est que le roi Guillaume étoit général, et non pas amiral, c'est que tout roi d'Angleterre qu'il étoit, il n'avoit pas oublié qu'il étoit né en Hollande ; c'est que pour travailler à la sureté de ce prince, qui n'étoit pas encore bien affermi sur le trône, il falloit faire des emprunts considérables, et par-là intéresser beaucoup de monde à un gouvernement auquel on auroit confié ses deniers ; c'est qu'une troupe d'hommes nouveaux, qui n'avoit presque aucune part à la révolution, mais qui cependant voyant la chose faite, s'en faisoit un mérite, trouva moyen de s'accréditer à la cour, en lui faisant prêter de grosses sommes. Ils inventèrent ces moyens nouveaux, et tout-à-fait inconnus aux Anglois, de lever de l'argent, persuadés qu'ils pourroient être à la tête de cet infame commerce.

parce que la noblesse, dont tous les biens sont en fonds de terre, refuseroit d'y entrer.

Nous faisons, depuis dix ans, la guerre la plus brillante, mais la moins bien entendue qu'il y ait jamais eu. Nous prodiguons nos troupes et notre argent sans espérance d'aucun avantage, au lieu d'avoir tourné nos forces du côté qui nous auroit épargné et produit plusieurs millions, qui auroit en même temps affoibli nos ennemis, et qui nous auroit procuré ou une paix avantageuse, ou de l'argent pour continuer la guerre.

Il se présentoit à nous un vaste champ d'honneur et de profit, que nous avons cependant négligé contre toutes les maximes de la vraie politique. Nos forces maritimes sont si grandes, que nous avons peine à souffrir que nos alliés comparent celles des Hollandois aux nôtres; et cependant nous n'avons jamais songé à les mettre en usage. Quelques politiques ont prétendu qu'il falloit conquérir l'Espagne en commençant par la Flandre; d'autres ont soutenu qu'il falloit commencer par la Sicile ou par Naples: je m'étonne que personne n'ait jamais pensé aux Indes occidentales.

En nous bornant à fournir notre contigent de quarante mille hommes en Flandres, nous aurions mis nos flottes en état d'affoiblir les Espagnols dans l'Amérique, d'enlever les gallions, ou d'en empêcher le retour en

Espagne. C'est-ce qui convenoit à une puissance maritime telle que nous sommes, et par là, nous aurions certainement obligé la France de faire la paix, et l'Espagne de reconnoître l'archiduc. Mais les grands événemens dépendent souvent des moindres circonstances. C'est notre malheur que la mer n'ait pas été l'élément du duc de Maleboroug : car alors le fort de la guerre auroit certainement tourné de ce côté-là, ce qui auroit procuré des avantages infinis au royaume.

Mais, dira-t-on, si nous avions fait une tentative sur l'Amérique, elle n'auroit pas manqué de donner de la jalousie aux Hollandois, et elle auroit mécontenté la maison d'Autriche. Ces sortes de discours deviennent assez communs ici depuis quelques années, et ceux qui en sont les auteurs ont appris à nos alliés à en tenir de pareils. Car sans cela on auroit de la peine à s'imaginer que nous qui portons le plus grand poids de la guerre sans espérance d'en tirer aucun profit ; on auroit, dis-je, de la peine à s'imaginer que nous n'osassions pas faire une entreprise, même contre l'ennemi commun, pour notre propre intérêt, de peur de donner de l'ombrage à nos alliés, tandis qu'ils nous voient combattre pour leur conquérir des provinces et des royaumes. J'avoue donc, mais j'avoue avec quelque espèce de honte que cette objection n'est que trop bien fondée.

Car tout le monde sait que lorsqu'on tenoit
encore secrète l'expédition de M. Hill contre
le Canada, l'empereur et les Hollandois, ayant
soupçonné qu'elle pouvoit regarder le Pérou,
les derniers en firent des plaintes, et que les
ministres de Vienne dirent assez hautement
qu'il étoit insolent à la reine de songer à une
telle entreprise. Quoique cette entreprise ait
manqué dans la suite, en partie par les accidens
d'une tempête, en partie par la trahison de
ceux qui en avoient été les premiers auteurs,
il est toujours vrai qu'elle a été bien concertée,
et que selon toutes les apparences elle devoit
réussir.

Il est étonnant que les Hollandois aient
témoigné leur mécontentement, lorsqu'ils ont
cru que cette expédition regardoit les Indes
occidentales ; car on étoit convenu mutuellement
que tout ce qu'ils prendroient dans ce pays-là
leur appartiendroit, et que tout ce que nous
y prendrions seroit à nous. C'est ici, je crois,
le seul article de tous nos traités qui regarde
l'intérêt des Anglois ; et c'est pour cette raison-
là même que cet article a toujours été négligé. »

« Avec quelque force que le nouveau ministère
eût fait son apologie, ses raisonnemens ne
convainquirent personne. Une nation au milieu
des succès n'est pas faite pour entendre des
vérités qui ne la flattent pas. Le duc de Mal-
boroug et ses partisans, malgré leur disgrace,

continuèrent à être les idoles des Anglois, et la paix d'Utrecht fut regardée comme une trahison. Mais si les derniers ministres de la reine Anne furent proscrits à l'avènement de George premier au trône, quelques citoyens résistèrent au torrent du préjugé. Ils osèrent représenter au public les réflexions et les raisonnemens qui ne l'avoient pas frappé dans le manifeste du ministère. L'état étoit accablé de dettes ; on éprouvoit pendant la paix les inconvéniens de la guerre ; et les Anglois, jaloux de leur commerce et avides d'argent, étoient d'autant plus disposés à sentir les fautes de leur politique, que l'amour d'une fausse gloire les avoit ruinés.

Le génie pacifique et conciliateur de George premier se communiqua à la nation. L'Angleterre crut qu'après avoir fait la guerre pour les autres, elle devoit enfin ne la faire que pour elle-même. Elle cultiva la paix, et les progrès de ses colonies et de son commerce firent renaître ses anciennes idées d'agrandissement en Amérique. De-là l'indifférence avec laquelle elle vit la guerre de 1733, et la chaleur qu'elle montra au sujet des querelles qui s'étoient élevées en Amérique avec les garde-côtes espagnols. Malheureusement pour elle l'empereur Charles VI mourut ; et craignant que le système de l'équilibre ne fût renversé, et que la France ne se rendît maîtresse de l'Europe entière, elle fût encore la dupe d'une terreur panique, oublia les intérêts de son commerce, et ne s'occupa que de la succession autrichienne. Les Anglois firent encore les mêmes fautes qu'ils avoient faites pendant la guerre de 1701. Mais on voit par leurs papiers publics que ces fautes n'échappoient plus à une partie considérable de la nation. Plusieurs patriotes pensoient, quel que fût le sort de la pragmatique-sanction, que l'Angleterre trouveroit toujours des alliés dans le continent, quand elle en auroit besoin pour inquiéter la France ; que son plus grand intérêt étoit par conséquent de conquérir quelque établissement dans les Indes espagnoles, et de profiter des troubles de l'Europe pour y réussir plus aisément.

Les armées angloises n'eurent point des succès assez heureux dans les Pays-Bas pour que la nation pût se faire illusion à elle-même, et la paix acheva de lui ouvrir les yeux. La doctrine des derniers ministres de la reine Anne s'accrédita, et les Anglois profitant des fautes que les plénipotentiaires de France avoient faites, en traitant de la paix à Aix-la-Chapelle, commencèrent par abuser de l'obscurité de quelques traités anciens, pour étendre et multiplier leurs prétentions. On entama une négociation, dont j'ai commencé de rendre compte ; et pour achever de la faire connoître, il ne me reste qu'à parler des deux derniers mémoires qui ont précédé la rupture.

Quoique le projet de traité que la cour de Londres avoit remis, le 7 mars 1755, à l'ambassadeur de France, ne laissât aucun doute sur ses intentions, M. Rouillé feignit de ne pas s'en apercevoir, et continua encore à proposer une suspension d'hostilités. Il remarquoit avec raison, que si les voies de fait continuoient en Amérique, et commençoient sur mer, les avantages de l'une ou de l'autre partie ne serviroient qu'à multiplier les prétentions et les difficultés, et deviendroient de nouveaux obstacles à la pacification ; ajoutant que vouloir sincèrement la paix, et ne pas faire cesser ou prévenir les voies de fait, sont deux choses incompatibles.

Le ministère d'Angleterre étoit sans doute convaincu de cette vérité ; cependant il osa répondre qu'il ne pouvoit regarder un armistice comme un moyen qui pût favoriser la conciliation ; et cette réponse auroit dû être regardée comme une déclaration de guerre. La négociation continua, parce que la France ne se lassoit point d'espérer la paix, et que l'Angleterre avoit encore quelques raisons de ne pas éclater ouvertement.

Dans le mémoire que l'ambassadeur de France remit, le 14 mai 1755, à la cour de Londres, on établissoit pour base de la négociation, que l'Accadie ne comprend qu'une partie de la péninsule où elle est située ; mais que par amour pour la paix, la cour de France se déterminera

à

à céder aux Anglois la péninsule en entier ; en condition que les François qui y sont établis auront pendant trois ans la liberté d'en sortir avec leurs effets ; qu'elle conservera l'isthme et Beau-Bassin , qu'elle ne peut abandonner sans renoncer pendant une partie considérable de l'année à la communication entre Quebec et l'île royale ; qu'une partie de la péninsule le long du golfe Saint-Laurent ne sera pas habitée ; et que les Anglois n'insisteront pas à vouloir posséder vingt lieues de pays le long de la baie françoise du côté du Canada. Enfin, on leur abandonnoit encore tout le territoire renfermé entre la rivière de Sagahadoc et celle de Pentagoet.

A l'égard du Canada , la France prétendoit que le fleuve Saint-Laurent doit être regardé comme le centre de cette possession. "Le seul prétexte , dit le ministre , dont les Anglois se servent pour colorer leurs prétentions , est tiré de l'article 15 du traité d'Utrecht ; mais en examinant avec attention toutes les expressions de cet article , il est évident que rien n'est moins fondé que les inductions que la cour de Londres veut en tirer. En effet : 1°. Il n'est question dans cet article que de la personne des Sauvages , et nullement de leurs pays ou prétendu territoire , puisqu'ils n'en ont aucun de determiné , et qu'ils ne connoissent de propriété que par l'usage actuel qu'ils font du terrain qu'ils occupent aujourd'hui , et qu'ils cesseront peut-être d'occuper demain. 2°. Il seroit absurde de prétendre, que par-tout où un Sauvage, ami ou sujet de l'une des deux couronnes, feroit une résidence passagère, le pays qu'il auroit habité appartiendroit à la couronne dont il seroit le sujet ou l'ami. 3°. Les Sauvages dont il s'agit sont libres et indépendans, et il n'y en a point qu'on puisse appeler sujets de l'une ou de l'autre couronne. L'énonciation du traité d'Utrecht à cet égard est fautive, et ne peut changer la nature des choses ; il est certain qu'aucun Anglois n'oseroit, sans courir le risque de se faire massacrer, dire aux Iroquois qu'ils sont sujets de l'Angleterre. Ces nations sauvages se gouvernent par elles-mêmes, et sont autant et plus amies et alliées de la France que de l'Angleterre ; plusieurs familles françoises sont même affiliées parmi les Iroquois, et ont habité avec eux pendant le cours de la dernière guerre, pendant laquelle les cinq nations ont gardé la plus exacte neutralité. »

Je n'entrerai pas dans un plus grand détail de cette discussion sur le Canada ; je me contenterai de remarquer que ce n'est qu'un commentaire du quinzième article du traité d'Utrecht, et qu'il étoit bien étonnant qu'après quatre années de travail, la négociation ne fût pas plus avancée.

La France demandoit la propriété de l'Oyo, et consentoit que tout le pays qui est entre cette rivière et les Apalaches demeurât neutre, c'est-à-dire, que tout commerce et tout passage y fussent interdits également aux François et aux Anglois. Elle exigeoit encore que son droit de propriété sur Sainte-Lucie et Tabago fût reconnu, et que les Caraïbes jouissent sous sa protection de Saint-Vincent et de la Dominique.

Le ministre de France avoit dit dans son mémoire, que, pour discuter les quatre points dont je viens de parler, on ne pouvoit établir d'autres principes généraux de la négociation que ceux de la justice, de la sureté des colonies respectives et des convenances mutuelles; et la cour de Londres commença sa réponse par une chicane, en disant qu'elle pose pour principes généraux de la négociation ceux du droit et de la justice, mais qu'elle ne sauroit admettre, qu'à parler proprement, la convenance en soit un. Il est vrai que la convenance n'est point un titre qu'on puisse alléguer, lorsqu'il est question de droits clairs, évidens et incontestables ; mais dans des différends, tels que ceux de la France et de l'Angleterre, où tous les faits sont combattus par les faits, où toutes les preuves sont obscures, louches et équivoques, c'est à la convenance à décider, puisque la justice n'a point alors de droit certain. D'ailleurs qui ignore que la politique, tantôt par amour de la paix, tantôt par un esprit d'intérêt assez habile pour imiter la géné-

rosité et le désintéressement, consulte, continuellement les convenances, sans lesquelles il
ne subsisteroit aucun repos entre les nations?
Les réponses des Anglois faisoient voir qu'ils
exigeoient de nouer une négociation sérieuse,
et qu'ils désiroient la guerre.

Comme la France s'en étoit tenue au mémoire
de ses commissaires sur les anciennes limites de
l'Accadie, l'Angleterre prétendoit encore d'après
les recherches de messieurs Shirlay et Mildmay, que cette province s'étendoit jusqu'aux
rivières de Pentagoet et de Saint-Laurent. Cependant elle ne demandoit point la possession de
tout ce vaste pays, elle renouveloit les propositions qu'elle avoit faites le 7 mars, et obser-
voit que les conditions auxquelles le conseil de
Versailles abandonnoit la péninsule, sont sujet-
tes à des obstacles et à des objections insur-
montables, jusqu'à rendre cet possession de
la péninsule tout-à-fait inutile, et qu'il vaudroit
tout autant pour les Anglois ne la pas posséder
que d'en laisser le chef à autrui.

Il seroit inutile aujourd'hui de faire un
extrait des raisons par lesquelles le ministre
anglois prétendoit appuyer ses droits sur les lacs
Ontario, Etié, la rivière d'Oyo, etc. Ce procès
funeste a été jugé par la paix de Paris. Mais
je ne puis m'empêcher de remarquer qu'il étoit
contre les règles d'une sage politique, qu'on
parlât encore dans ce mémoire de renvoyer

plusieurs questions à une négociation amiable, tandis qu'on avoit donné des ordres à l'amiral Boscawen de commencer la guerre ; ce mémoire fut remis à l'ambassadeur de France le 7 juin 1755 , et le lendemain l'Alcide et le Lys furent attaqués et pris dans les mers d'Amérique. Si l'Angleterre croyoit avoir des droits légitimes sur plusieurs pays réclamés par les François ; si elle été persuadée qu'il fût de son intérêt de vider cette querelle par la voie des armes, que ne déclaroit-elle la guerre d'une manière autorisée par le droit des gens, et non par un acte d'hostilité ?

CHAPITRE XV.

Paix de Paris et de Hubersbourg.

I.

SI on peut reprocher au gouvernement d'Angleterre de ne s'être prêté à aucun accommodement pendant le cours des négociations, de les avoir conduites avec plus de subtilité que de bonne foi, d'avoir résolu la guerre pendant qu'il feignoit encore de désirer la paix, et d'avoir commencé les hostilités en violant le droit des gens, il faut convenir que relativement à l'objet qu'il s'étoit formé de n'avoir qu'une guerre de mer et d'envahir les possessions de François dans l'Amérique septentrionale, il se comporta avec beaucoup de prudence. Le ministre de France a publié dans son manifeste, en 1756, l'instruction donnée au général Braddock dès le 25 novembre 1754. " Elle fait plus d'honneur, dit-il, au génie du général d'armée qu'aux intentions du prince au nom de qui elle a été écrite......
On voit que le général Braddock devoit se rendre maître du fort du Quesne, et de-là s'avancer jusqu'à Niagara, et prendre cette

dernière place ; que le fort Frédéric devoit être attaqué et emporté par les troupes du pays ; enfin que le colonel Lawrence étoit chargé de s'emparer du fort de Beauséjour dans l'Isthme, et que toutes ces expéditions devoient être secondées par les mouvemens de la flotte. Les pays conquis devoient ensuite être protégés par quelques forts que l'on avoit dessein de construire ; et les troupes, après une campagne dont toutes les opérations étoient si bien liées, devoient être cantonnées dans des lieux où elles pussent se donner la main, sans doute pour exécuter la suite du plan général et les ordres plus amples qui étoient promis au général. » (Voyez le manifeste de la France, ou le mémoire contenant le précis des faits avec leurs pièces justificatives, pour servir de réponse aux observations envoyées par les ministres d'Angleterre dans les cours de l'Europe).

La cour de Londres avoit comparé ses forces maritimes à celles de la France ; elle avoit calculé les efforts que pourroient faire les colonies angloises et ceux que pouvoient leur opposer les colonies françoises ; elle se flattoit avec raison d'être toujours maîtresse d'envoyer en Amérique les secours qu'elle y jugeroit nécessaires, tandis qu'elle couperoit en quelque sorte toute communication entre la France, le Canada et les Iles. Ne regardant par consé-

quent une guerre en Europe que comme une
diversion inutile ou même contraire au succès
de son entreprise, et qui lui coûteroit des
sommes immenses ; elle ne sollicita aucun de
ses alliés de faire la guerre à la France pour
en partager l'attention et diviser les forces.

Le seul inconvénient que les Anglois eussent
à craindre, c'est que les François ne vou-
lussent se venger sur le pays de Hanover des
pertes qu'ils feroient en Amérique ; et pour le
prévenir, il ne tentèrent pas d'associer la maison d'Autriche à leur querelle. Le ministre,
instruit par l'expérience de la précédente guerre,
prévoyoit que si les armées françoises se portoient dans les Pays - Bas, elles réduiroient
encore l'Angleterre à abandonner ses conquêtes
d'Amérique pour faire restituer à la cour de
Vienne ce qu'elle auroit perdu, et préserver
les Provinces - Unies du malheur de voir la
guerre sur leur territoire. L'électorat de Hanover
fut mit sous la sauvegarde du roi de Prusse.
Ce prince qui étoit l'ami de la France, s'allia
avec l'Angleterre pour empêcher l'entrée des
étrangers dans l'empire, et il devoit être
secondé par la Hesse, la maison de Brunswick
et la Russie même. Les Anglois se flattoient
d'avoir lié les mains à la France, ou du moins
de la réduire par cette politique à porter la
guerre loin de ses frontières, et dans un pays
dont la conquête seroit plus difficile que celle

de la Flandre et du Brabant ; ils espéroient qu'étant presque impossible à une armée françoise de s'y maintenir, la restitution de Hanover ne les obligeroit pas à restituer l'Amérique.

Ces projets médités avec sagesse, furent exécutés avec prudence. Les troupes que la France fit avancer sur ses côtes, répandirent l'alarme, ou plutôt la consternation en Angleterre. Le gouvernement se rappela l'entreprise du prince Edouartd dans la dernière guerre, et crut déjà voir une armée de François sur la Tamise. Chose étrange ! un peuple qui se vantoit d'être le maître de la mer craint une descente dans son île ; il oublie la conquête de l'Amé. ique, et n'est occupé que de son propre salut. Il appelle à son secours des Hessois et des Hanovriens, tandis que les François font passer librement leurs convois en Amérique, où la hauteur de leurs ennemis avoit déjà irrité et soulevé la plupart des naturels du pays. L'Angleterre ne songe à sauver Minorque, que quand le fort Saint-Philippe est assiégé. L'amiral Bing arrive enfin dans la Méditerranée, conduisant à sa suite une escadre mal avitaillée, et se fait battre, quand même il n'auroit plus été temps de vaincre pour faire échouer l'entreprise des François.

Tant de disgraces auxquelles la cour de Londres ne s'étoit pas attendue, la contraignirent à se défier de ses forces, et à changer de sytème ; elle imagina de triompher des François en Amérique, en les forçant de s'épuiser en Allemagne. La France avoit contracté une alliance étroite avec la maison d'Autriche, et on soupçonnoit cette dernière puissance de traiter avec le roi de Pologne, électeur de Saxe ; et en Russie, pour recouvrer la Silésie. Les Anglois, informés, dit-on, de ces négociations secrètes, instruisirent le roi de Prusse du danger qui le menaçoit, et l'engagèrent sans peine à prévenir ses ennemis pour déconcerter leurs projets. Quoi qu'il en soit, l'entrée de ce prince en Saxe alluma une des guerres les plus extraordinaires que l'Europe eût encore vue, et par une suite de cette démarche hardie, l'Angleterre se vit obligée de conquérir l'Amérique en Allemagne, et de faire des dépenses dont les plus grands succès ne la dédommageroient pas.

I I.

Ce n'est point à la naissance d'une guerre qu'on voit ordinairement l'Europe changer de face, et les cours prendre de nouveaux intérêts et contracter de nouvelles alliances. Comme les dangers deviennent alors plus pressans, et que les espérances s'agrandissent, les amitiés et les haines anciennes acquièrent communément plus de force. Le contraire est arrivé au commencement de la guerre de 1756. Et si on veut connoître les causes de cette révolution, il faut se rappeler les intérêts qui attachoient les puissances les unes aux autres.

L'alliance étroite que sur la fin du dernier siècle Guillaume III forma entre l'Angleterre et la maison d'Autriche, auroit été éternelle, si ces puissances avoient eu la politique qu'elles devoient avoir ; c'est-à-dire, que sans ambition elles n'eussent songé qu'à se conserver, et non pas à s'agrandir : car leurs états sont situés de façon que pouvant se procurer de grands avantages, elles ne peuvent se faire aucun tort. Mais dès que l'Angleterre formoit le projet de s'emparer des possessions des François en Amérique, et comme on vient de le voir, qu'il lui importoit de ne pas se servir de l'amitié de la courde Vienne dans cette entreprise, on devoit s'attendre à voir les liens de leur alliance se relâcher et même se rompre. De son côté la maison d'Autriche n'étoit pas attachée aux Anglois par l'espérance seule d'en tirer des secours dans le cas qu'elle fût attaquée par ses ennemis ; elle les regardoit comme les instrumens de sa fortune et de son agrandissement. Dès qu'ils se lioient avec le roi de Prusse, ils lui devenoient suspects et inutiles, et il étoit naturel que pour mortifier et inquiéter la cour de Berlin, elle recherchât l'alliance de la France, qui devoit être tentée de se venger du roi de Prusse et de se liguer avec un des plus puissans alliés de l'Angleterre. Telle est la politique des passions toujours occupées d'objets présens et passagers, auxquels elles sacrifient les intérêts constans et immuables des états. (Voyez les Principes des Négociations).

L'union des deux puissances, dont la rivalité depuis plus de deux siècles servoit de règle et de boussole à la politique des autres cours, devoit faire prendre une face nouvelle aux affaires de l'Europe. Soit que les princes de l'empire eussent des liaisons d'amitié avec la maison d'Autriche ou la France , ils se trouvèrent réunis. Entraînés malgré eux par un mouvement supérieur , ils n'eurent qu'un même intérêt , sans s'apercevoir que de leurs rivalités , leurs défiances et leurs divisions dépendoit la liberté du Corps germanique. La Russie étoit également unie et à l'Angleterre et à la cour de Vienne ; le sort de l'Accadie et de la Silésie pouvoit lui être indifférent , et elle se décida en faveur de cette seconde puissance ; tandis que la Suède , obéissant à l'ancienne habitude d'être unie aux intérêts de la France , et peut-être conduite encore par d'autres sentimens, prenoit pour la première fois, depuis la paix de Westphalie , la défense de la maison d'Autriche.

Tout l'ancien système de l'équilibre étoit

renversé. On avoit vu l'Angleterre, la Russie, la cour de Vienne et les Provinces-Unies former un parti opposé à la France, l'Espagne, la Suède et la Prusse ; et la cour de Turin incertaine et flottante par principe, mais toujours agissante, passoit tour à tour d'un camp dans l'autre. Actuellement la France, la maison d'Autriche, la Russie, la Suède et l'Empire faisoient la guerre à l'Angleterre et à la Prusse ; et les rois d'Espagne et de Sardaigne, et les Provinces-Unies, simples spectateurs de cette querelle, observoient une exacte neutralité.

Cette révolution auroit éclaté plutôt, si la cour de Londres se fût plutôt aperçue que, depuis la paix d'Utrecht, c'étoit elle ; et non par la maison d'Autriche, qui étoit la puissance rivale de la France. (Voyez les Principes des Négociations.) Dès que les François ne portoient pas leurs armes dans les Pays-Bas autrichiens, et que les Provinces-Unies n'avoient rien à craindre pour leur barrière, qui leur avoit coûté tant d'argent et tant de sang, elles devoient cultiver la paix avec autant de soin qu'elles avoient fait autrefois la guerre avec chaleur. La forme de leur gouvernement et l'intérêt de leur commerce les y invitoient. En se déclarant pour les Anglois, pourquoi auroient-elles concouru à les rendre les maîtres de la mer, de l'Amérique septentrionale et du commerce ? L'alliance de la France et de la cour de Vienne pouvoit leur donner quelque inquiétude ; mais pour prévenir des malheurs éloignés et incertains, il n'auroit pas été prudent de s'exposer à des dangers présens.

Si cette révolution étoit favorable aux Provinces-Unies, et les ramenoit naturellement à la situation la plus conforme aux intérêts d'une république commerçante, il n'en étoit pas de même à l'égard de la cour de Turin. Elle voyoit renverser tout le système d'agrandissement qu'elle s'étoit formé. Entourée des forces de deux puissances rivales, et désormais amies, elle ne pouvoit plus profiter de leurs divisions ; elle étoit condamnée à la paix, à moins que l'Espagne, songeant encore à faire des conquêtes en Italie, ne se liguât avec elle et le roi des Deux-Siciles pour profiter d'une guerre qui occupoit en Allemagne toutes les forces de l'impératrice-reine.

La cour de Madrid ne devoit pas voir d'un œil indifférent les entreprises des Anglois en Amérique, si jugeant de l'avenir par le passé, elle prévoyoit qu'ils ne deviendroient pas plus puissans dans le Nouveau-Monde, sans devenir plus incommodes pour leurs voisins. Peut-être auroit-elle pacifié l'Europe, si elle se fût jointe aux François après les succès qu'eurent d'abord leurs armes ; mais son système politique étoit changé depuis la mort de Philippe V. Ferdinand VI avoit donné à la reine sa femme un grand empire sur lui, et cette princesse étoit gouvernée elle-même par les inspirations de la cour de Lisbonne, où les Anglois avoient beaucoup de crédit.

III.

Les entreprises des François furent d'abord heureuses : tandis que les Canadiens obtenoient des avantages considérables sur les Anglois en Amérique, l'amiral Bing étoit battu dans la Méditerranée, Minorque étoit conquise, et la bataille de Hastembeck sembloit devoit décider de l'électorat de Hanover. Le duc de Cumberland, dirigeant sa retraite par la gauche, au lieu de prendre à droite pour se rapprocher du côté de Magdebourg et donner la main au roi de Prusse, trouva, si je puis parler ainsi, des Fourches-Caudines, et fut bientôt réduit à l'extrême nécessité de faire laconvention de Closter-Seven.

Les affaires de la cour de Vienne n'étoient pas dans une situation moins favorable. La bataille de Chotemitz avoit fait perdre au roi de Prusse tous les avantages qu'il attendoit de la bataille de Pragues. Il avoit été obligé d'évacuer la Bohême ; les Suédois menaçoient la Poméranie brandebourgeoise, et les Autrichiens entroient dans la Silésie avec des forces capables de la subjuguer, lorsque, par une de ces révolutions trop communes à la guerre, les vainqueurs se trouvèrent, à la fin de 1757, dans un état plus fâcheux que celui de leurs ennemis. Les Hano-vériens, qu'on avoit crus désarmés, rentrent en campagne dès le mois de février; les François, chassés de leurs conquêtes, se portent sur le Bas-Rhin; et le roi de Prusse, en se rendant maître de Schveidnitz, médite déjà le siège d'Olmutz. Mais il seroit inutile de rappeler ici les événemens d'une guerre dont nous avons tous été témoins; et je me bornerai à parler des différentes démarches que firent les puissances belligérantes pour parvenir à un accommodement.

I V.

La France fut la première touchée des maux de la guerre; et en 1758, elle instruisit l'Angleterre de ses intentions pacifiques par le ministre de Danemarck; mais la cour de Londres étoit revenue de sa première consternation, et se flattant d'avoir des succès dignes des projets ambitieux qui lui avoient mis les armes à la main, elle rejeta toute négociation. Quand de concert avec le roi de Prusse, elle fit remettre, l'année suivante, aux ministres de France, de Vienne et de Russie à la Haye, une déclaration par laquelle elle sembloit désirer l'ouverture d'un congrès pour traiter de la paix générale;

on

on eut bientôt lieu de juger que ses avances n'étoient pas sincères, et qu'elle ne cherchoit qu'à rejeter sur ses ennemis les reproches qu'on pouvoit lui faire de vouloir continuer la guerre.

On ne songea sérieusement à la paix qu'en 1761. La France, et ses alliés, firent une déclaration le 28 mars, qui fut remise à la cour de Londres, et par laquelle on lui proposoit, de même qu'au roi de Prusse, de tenir un congrès à Augsbourg, ou dans telle autre ville d'Allemagne qui seroit jugée plus convenable, pour travailler à la pacification de l'Europe. Dans la vue d'accélérer ce grand ouvrage, M. le duc de Choiseul écrivit à M. Pitt, et lui adressa un mémoire porpre à nouer une négociation particulière, dans laquelle on règleroit les objets qui avoient occasionné la guerre entre la France et l'Angleterre, et qui étoient étrangers aux contestations élevées en Allemagne entre la cour de Berlin d'une part, et l'impératrice-reine de Hongrie, la Russie, la Suède, le roi de Pologne, électeur de Saxe; et l'empire de l'autre.

La réponse de M. Pitt fut telle qu'on pouvoit la désirer. L'Angleterre acceptoit Augsbourg pour le lieu du congrès, et l'offre d'une négociation particulière ; en ajoutant que sa majesté britannique verroit avec satisfaction à Londres une personne suffisamment autorisée par un pouvoir du roi très-chrétien pour entrer en matière. " Cependant je dois ajouter ici, disoit le ministre anglois, que relativement à la guerre qui concerne le roi de Prusse, aussi-bien qu'à l'égard des autres alliés du roi mon maître, sa majesté, toujours constante à remplir avec l'exactitude la plus scrupuleuse les engagemens de sa couronne, ne sauroit jamais manquer de soutenir leurs intérêts respectifs, soit dans le cours des négociations (que Dieu veuille rendre heureuses), soit dans la continuation de la guerre (si contre toute espérance ce malheur devenoit inévitable), avec la cordialité et l'efficace d'un allié sincère et fidelle. " Ces mots annonçoient une négociation épineuse ; car la France ne pouvoit point, sans se déshonorer, ne pas défendre avec le même zèle les intérêts de ses alliés, et il s'en falloit bien qu'ils fussent aussi disposés qu'elle à faire la paix. Toutes les puissances nommèrent les ambassadeurs qui devoient se rendre à Augsbourg dans les premiers jours de juillet, et M. de Bussy partit pour Londres en même-temps que M. Stanley se rendoit à la cour de France.

Par un mémoire que M. Pitt remit le 17 juin 1762 à M. de Bussy, l'Angleterre demandoit " que tout ce qui seroit heureusement arrêté entre les deux couronnes, relativement à leur guerre particulière, fût rendu obligatoire, final et conclusif, indépendamment du sort des négociations d'Augsbourg, pour ajuster et terminer les contestations d'Allemagne, et pour en rétablir la paix générale. En second lieu, que ledit traité définitif de paix entre la Grande-Bretagne et la France, fût conclu, signé et ratifié, ou des articles préliminaires à cette fin, entre ci et le premier d'août prochain.

La France, est-il dit dans le mémoire historique qui rend compte de cette négociation, demanda à la cour de Vienne son consentement pour conclure sa paix particulière avec l'Angleterre. Ce consentement étoit nécessaire, puisque en faisant de concert des propositions de paix, on étoit convenu entre sa majesté et ses alliés, que l'on traiteroit la paix séparément: mais que toutes les parties belligérantes concluroient ensemble.

Quoique l'impératrice-reine sentît parfaitement le préjudice que l'alliance pouvoit éprouver dans la négociation d'Allemagne, quand la France seroit en paix avec l'Angleterre, cependant sa majesté impériale, pour complaire au roi, voulut bien dans cette occasion sacrifier son propre avantage au désir que sa majesté marquoit pour la paix : cette princesse consentit à la réconciliation particulière de la France avec l'Angleterre, sous la condition expresse et équitable qu'il n'y seroit rien stipulé qui pût être contraire aux intérêts de la maison d'Autriche. »

Je ne puis donner une idée plus juste de la negociation, qu'en rapportant ici le mémoire et les notes que M. de de Bussy remit, par ordre de sa cour, à M. Pitt, le 23 juillet.

1.° Le roi cède et garantit au roi d'Angleterre le Canada tel qu'il a été possédé ou dû l'être par la France, sans restriction et sans qu'il soit libre de revenir sous aucun prétexte contre cette cession ou garantie, ni de troubler la couronne d'Angleterre dans la possession entière du Canada.

2.°. Le roi, en transportant son plein droit de souveraineté au roi d'Angleterre sur le Canada, y met quatre conditions. La première, que la liberté de la religion catholique romaine y sera conservée, et que le roi d'Angleterre donnera les ordres les plus précis et les plus effectifs pour que ses nouveaux sujets catholiques romains puissent comme ci-devant professer publiquement le culte de leur religion selon le rit de l'église romaine. La seconde, que les habitans françois ou autres qui auroient été sujets du roi en Canada puissent se retirer dans les colonies françoises avec toute sureté et liberté ; qu'il leur sera permis de vendre leurs biens et de transporter leurs effets ainsi que leur personne, sans être gênés dans leur émigration, sous quelque prétexte que ce soit, hors celui de dettes ; le gouvernement d'Angleterre s'engagera à leur procurer les moyens de transport au moins de frais possibles. La troisième , que les limites du Canada, relativement à la Louisiane, seront fixées immuablement et clairement, ainsi que celles de la Louisiane et de la Virginie, de manière qu'après la confection du traité de paix il ne puisse plus y avoir de difficultés entre les deux nations sur l'interprétation des limites relativement à la Louisiane, soit par rapport au Canada, soit par rapport aux autres possessions angloises. La quatrième condition enfin, que la liberté de la pêche et de sècherie de la morue sur le banc de Terre-Neuve soit assurée aux François comme ci-devant ; et comme cette assurance seroit illusoire si les bâtimens françois n'avoient pas un abri appartenant à leur nation dans ces contrées, le roi de la Grande-Bretagne, en considération de la garantie de sa nouvelle conquête restituera l'île royale ou cap Breton , pour être possédé par la France en toute souveraineté. On conviendra que pour mettre un prix à cette restitutiou, la France , sous aucune dénomination n'élèvera point de fortifications dans l'île , et se bornera à y entretenir les établissemens civils et le port pour la commodité des bâtimens pêcheurs qui y aborderont.

3°. La France restituera à l'Angleterre l'île de Minorque et le fort Saint - Philippe dans le même état qu'il fût trouvé lorsqu'il a été conquis par les armes du roi, ainsi que l'artillerie appartenante à l'Angleterre, qui étoit dans le fort lors de la prise de cette île.

4°. En considération de cette restitution, l'Angleterre restituera de son côté à la France l'île de la Guadeloupe et de Marie-Galante; et ces deux iles seront rendues dans le même état où elles se sont trouvées lors de la conquête par les armes d'Angleterre.

5°. Les îles appelées neutres sont celles de la Dominique, Saint-Vincent, Sainte-Lucie et Tabago. Les deux premières sont occupées par les Caraïbes sous la protection de la France, selon le traité de 1660 : elles resteront dans l'état où elles ont été depuis ce traité. La couronne d'Angleterre n'a présenté jusqu'à présent aucun titre qui lui donnât des droits sur les deux dernières ; cependant il sera négocié entre les deux cours, ou que ces quatre îles restent neutres absolument, ou que les deux possédées par les Caraïbes soient seulement déclarées neutres, et que l'Angleterre entre en possession souveraine de l'île de Tabago, de même que la France de celle de Sainte-Lucie, sauf toutefois le droit d'un tiers, avec lequel les deux couronnes s'entendront si ce droit existe.

6°. Il seroit avantageux que les compagnies des deux nations aux Indes orientales s'abstinssent à jamais de toutes vues militaires et de conquêtes, pour se restreindre et s'entr'aider dans les vues de commerce qui leur sont propres.

L'on ignore en France la situation précise où les deux nations se trouvent aux Indes orientales. C'est pourquoi le roi, afin de se renfermer sur cette partie dans l'objet utile pour le présent et pour l'avenir aux deux compagnies, propose au roi d'Angleterre le traité conclu entre les sieurs Godeheu et Saunders pour base de l'établissement de la paix en Asie.

7°. Les colonies de l'Amérique méridionale possédées par la France ont besoin nécessairement de nègres pour leur culture ; les établissemens françois dans le Sénégal et la Gorée fournissoient aux colonies françoises leurs besoins dans ce genre. L'Angleterre, en conservant ces établissemens, nuiroit à la France sans se procurer un avantage positif ; et l'union que les souverains désirent si véritablement de rétablir entre les deux couronnes ne permet pas que l'on suppose cette envie de nuire dans la cour de Londres. La France cependant, pour le bien de la paix, offre à l'Angleterre le choix de la possession du Sénégal ou de l'île de Gorée, bien entendu que l'une ou l'autre possession sera rendue et garantie au roi par sa majesté britannique.

8°. L'île de Belle-Isle et sa forteresse, conquise par les armes d'Angleterre, sera restituée à la France, avec l'artillerie aux armes du roi, qui s'y est trouvée lors de la prise.

9°. En considération de l'article 8 accordé par

l'Angleterre , le roi fera évacuer par ses armées d'Allemagne le landgraviat de Hesse , le comté de Hanau , ainsi que la ville qui ne sera occupée par aucune des troupes des deux puissances , laissant la navigation du Mein libre , et les parties de l'électorat de Hanover occupées par les troupes françoises ; et ces évacuations seront précédées d'une suspension d'armes entre les deux couronnes , laquelle suspension d'armes aura lieu du jour de la ratification des préliminaires ou des articles du traité définitif , non-seulement en Allemagne , mais dans toutes les parties du monde où la France et l'Angleterre font la guerre.

10°. Comme le roi est engagé par un traité avec l'impératrice-reine de ne rien stipuler dans son traité de paix avec l'Angleterre qui puisse être désavantageux à sa majesté impériale , et que l'on a prévu le cas où , par une suspension d'armes entre les armées françoises et britanniques , les troupes allemandes , à la solde de l'Angleterre ; pourroient s'unir à celles du roi de Prusse contre les armées autrichiennes , le roi , fidelle à ses engagemens envers ses alliés , et fort éloigné de rien statuer qui puisse leur nuire , propose au roi d'Angleterre qu'il soit convenu que sa majesté britannique s'engagera , qu'aucune partie des troupes qui composent l'armée du prince Ferdinand , sous quelque prétexte que ce puisse être , ni sous aucune dénomination , ne joindra l'armée de sa majesté prussienne, et n'agira offensivement contre les troupes de l'impératrice-reine et de ses alliés, de même qu'aucune troupe françoise, sous aucun prétexte, ne joindra l'armée impériale, et ne pourra servir contre les alliés de la Grande-Bretagne. Pour constater les positions, il sera de plus arrêté qu'après les évacuations, l'armée du Haut-Rhin, commandée par le maréchal de Broglie, se retirera sur le Mein, le Necker et le Rhin, occupant Francfort ; et celle du Bas-Rhin, commandée par le maréchal de Soubise, se retirera aussi de son côté sur le Rhin, occupant Wesel et la Gueldre.

Les pays du roi de Prusse sur le Bas-Rhin ont été conquis, et sont gouvernés actuellement au nom de l'impératrice-reine ; le roi ne voudroit pas s'engager à les évacuer sans le consentement de sa majesté impériale, et avant le succès des négociations du congrès d'Augsbourg, qui doit rétablir la paix entre l'impératrice et le roi de Prusse ; mais comme il seroit désavantageux aux deux couronnes d'entretenir en Allemagne un corps considérable de troupes nationales, qui par la paix seroient dans une inaction absolue, et par les conventions du traité, inutiles dans tous les cas aux alliés de la France et de l'Angleterre, le roi s'engage, dès que sa majesté britannique jugera à propos, de faire revenir en Angleterre les Anglois qu'il a fait passer à son armée d'Allemagne, de faire rentrer en France le double de ce nombre des troupes françoises qui se trouveront aux armées de sa majesté sur le Haut et Bas-Rhin, de sorte qu'il ne restera plus, dans ces parties, de troupes appartenantes à la France, qu'en proportion de celles que le roi d'Angleterre soudoiera.

11°. Si avant la confection du traité, une des deux puissances faisoit dans quelque partie du monde que ce soit des conquêtes, elles seroient rendues sans difficulté, et sans exiger de compensation.

12°. Les prises faites sur mer par l'Angleterre, avant la déclaration de la guerre, sont un objet de restitution légitime, et que le roi veut bien soumettre à la justice du roi d'Angleterre et des tribunaux anglois. En effet, des sujets qui, sous la foi des traités, du droit des gens et de la paix, naviguent et font leur commerce, ne peuvent pas justement souffrir de la mésintelligence établie dans le cabinet des deux cours, avant qu'elle leur soit connue. Les déclarations de guerre ne sont établies par le droit des gens que pour publier aux peuples les querelles de leurs souverains, et pour les avertir que leur personne et leur fortune ont un ennemi à craindre ; sans cette déclaration convenue, il n'y auroit point de sureté publique, chaque individu seroit en danger ou en crainte, au moment qu'il sortiroit des limites de sa nation. Si ces principes sont incontestables, il reste à examiner la date de la déclaration de guerre des deux couronnes, et la date des prises. Tout ce qui est pris antérieurement à la déclaration ne peut être adjugé de bonne prise sans bouleverser les lois les plus saintes. En vain diroit-on que les François ont commencé les hostilités, et que les prises sont une représaille : que peuvent avoir de commun les hostilités prétendues, commencées au fort du Quesne, avec la prise des vaisseaux commerçans dans la partie méridionale de l'Amérique ? Ces hostilités sont les motifs de la déclaration de la guerre ; mais les effets de la déclaration ne peuvent avoir lieu qu'après la publication de ladite déclaration ; et il seroit injuste de faire souffrir une peine à des particuliers qui ignorent les faits et les circonstances d'une hostilité cachée dans un coin du monde, et qui a produit une guerre générale entre deux nations.

L'on ne croit pas en France que l'on puisse répondre à cet argument ; et c'est d'après lui que le roi réclame le droit des gens, afin qu'il soit convenu, dans le traité futur, d'un arrangement qui compense les prises faites sur ses sujets antérieurement à la déclaration de guerre, sans entrer dans la discussion de la représaille qu'il faut oublier quand les deux cours se rapprochent. La France ne demande que le bien des particuliers lésés, et ne prétend pas faire entrer les vaisseaux du roi pris avant la déclaration, dans l'arrangement des prises, la perte des vaisseaux appartenant à sa majesté, pouvant être regardée comme une suite des motifs de la guerre.

13°. Quoique pendant le cours de la guerre présente, l'article des traités antérieurs qui garantit la succession du trône de la Grande-Bretagne, telle qu'elle se trouve établie, n'ait point été enfreint, cependant le roi est très-disposé à comprendre cette garantie dans le traité futur, si le roi d'Angleterre le souhaite.

14°. Les prisonniers faits de part et d'autre, tant sur mer que sur terre, seront libres et renvoyés dans leur pays sans rançon, immédiatement après la ratification de la paix.

Sa majesté britannique sentira aisément que ces articles n'ont pas la forme de ceux d'un traité ; ils ne lui sont proposés que comme des articles expliqués dans toute leur étendue, qui éclaircissent les sentimens de la France, et mettent les deux couronnes à portée de traiter sur des objets distinctifs et certains. Mémoire joint au précédent ". Comme il est essentiel, ainsi que la France et l'Angleterre le désirent, que le traité de paix projeté serve de base à une réconciliation solide entre les deux couronnes, qui ne puisse être troublée par les intérêts d'un tiers, et les engagemens que l'une et l'autre cour peuvent avoir pris antérieurement à leur réconciliation, le roi d'Espagne sera invité de garantir le traité de paix futur entre le roi, et le roi de la Grande-Bretagne. Cette garantie obviera aux inconvéniens présens et futurs, relativement à la solidité de la paix.

Le roi ne cachera pas à sa majesté britannique, que les différends de l'Espagne avec l'Angleterre, l'alarment et lui font craindre s'ils n'étoient pas ajustés, une nouvelle guerre en Europe et en Amérique. Le roi d'Espagne a confié à sa majesté les trois point de discussion qui subsistent entre sa couronne et la couronne britannique ; lesquels sont : 1°. la restitution de quelques prises faites pendant la guerre présente sur le pavillon espagnol ; 2°. la liberté à la nation espagnole de la pêche sur le banc de Terre-Neuve ; 3°. la destruction des établissemens anglois formés sur le territoire espagnol dans la baie de Honduras.

Ces trois articles peuvent-être facilement arrangés selon la justice des deux souverains, et le roi désire vivement que l'on puisse trouver des tempéramens qui contentent sur ces deux points les nations espagnole et angloise ; mais il ne peut pas dissimuler à l'Angleterre le danger qu'il envisage, et qu'il sera forcé de partager, si ces objets qui paroissent affecter sensiblement sa majété catholique, déterminoient la guerre. C'est pourquoi sa majesté regarde comme une considération première pour l'avantage et la solidité de la paix, qu'en même-temps que ce bien désirable sera arrêté entre la France et l'Angleterre, sa majesté britannique termine ses différends avec l'Espagne, et convienne que le roi catholique sera invité à garantir le traité qui doit réconcilier (Dieu veuille à jamais) le roi et le roi d'Angleterre.

Au reste, sa majesté ne confie ses craintes à cet égard à la cour de Londres, qu'avec les intentions les plus droites et les plus franches de prévenir tout ce qui pourroit à l'avenir troubler l'union des nations françoise et angloise, et elle prie sa majesté britannique, qu'elle suppose animée du même désir, de lui dire naturellement son sentiment sur un objet si essentiel. »

Note jointe aux deux mémoires précédens. " Depuis que le mémoire des propositions de la France a été formé, et au moment que le courrier alloit partir pour Londres, le roi a reçu le consentement de l'impératrice-reine à sa paix particulière avec l'Angleterre, mais à deux conditions : la première, que l'on conserveroit la possession des pays appartenans au roi de Prusse ; la seconde, qu'il soit stipulé que le roi de la Grande-Bretagne, tant en sa qualité de roi qu'en celle d'électeur, ne donnera aucun secours ni en troupes, ni de quelqu'autre espèce que ce soit, au roi de Prusse ; et que sa majesté britannique s'engage à ce que les troupes hanovériennes, hessoises, brunswickoises, et autres auxiliaires unies aux Hanovériens, ne se joignent point aux troupes du roi de Prusse, de même que la France s'engagera à ne donner aucun secours d'aucune espèce à l'impératrice-reine ni à ses alliés.

Ces deux conditions paroissent si naturelles et si justes par elles-mêmes, que sa majesté n'a pu qu'y acquiescer, et qu'elle espère que le roi de la Grande-Bretagne voudra bien les adopter. »

Réponse de la cour de Londres, en date du 29 juillet 1761, aux mémoires qui lui avoient été donnés par M. de Bussy.

1°. « Sa majesté britannique ne se départira jamais de la cession entière et totale, de la part de la France sans aucunes nouvelles limites et sans exceptions quelconques, de tout le Canada et de ses dépendances ; et sa majesté ne se relâchera jamais, à l'égard de la cession pleine et parfaite de la part de la France, de l'île du cap Breton, et de toutes les autres îles dans le golfe ou dans le fleuve Saint-Laurent, avec ce droit de pêche qui est inséparablement attaché à la possession des susdites côtes, et des canaux ou détroits qui y mènent.

2°. A l'égard de la fixation des limites de la Louisiane, par rapport au Canada, ou par rapport aux possessions angloises situées sur l'Oyo, comme aussi du côté de la Virginie, ou ne pourra jamais admettre que tout ce qui n'est point le Canada soit de la Louisianne, ni que les bornes de la dernière province susdite ne s'étendent jusqu'aux confins de la Virginie, ou à ceux des possessions britanniques sur les bords de l'Oyo ; les nations et pays qui se trouvent interposés, et qui forment la vraie barrière entre les susdites provinces, ne pouvant par aucune considération, être directement ou par des conséquences nécessaires, cédés à la France, en permettant qu'on les admette comme renfermés dans la description des limites de la Louisiane.

3°. Le Sénégal, avec tous ses droits et dépendances sur la rivière qui porte ce nom, sera cédé à la Grande-Bretagne de la manière la plus pleine et la plus ample ; comme aussi l'île de Gorée, si essentiellement liée avec le Sénégal.

4°. Dunkerque sera réduite à la condition où elle doit se trouver suivant le traité d'Utrech, sans quoi aucune paix ne peut être admissible ; et à cette condition seule sa majesté britannique ne pourra jamais consentir à entrer en considération de cette demande que la France a faite, savoir la restitution du privilège accordé par le treizième article dudit traité, avec de certaines limitations et sous certaines restrictions, aux sujets de la France, de pêcher le poisson, et de le sécher sur le rivage d'une partie de Terre-Neuve.

5°.

5. Quoique les titres par lesquels le royaume de la Grande-Bretagne a soutenu en diverses occasions ses droits aux îles de Sainte-Lucie et de Tabago n'aient point été réfutés ; et que quoique les armes de sa majesté lui aient acquis la possession de l'île de Dominique, et de la colonie françoise établie avant le commencement de la guerre, cependant sa majesté, par cette modération qui sied si bien au rois, consentira à une partition égale des quatre îles nommées communément les îles neutres, laquelle partition sera réglée dans le traité futur.

6. L'île de Minorque sera tout de suite rendue dans l'état où elle s'est trouvée au temps de la prise, avec l'article, etc. qui appartenoit à cette île.

7. La France fera immédiatement la restitution et l'évacuation de ses conquêtes faites sur les alliés de sa majesté en Allemagne ; c'est-à-dire, de tous les états et pays appartenant au landgrave de Hesse, au duc de Brunswick et à l'électorat de Hanover, comme aussi de Wesel et de toutes les places et territoires du roi de Prusse possédés par les armées de la France ; la France fera enfin l'évacuation générale de toutes ses conquêtes du côté de la Hesse, et de la Wesphalie et dans ses contrées.

8. Le roi de la Grande-Bretagne, de son côté, consent à rendre à sa majesté très-chré-

tienne , 1.º la conquête importante de Belle-Isle ; 2.º sa majesté consent aussi à rendre au roi très-chrétien l'île opulente de la Guadeloupe avec celle de Marie-Galante.

, 9. Le traité conclu entre MM. Saunders et Godeheu ne sauroit être reçu comme la base du rétablissement de la paix de l'Asie , puisque ledit traité provisionnel n'a jamais eu de suite , et puisque ses conditions ne se trouvent nullement applicables à l'état actuel où se trouvent les affaires des Indes , par la réduction finale des possessions et des établissemens de la compagnie françoise des Indes orientales ; mais comme le règlement parfait et définitif qui regarde ce pays ne peut se faire que convenablement à de certains droits qui appartiennent absolument à la compagnie angloise ; et comme le roi ne sauroit équitablement disposer de leurs droits sans leur consentement , il faudra nécessairement laisser aux compagnies respectives des deux nations l'ajustement de ces termes d'accommodement et de réconciliation justes et raisonnables , que l'état et les circonstances de leurs affaires paroîtra demander , et leur indiquera mutuellement , pourvu qu'en même temps ces conditions ne soient point contraires aux desseins et aux intentions équitables de leurs souverains pour la paix et la réconciliation des deux couronnes.

10. La demande de la restitution des prises

sur mer avant la déclaration de guerre ne sauroit être reçue ; une telle prétention n'étant
fondé sur nulle convention particulière , et
n'émanant nullement du droit des gens , puisqu'il n'y a pas de principe moins sujet à contestation que celui-ci ; savoir , que le plein droit
de toutes les opérations hostiles ne résulte point
d'une déclaration formelle de guerre , mais des
hostilités dont l'agresseur a usé en premier
lieu.

11. Comme les soins indispensables que sa
majesté doit à ses peuples , et des motifs justes
et invincibles qui regardent la conservation
et la sûreté de ses royaumes , autorisés par
les stipulations les plus formelles des traités solennels , savoir , celles de Radstadt et de la
Barrière , et par les conditions expresses et
irrévocables de la cession même des Pays-Bas ,
ne peuvent jamais permettre que la France reste
en possession d'Ostende et de Nieuport ; les
deux places susdites seront évacuées sans retardement par leurs garnisons françoises : c'est pourquoi on déclare que les restitutions dont il est parlé
dans les articles précédens de ce mémoire , et
nommément la convention que l'on aura à former et à régler par rapport aux Indes , ne pourront avoir lieu jusqu'à ce que la susdite évacuation de Nieuport et d'Ostande soit de bonne
foi exécutée.

12. La cessation d'armes entre les deux

couronnes sera fixées et aura lieu du jour de la ratification des préliminaires ou du traité définitif ; et tous les points qui ont rapport à cette cessation d'hostilités auront établis et auront lieu suivant les usages ordinaires en pareil cas, et comme les circonstances des diverses parties du monde pourront l'exiger.

13. Le roi ayant dès les premières ouvertures faites de la part de la France, déclaré qu'au cas que la paix particulière des deux couronnes pourroit se conclure, sa majesté continueroit d'assister fidellement, comme auxiliaire, son allié le roi de Prusse avec efficace et de bonne foi, afin d'arriver à l'objet salutaire de la pacification générale de l'Allemagne ; il sera permis à la Grande - Bretagne et à la France de soutenir comme auxiliaires leurs alliés respectifs dans leurs disputes particulières pour le recouvrement de la Silésie, suivant les engagemens où chacune de ces couronnes est entrée.

14. Les prisonniers faits de part et d'autre, par terre et par mer, seront relâchés suivant la manière usitée, sauf les termes qui pourront exister en vertu de quelque cartel ou de quelque convention qui pourront y avoir relation.

Ces articles ne sont point digérés dans la forme ni dans le détail d'articles de paix ; mais on croit que par rapport aux points essentiels, ce mémoire a la clarté et la précision qui ne peuvent rien laisser en doute, et qui prouvent amplement la sincérité et l'immutabilité des intentions de sa majesté , par rapport à ses intentions et à ses résolutions pour l'accomplissement d'un aussi grand bonheur que celui du rétablissement de la paix entre les deux couronnes. »

V.

Si on ne trouve dans ce mémoire de la cour de Londres , aucune réponse aux propositions que la France avoit faites au sujet de l'Espagne, dans un écrit particulier que j'ai mis sous les yeux de mes lecteurs, c'est que M. Pitt l'avoit renvoyé dès le 24 juillet à M. de Bussy, avec une lettre, où après avoir dit un mot des sentimens d'amitié et de considération du roi d'Angleterre pour sa majesté catholique. " Je dois, disoit-il, vous déclarer très-nettement , au nom de sa majesté , qu'elle ne souffrira point que les disputes de l'Espagne soient mêlées en façon quelconque dans la négociation de la paix des deux couronnes, à quoi j'ai à ajouter qu'il sera regardé comme offensant pour la dignité du roi , et non compatible avec la bonne foi de la négociation, qu'on fasse mention de pareille idée. En outre , on n'entend pas que la France ait en aucun temps droit de se mêler de pareilles discussions entre la Grande-Bretagne et l'Espagne. Des considérations si légitimes et si indispensables ont déterminé le roi à m'ordonner de vous renvoyer le mémoire ci-joint, touchant l'Espagne, comme totalement inadmissible. »

Il seroit difficile de justifier le procédé du ministre anglois. On n'imagine point que le roi d'Angleterre puisse être blessé qu'on lui propose la garantie de la cour de Madrid ; et moins encore qu'on regarde comme une preuve de la mauvaise foi de la France dans sa négociation, le désir qu'elle montre de prévenir une rupture entre son allié et un ennemi avec lequel elle se dispose à se réconcilier. Si au contraire elle n'avoit songé qu'à faire une paix peu solide, et à se ménager des différends et des querelles pour des temps et des circonstances où elle pourroit se venger avec avantage des pertes qu'elle faisoit, n'est-il pas évident que loin de vouloir accommoder l'Espagne et l'Angleterre au sujet de quelques prises de la liberté de la pêche sur le banc de Terre-Neuve, et des établissemens anglois dans la baie de Honduras, elle n'auroit travaillé qu'à laisser subsister un germe de division.

Si la France avoit été dans une situation assez favorable pour imposer la loi à ses ennemis, on auroit pu lui reprocher d'abuser de ses avantages en faveur d'un allié, et d'embarrasser la négociation par des objets étrangers à la paix ; mais dans ces cas-là même, elle n'auroit encore fait que travailler pour le bien

de l'humanité, et suivre les conseils d'une politique éclairée et prévoyante. Pourquoi l'Angleterre étoit-elle choquée que le ministre de
France entamât une négociation en faveur de
l'Espagne (puisqu'il n'étoit pas en état d'en
dicter impérieusement les articles ? Peut-être
que dans la prospérité les Anglois n'ont pu
résister aux vices qui l'accompagnent. Une
ambition démesurée est depuis la naissance des
sociétés l'écueil où va se briser la puissance
des plus grands états. Sans doute que l'Angleterre pensoit faussement qu'il importe à une
nation qui a des vues, et qui veut faire une
grande fortune, d'avoir continuellement sous
la main quelque sujet de guerre qu'elle fait
valoir en temps et lieu. (Voyez les Principes de
Négociations.)

Le comte de Fuentes, ambassadeur du roi
d'Espagne à la cour de Londres, remit le
mémoire suivant à Pitt.

« Le roi très-chrétien qui souhaite de rendre
utile et durable la paix qu'il s'étoit proposé de
traiter avec l'Angleterre, confia d'abord ses
intentions au roi mon maître, lui marquant le
plaisir avec lequel il saisissoit cette occasion de
lui montrer sa considération aux offres réitérées
que sa majesté catholique avoit faites également
à lui et à l'Angleterre, pour faciliter une réconciliation convenable et permanente.

C'est par des principes si sincères que sa

majesté très-chrétienne proposa au roi mon maître la garantie dans le traité de paix, puisque cela pouvoit convenir également à la France et à l'Angleterre, et lui témoigna en même-temps ses sincères dispositions par rapport aux sacrifices qu'il se proposoit de faire pour donner la tranquillité à l'Europe, avec une paix solide et honorable.

Une telle démarche de sa majesté très-chrétienne a dû infiniment obliger le roi mon maître, qui y trouvoit l'uniformité de ses mêmes sentimens, et remplir à son égard, avec la correspondance la plus marquée, tous les engagemens qui les unissent et par les liens du sang et par leurs intérêts mutuels, et d'ailleurs reconnoissoit dans les intentions du roi de France cette humanité et grandeur d'ame qui lui sont propres, en rendant de son côté la paix aussi permanente que les vissicitudes humaines peuvent le permettre.

C'est avec la même candeur et franchise que le roi mon maître confia à sa majesté très-chrétienne, qu'il auroit souhaité que sa majesté britannique n'eût point fait de difficulté d'agréer la garantie en considération des griefs de l'Espagne avec l'Angleterre, puisqu'il a tout lieu de croire que sa majesté britannique est dans les mêmes bonnes dispositions de les terminer à l'amiable, selon la raison et la justice.

Cette confiance, que le roi mon maître a

faite à la France, lui a donné lieu de témoigner à sa majesté britannique la pureté de ses intentions pour le rétablissement de la paix ; puisqu'en lui proposant la garantie de l'Espagne, elle lui marque ses désirs sincères de voir terminer en même temps ses intérêts, qui pourroient un jour rallumer le feu d'une nouvelle guerre qu'on tâche présentement d'éteindre.

Si les intentions de sa majesté très-chrétienne et du roi mon maître ne se trouvoient pas remplies de bonne foi, le roi mon maître se flatte que sa majesté britannique lui rendra la justice d'envisager comme telles les siennes : puisque si elles portoient à tout autre principe, sa majesté catholique, donnant cours à sa grandeur, auroit parlé d'elle-même et selon sa dignité.

Je ne puis pas me dispenser de vous dire, monsieur (ce mémoire est adressé à M. Pitt) que le roi mon maître apprendra avec surprise que le mémoire de la France pourroit faire dans l'esprit de sa majesté britannique une sensation toute opposée aux véritables intentions des deux souverains.

Mais sa majesté catholique s'en consolera toutefois qu'elle verra qu'on fait le progrès qu'elle a toujours souhaité dans la négociation de la paix, soit particulière entre la France et la Grande-Bretagne, ou générale, puisque ses désirs sincères sont de la perpétuer à jamais, ôtant tout germe qui puisse malheureusement reproduire un jour la guerre.

C'est pourquoi le roi mon maître se flatte que sa majesté britannique, animée des mêmes sentimens d'humanité pour la tranquillité publique, soit dans les mêmes intentions de terminer les disputes de l'Angleterre avec une puissance qui lui a donné des preuves si réitérées de son amitié, en même-temps qu'on se propose de donner une paix générale à toute l'Europe. »

V I.

Je ne rapporterai point ici en entier les écrits que les cours de France et d'Angleterre se communiquèrent encore ; on peut les voir dans le Mémoire historique sur la Négociation entre la France et l'Angleterre, depuis le 26 mars 1761, jusqu'au 20 septembre de la même année. Je me contenterai que remarquer que la première de ces cours répondit au mémoire d'Angleterre que j'ai rapporté ; et que ces nouvelles propositions, remises le 17 d'août à M. Pitt, furent suivies d'une réplique à laquelle le ministère de Versailles fit une réponse qui fut le dernier écrit de cette négociation.

On voit par la lecture de ces pièces, que les deux cours se rapprochant d'une manière sensible, sans le dire ouvertement, seroient convenues sans beaucoup de peine des conventions qui les regardoient personnellement; mais on voit en même temps que la négociation n'avoit fait aucun progrès relativement aux intérêts de leurs alliés.

« La France veut bien évacuer, en considération de la restitution faite par l'Angleterre de l'île de la Guadeloupe et de celle de Marie-Galante, les pays appartenant au landgrave de Hesse, au duc de Brunswick et à l'électorat de Hanover, qui se trouvent ou se trouveront occupés par les armées de sa majesté, et dont la conquête est liée avec la guerre britannique, depuis la rupture de la capitulation de Closter-Seven, et peut-être séparée de la guerre de l'impératrice-reine contre le roi de Prusse. Mais pour ce qui est de Wesel, Gueldres et autres pays en Westphalie, appartenant au roi de Prusse, qui sont actuellement possédés par l'impératrice, et où la justice se rend au nom de sa majesté impériale, le roi ne peut pas stipuler qu'il cédera les conquêtes de son alliée ; et pareille évacuation, de droit ni de fait, ne peut avoir lieu que du consentement de l'impératrice-reine au congrès d'Augsbourg ; ce congrès étant assemblé pour terminer les différends élevés dans l'empire, et nommément ceux qui ont occasionné la guerre entre sa majesté impériale et le roi de Prusse. (Mémoire de la France, remis le 17 août 1761, à M. Pitt, article 7).

En réponse à la déclaration faite par M. Stanley, qu'en cas d'une paix particulière entre la France et l'Angleterre, sa majesté britannique continueroit d'aider constamment, en qualité d'auxiliaire, son allié le roi de Prusse, de tout son pouvoir et de toute sa bonne foi, afin d'obtenir la fin salutaire de la guerre et la pacification de l'Allemagne ; le duc de Choiseul, au nom du roi son maître, a déclaré audit M. Stanley, que sa majesté, par la même vue de la pacification générale, soutiendroit aussi de toutes ses forces et de tout son pouvoir ses fidelles alliés, et prendroit toutes les précautions que sa bonne foi et sa fidélité reconnues lui suggéreroient, afin d'éviter que la paix particulière de la France avec l'Angleterre puisse leur nuire.

C'est en conséquence de ces sentimens, que le roi, du consentement de ses alliés, veut bien stipuler qu'il ne fournira aucun secours dans aucun genre à ses alliés pour la continuation de leur guerre contre le roi de Prusse ; mais sa majesté ne peut ni veut prendre cet engagement, qu'autant que sa majesté britannique en prendra un pareil relativement au roi de Prusse.

La proposition de laisser la liberté à la France d'envoyer des armées en Silésie est défavorable par les positions aux intérêts de l'impératrice, et par conséquent inadmissible.

Le roi persiste donc dans les propositions

contenues dans l'article 10 de son premier mémoire. Tout ce qui pourroit être négocié sur ces points seroit la liberté de fournir des secours en argent aux alliés réciproques, lorsqu'il sera bien constaté qu'il ne sera libre à aucune puissance de leur fournir des secours en troupes ni munitions de guerre, sous quelque dénomination que ce puisse être. ,, (Ibid. art. 13).

En adressant ce mémoire à M. Pitt, M. de Bussy lui écrivit : " Sa majesté m'a ordonné de déclarer par écrit à votre excellence qu'elle sacrifieroit la puissance que Dieu lui a donnée, plutôt que de rien arrêter avec ses ennemis qui puisse être contraire aux engagemens qu'elle a contractés, et à la fidélité dont elle se fait gloire. Si l'Angleterre veut s'engager à ne donner aucun secours au roi de Prusse, le roi s'engagera de même à n'en donner aucun à ses alliés d'Allemagne ; mais sa majesté n'adoptera pas la liberté de secourir ses alliés en troupes, parce qu'elle connoît le désavantage que la position actuelle des armées pourroit produire contre l'impératrice-reine. Le roi peut stipuler de ne point procurer des avantages à ses alliés, mais il ne peut ni ne veut consentir à aucuce condition qui puisse leur être nuisible. ,,

A ces articles l'Angleterre répondit : "Pour ce qui regarde la restitution, et l'évacuation des conquêtes faites par la France sur tous les alliés du roi en Allemagne, et nommément de Wesel et des autres places et territoires du roi de Prusse, sa majesté s'en tient à ce qui est demandé relativement à cette matière dans l'article 7 de l'ultimatum de l'Angleterre; bien entendu toujours que toutes les places appartenantes aux alliés du roi en Allemagne seront restituées avec l'artillerie, etc. qui y fut trouvée lors de la prise desdites places. (Article 8).

A l'égard du secours à fournir à sa majesté prussienne, de la part de la couronne britannique, comme auxiliaire, après la confection de la paix particulière entre la Grande-Bretagne et la France, sa majesté demeure dans la même résolution inébranlable qu'elle a déclarée depuis les premières ouvertures de la présente négociation, qu'elle ne cessera de secourir constamment, comme auxiliaire, son allié le roi de Prusse, avec efficace et bonne foi, afin de parvenir au but salutaire de la pacification générale de l'Allemagne. Dans cette vue, sa majesté, bien loin d'avoir proposé de laisser la liberté à la France d'envoyer des armées en Silésie, sans être limitée au nombre stipulé par ses engagemens actuels avec la cour de Vienne (chose qui ne se trouve nulle part dans l'ultimatum de l'Angleterre) a uniquement déclaré, comme l'article 13 dudit ultimatum en fait foi, qu'il sera libre à la Grande-Bretagne et à la France de soutenir, comme auxiliaires, leurs alliés respectifs, dans la querelle particulière, pour la récupération de la Silésie, selon les engagemens pris par chaque couronne.

Le roi déclare en même temps que sa majesté n'a ni l'intention, ni la faculté de se charger d'interdire et d'inhiber à aucunes troupes étrangères d'entrer au service et à la solde du roi de Prusse, quelque disposée que sa majesté pourroit être à consentir de ne fournir qu'en subsides seulement, les secours que la Grande-Bretagne jugera convenables, conformément à ses engagemens, d'accorder à sa majesté prussienne. „ (Art. 9).

A ces articles la France répliqua : " Le roi, sur l'article 8 qu'on vient de lire, s'en rapporte à l'article 7 de son ultimatum que je viens de rapporter. Il n'est pas au pouvoir de sa majesté d'évacuer les pays qui appartiennent à l'impératrice-reine son alliée. (Dernière réponse de la France, art. 8).

L'article 9 de la réponse d'Angleterre demande des explications, car il est rédigé de façon qu'il ne présente pas un jour bien clair ; il suppose des engagemens respectifs du roi vis-à-vis de l'impératrice, et de l'Angleterre à l'égard du roi de Prusse, qui ne sont pas connus des deux cours. L'on ne pense pas en France que le roi d'Angleterre ne puisse empêcher les alliés de sa couronne, tels que les souverains de Hanover, de Cassel et de Brunswick, de joindre les troupes à celles du roi de Prusse ; mais sans éclaircir une discussion qui devient inutile; le roi, déterminé pour le bien de la paix à faire les sacrifices les plus considérables, est en même temps irrévocablement résolu de ne rien accorder dans le futur traité de paix, qui soit contraire aux stipulations auxquelles il s'est engagé avec ses alliés. C'est de leur aveu, et d'un concert mutuel, que le roi a proposé à l'Angleterre, relativement à la guerre de West-phalie, l'article 10 du mémoire des propositions de sa majesté, et les articles 7 et 13 de l'ultima-tum de la France. Le roi s'en tient à ces trois articles, en réponse aux articles 8 et 9 de la réponse d'Angleterre, sauf cependant d'écouter et de traiter sur de nouvelles propositions que l'Angleterre pourroit faire sur ces objets, qui seroient communiquées aux alliés du roi, et auxquelles sa majesté se prêteroit, de l'aveu de l'impératrice, si elles n'étoient pas contraires aux engagemens de sa majesté avec cette prin-cesse. » (Ibid. article 9).

Il le faut avouer, il étoit au dessus des forces de la sagesse humaine de concilier la France et l'Angleterre sur ce point important de leur négociation. Veut-on s'en convaincre? il suffit de penser que la situation la plus funeste où un état du premier ordre puisse être réduit par les malheurs de la guerre est de se voir contraint à décrier son amitié en abandonnant ses alliés. Qu'auroit dit l'Europe, si l'Angleterre, au milieu

de

de ses succès, eût été capable de trahir la confiance de ses alliés ? Ses conquêtes et les vastes domaines qu'elle auroit acquis en Amérique ne l'auroient pas dédommagée de la haine et du mépris qu'elle auroit inspirés. Si vous pensez avec assez de noblesse, d'élévation et de grandeur, devoit-elle dire à la France, pour ne pas abandonner, malgré vos disgraces, des alliés assez puissans pour devoir se passer de vous, vous aurez sans doute la justice de ne pas trouver mauvais que nous tâchions de vous imiter, en défendant les intérêts d'un allié à qui nos secours sont nécessaires.

Je sais que Paris, lassée de la guerre, désiroit la paix, et qu'il n'étoit pas rare d'y trouver des personnes qui pensoient que le gouvernement auroit dû souscrire aux propositions qu'on vient de lire, et faire sa paix particulière ; mais je dois dire aussi que ces mêmes personnes, quand, après avoir évaporé leur humeur, elles consultoient leur raison, convenoient enfin que le ministère n'avoit pu se dispenser de rejeter une paix dont les articles étoient déshonorans. Elles sentoient enfin qu'un peuple peut perdre des batailles et céder de grandes provinces par des traités sans s'avilir ; mais que l'honneur est le plus ferme, ou plutôt le seul rempart des états. En effet, si les malheurs attachés à la guerre autorisent à violer ses engagemens, que devient la religion des traités ? Quel fruit prétend-on retirer de ses alliances ? On ne contracte des alliances défensives que dans la vue de se faire des amis qui prêtent une main secourable dans l'adversité ; l'adversité n'est donc pas un titre pour les dissoudre. On abuse étrangement du principe que le salut du peuple doit être sa suprême loi ; on le cite à tout propos, et presque toujours sans raison. Il est vrai qu'un état peut et doit renoncer à ses engagemens quand ils entraînent sa ruine ; mais il doit être question de sa ruine, et non pas de quelques disgraces qui dérangent simplement sa prospérité. Quand la négociation de 1761 fut rompue, la France entrevoyoit-elle des malheurs qui annonçassent la dissolution de la monarchie ?

Malheureusement pour les deux puissances qui étoient parties principales dans la guerre, la paix n'étoit pas mûre pour leurs alliés, comme elle l'étoit pour elles. Le roi de Prusse la désiroit, mais n'y vouloit consentir qu'autant que toutes choses seroient rétablies conformément aux traités de Berlin et de Dresde (voyez le chapitre précédent), et il étoit impossible que la cour de Vienne, la Russie et le roi de Pologne, toujours unis, et secondés des forces de la Suède et de l'empire, pussent se résoudre de renoncer aux avantages qu'ils s'étoient promis, et qu'ils se flattoient toujours d'être à la veille d'obtenir. Quelles négociations la France et l'Angleterre pouvoient-elles entamer avec quelque espérance de succès auprès de leurs alliés pour les engager à faire quelques sacrifices à la tranquillité publique ? De quel front les Anglois, qui augmentoient considérablement leurs possessions, auroient-ils osé proposer à la cour de Berlin d'abandonner une partie de ses domaines ? La France donnoit à ses alliés l'exemple de la modération ; mais cet exemple ne les auroit pas touchés, parce qu'elle abandonnoit ce qu'il ne lui étoit pas possible de reprendre. Sans doute que les ministres de France et d'Angleterre tâtèrent leurs alliés pour obtenir leur consentement à une paix particulière, mais ils ne purent et ne durent l'avoir qu'à des conditions qui rendoient la paix impraticable. Le roi de Prusse ne pouvoit point se passer des secours de l'Angleterre, et ses ennemis devoient-ils souffrir que cette dernière puissance, après s'être réconciliée avec la France, tournât ses forces contre eux ?

Enfin, disoit-on encore dans le public, si la situation des affaires ne permettoit pas de faire la paix, pourquoi donc avoit-on tenté de la négocier ? c'étoit une fausse démarche. Il est très-facile de répondre à cette objection. A-t-on vu des guerres qui intéressent plusieurs nations puissantes, et entreprises par des vues d'ambition, se terminer aux premières conférences qui se sont tenues pour rétablir la paix. Qu'on procure les mémoires de nos plus célèbres négociateurs depuis les congrès de de Munster et d'Osnabruch, et on verra que les affaires souvent abandonnées, reprises souvent sans succès, n'ont été enfin terminées qu'après plusieurs tentatives inutiles. Il est digne des sentimens d'humanité qui doivent servir de base aux principes d'une saine politique, de tenter souvent, même sans espérance, des négociations qui paroissent vaines, et que des-hasards heureux peuvent cependant faire réussir. Ce seroit une bien mauvaise méthode de ne vouloir entamer que des entreprises dont le succès seroit démontré. D'ailleurs, qu'on ne pense pas que ces négociations prématurées qu'on est contraint d'abandonner soient inutiles : elles servent à faire connoître les dispositions respectives des puissances qui se sont abouchées ; ce sont, pour ainsi dire, des préliminaires qui abrègent les négociations qu'on entreprendra dans la suite : ce sont des bases qu'on a mises aux articles les plus difficiles à traiter ; on s'instruit plus particulièrement des difficultés qui s'opposent à la paix, et on est en état de la négocier plus avantageusement et plus surement dans d'autres circonstances.

Enfin, qu'on y fasse attention, ce qui rend les opérations de la politique si difficiles et si incertaines, ce qui force les plus grands ministres à faire cent opérations douteuses, c'est qu'en Europe on ignore, on méprise même tout ce qui peut faire la sureté et la véritable grandeur

des états, (Voyez les Principes de Négociations
et les Entretiens de Phocion.) Une avidité insa-
tiable, une ambition ridicule, des finesses conduites avec art, une défiance frauduleuse ; voilà ce
qu'on rencontre de toute part. Au lieu de rechercher des avantages vrais et solides, chaque puissance court après un bien imaginaire : non-seulement elle se trompe, mais elle n'a pas même
d'erreur constante, elle erre au gré de ses
caprices. Marchera-t-on dans ce labyrinthe tor-
tueux sans faire un pas inutile ?

Le ministère de France auroit fait une faute,
si se flattant de conclure une paix qui étoit impraticable, il se fût opiniâtré à la chercher où il ne
devoit pas la trouver, et qu'après avoir vu éva-
nouir ses espérances, il se fût trouvé sans ressources. Mais, dès le commencement de la négociation, il en prévit l'issue. Tandis qu'il tâtoit la
cour de Londres, il négocioit avec l'Espagne ; et
le traité connu sous le nom de *pacte de famille* fut
signé le 15 août 1761.

VII.

L'énorme supériorité de l'Angleterre sur
mer ne permettant pas de la réduire elle-
même, ce n'étoit que dans ses alliés qu'on la
pouvoit vaincre ; mais les efforts redoublés de
la cour de Vienne, de la Russie, etc. contre
le roi de Prusse avoient été impuissans ; et n'y

ayant pas d'espérance que les états de ce prince pussent servir de dénouement à la guerre, comme les Pays-Bas autrichiens et la république des Provinces-Unies en avoient servi dans la guerre de 1741, (voyez le chapitre précédent), il falloit trouver une puissance dont les intérêts fussent également précieux aux Anglois, et dont le danger les réduisît à demander la paix.

Le 16 mars 1762, don Joseph Torrero et M. O-Dunne exposèrent à la cour de Lisbonne, " que les rois de France et d'Espagne se voyant forcés à soutenir la guerre contre les Anglois ont cru convenable et nécessaire de former l'un avec l'autre différens engagemens , et de prendre ensemble plusieurs autres mesures indispensables pour parvenir à réprimer dans la nation britannique l'orgueil que lui inspire le projet ambitieux de se rendre despotique sur les mers, et d'envahir tout le commerce maritime, ainsi que de mettre dans sa dépendance les états que les autres puissances possèdent dans le Nouveau-Monde, en s'y établissant par une usurpation déguisée ou à force ouverte ; l'état de foiblesse qui résulte de l'asservissement où elle les tient leur en facilitant la conquête.

" Que le premier point qui a été réglé et convenu par leurs susdites majestés a été qu'elles feroient en sorte d'engager le roi très-fidelle à accéder à leur alliance offensive et défensive , et à se joindre sans retardement à leurs majestés' pour travailler avec elles à l'objet susdit, ainsi qu'il est naturel de l'espérer de ce que le roi très-fidelle se doit à soi-même et à son royaume, puisque le joug que la nation angloise a imposé aux sujets du Portugal, et qu'elle veut encore étendre sur la navigation de toutes les puissances qui ont des états au-delà des mers, leur est plus onéreux et plus incommode qu'il ne l'est encore à aucun autre peuple; que d'ailleurs il seroit injuste que l'Espagne et la France se sacrifiassent pour un objet où le Portugal n'est pas moins intéressé qu'elles, si même il ne l'est davantage, et que cette puissance, au lieu de les aider dans leur entreprise, en rendît le succès impossible, ainsi qu'il arriveroit si elle continuoit d'enrichir l'ennemi et de nourrir ses forces en lui conservant la liberté de son commerce et l'entrée de ses ports, qui non-seulement serviroient d'asile aux Anglois, mais encore où ils seroient à portée d'attaquer les sujets de l'Espagne et de la France qui défendroient la cause du Portugal.

Que les susdits ambassadeurs d'Espagne (don Joseph Torrero) et ministre plénipotentiaire de France (M. O-Dunne) conformément à cet accord, demandent au roi très-fidelle de se déclarer pour leurs majestés catholique et très-chrétienne, et de s'unir à elles dans la présente guerre contre les Anglois, en rompant tout commerce et toute communication avec cette puissance, ennemie commune des trois royaumes ainsi que de toutes les puissances maritimes, en chassant de ses ports tous les vaisseaux de guerre ou de commerce de cette nation, et en leur en fermant l'entrée ; enfin, en joignant les forces que lui a données le Tout-puissant à celles de la France et de l'Espagne pour réduire celles de l'ennemi à un juste équilibre.

C'est en conséquence de ce qui a été arrêté et convenu entre eux, que les deux rois de France et d'Espagne font aujourd'hui cette demande au roi très-fidelle. Mais sa majesté catholique, pour obtenir plus facilement et plus promptement du cœur magnanime du roi très-fidelle, ce qu'on lui demande par cette déclaration, et afin que des impressions étrangères ne l'empêchent point de prendre le seul parti qui convienne à la gloire et à l'avantage commun de leurs majestés, a ordonné à son ambassadeur de lui faire observer que c'est un frère de la reine son épouse, un véritable ami, un voisin pacifique et modéré qui le lui propose, et qui l'a embrassé lui-même, qui regarde ses intérêts comme les siens propres, et qui n'a d'autres vues que de les réunir de telle sorte les uns aux autres, que soit dans la paix, soit dans la guerre, la péninsule puisse être regardée comme appartenante à un seul et même maître, et que si quelque puissance se propose de faire la guerre aux Espagnols, elle ne puisse pas se flatter de trouver dans la propre maison du roi d'Espagne quelqu'un qui lui donne un asile, et lui fournisse les moyens d'attaquer sa majesté catholique, comme l'a fait le Portugal dans les guerres que le roi Philippe V, de glorieuse mémoire, père de sa majesté catholique et beau-père de sa majesté très-fidelle a eue à soutenir contre la même nation angloise. Le roi très-fidelle peut avoir pour allié un roi catholique, à qui il est déjà étroitement uni par le sang, et dont les états sont voisins des siens en Amérique, ainsi qu'en Europe, au grand avantage des uns et des autres. Combien une pareille alliance ne lui est-elle pas plus glorieuse et plus utile que celle de la nation angloise, à qui son orgueil ne permet point de traiter sur un pied égal avec aucun autre souverain, et sans faire une vaine ostentation de son pouvoir? C'est ce qu'aucune nation n'a autant éprouvé que le Portugal : et quel besoin auroit-il des secours de l'Angleterre, s'il étoit uni offensivement et défensivement à l'Espagne et à la France?

Ces considérations ont tant de poids et de force, que le roi catholique est fortement persuadé que le roi très-fidelle, son beau-frère, n'hésitera pas un moment à embrasser le parti qu'on lui propose; sur-tout après les assurances qui lui sont données, qu'avant de lui exposer ces raisons, sa majesté catholique prévoyant que les Anglois, dès qu'ils seroient instruits du parti qu'auroit pris sa majesté très-fidélle, enverroient des forces pour s'emparer de ses places maritimes et de ses ports, elle a fait placer de telle manière les siennes sur la frontière de Portugal, qu'elles pourront avant peu de jours garnir les ports principaux, ce qu'elles feront sur la réponse de sa majesté très-fidelle : réponse qui sera aussi prompte et aussi claire et décisive que l'exige la nécessité qu'on a fait voir de gagner l'avance sur l'ennemi, et d'empêcher qu'il ne traverse, aussi-tôt qu'il en aura connoissance, les desseins que sa majesté catholique a décidément résolu d'exécuter. »

La cour de Londres prit des mesures fausses dans ces circonstances ; il vaut mieux quelquefois avoir une puissance pour ennemie que pour alliée. Le Portugal, accoutumé à une longue paix, avoit négligé les arts de la guerre et selon les apparences ne devoit pas être en état de se défendre contre l'Espagne. Si ce royaume étoit envahi par les troupes qui le menaçoient, cette conquête devenoit d'un prix infini pour les vainqueurs, qui ne devoient l'abandonner qu'en exigeant en retour les sacrifices les plus considérables de la part des Anglois. D'ailleurs l'Angleterre ne pouvoit se charger de défendre le Portugal sans faire des dépenses énormes, s'affoiblir en Allemagne, où il lui étoit si important de conserver sa supériorité, et s'exposer ainsi à perdre le fruit des avantages qu'elle avoit eus jusqu'alors.

En déclarant la guerre à l'Espagne, les Anglois devoient prévoir qu'on les attaqueroit dans le Portugal, leur allié; et il avoit été plus sage d'empêcher cette diversion, que de se préparer à soutenir cette nouvelle guerre. Vous voyez la situation malheureuse où vous vous trouvez, devoit dire le ministère de Londres à la cour de Lisbonne, et vos intérêts nous sont d'autant plus chers dans ce moment, que nous ne pouvons douter que votre amitié pour nous n'ait formé l'orage qui nous menace; mais vous voyez en même-temps que nos finances sont épuisées par une longue guerre, que nous sommes obligés de tenir en Westphalie des forces considérables, et que nous ne pouvons vous donner que des secours médiocres. Au défaut des forces qui nous manquent, nous voulons vous servir par notre prudence. Nous allons feindre de nous plaindre de vous; si l'Espagne vous menace, et exige que vous vous joigniez à elle pour nous faire la guerre, consentez à toutes ses propositions. Par-là vous vous mettrez à l'abri de ses coups, et vous ne devez pas redouter les nôtres. Nous vous ménagerons en toute occasion, et quand nous publierons que nous devons attaquer vos possessions en Amérique, nous n'y attaquerons en effet que les Espagnols. Par cette conduite vous lierez les mains à l'Espagne, et vous nous servirez avantageusement ; nous ne compromettrons ni notre réputation, ni nos avantages et remontrant à la paix nos vrais et anciens sentimens, nous vous servirons avec un courage égal à la sagesse que nous vous montrons aujourd'hui ; et si on veut vous insulter, nous vous défendrons alors de toutes nos forces.

Si des circonstances favorables à la tranquillité de l'Europe n'avoient enfin permis de renouer les négociations et de faire la paix , il est vraisemblable que l'Angleterre , embarrassée de l'amitié et de la défense du Portugal auroit ressenti, comme dans la guerre précédente, le contre-coup des pertes que ses alliés auroient faites. A la paix d'Aix-la-Chapelle , les cours de Vienne et de Londres éprouvèrent combien les secours de la Hollande leur avoient été funestes, et combien il auroit été heureux pour elles que cette république moins empressée à les servir, eût consenti aux propositions de neutralité que la France lui fit d'abord pour les Pays-Bas. Dans cette guerre , l'Angleterre auroit encore éprouvé que le Portugal étoit un poids pour elle, et elle auroit été obligée de racheter, au prix d'une grande partie de ses conquêtes, un royaume enlevé à son allié.

VIII.

Tandis que par la perte de Schweidnitz et de Colberg, le roi de Prusse se trouvoit à la fin de 1761 dans la situation la plus fâcheuse où il se fût vu depuis la convention de Closter-Seven, et que la guerre s'allumoit entre l'Espagne, l'Angleterre et le Portugal, il arriva un événement qui changea la face des affaires. L'impératrice de Russie, cette fidelle alliée de la cour de Vienne et du roi de Pologne, mourut le 5 janvier 1762, et le grand duc, son héritier, fut proclamé empereur sous le nom de Pierre III. Les vues de ce prince étoient entièrement opposées à celles de la feue impératrice, et il avoit servi secrètement l'Angleterre, et sur-tout le roi de Prusse, dans plusieurs occasions importantes. Il n'y avoit pas encore deux mois qu'il étoit monté sur le trône, lorsque son chancelier ayant assemblé chez lui les ministres de France, de Vienne, de Suède et de Varsovie, leur déclara que le czar, à son avènement à la couronne, vouloit procurer la paix à son empire, et contribuer à celle de l'Europe ; que dans cette vue il faisoit avec plaisir le sacrifice de ses conquêtes, et invitoit ses alliés d'agir de tout leur pouvoir pour finir la guerre et affermir la tranquillité publique. En effet le traité de paix entre la Russie et la

Prusse fut signé le 5 mai à Pétersbourg, et n'apporta aucun changement à leur ancienne situation. La Suède, accoutumée depuis la paix d'Abo, à régler ses mouvemens sur ceux de la cour de Russie, suivit cet exemple; le 22 du même mois elle conclut à Hambourg une paix perpétuelle avec la cour de Berlin, et les articles de cet accommodement ne firent que rétablir les choses dans le même état où elles étoient avant la guerre, et rendre aux anciens traités leurs première force.

Après s'être défendu pendant quatre campagnes contre les Russes, le roi de Prusse en avoit actuellement vingt mille dans son armée comme auxiliaires; et l'Europe craignoit que l'accroissement de ses forces n'accrût ses espérances et son ambition. Il se préparoit cependant une révolution en Russie. Pierre III rendoit son gouvernement odieux, soulevant contre lui tous les ordres de l'état, et sur-tout le clergé, sans s'assurer de l'affection des troupes qui pouvoient décider du sort de l'empire : il fut arrêté et déposé le 9 juillet, et l'on déféra la couronne à l'impératrice sa femme. Les esprits furent incertains pendant quelques instans sur les suites de cet événement par rapport aux affaires de la guerre et de la paix. On ne savoit si la nouvelle impératrice traiteroit le roi de Prusse en allié ou en ennemi. Elle rappela les Russes qui étoient joints aux Prussiens; elle déclara peu de jours après qu'elle observeroit religieu-sèment le dernier traité de Pétersbourg, et cette déclaration fut regardée comme le signal du retour de la paix en Europe.

En effet, la cour de Vienne abandonnée de la Russie et de la Suède, et menacée de per-dre les secours que lui fournissoit l'empire, n'avoit plus aucune espérance de recouvrer la Silésie. Elle se retrouvoit dans la même situa-tion qui l'avoit forcée, dans la dernière guerre à faire la paix de Dresde ; puisque les Prus-siens occupoient toute la Saxe, à l'exception de la capitale, et que le roi de Prusse avoit acquis une réputation qui lui annonçoit et lui pré-paroit de nouveaux avantages. Les principaux obstacles à la paix, et qui avoient fait échouer les négociations de l'année précédente, ne subsis-toient donc plus ; et c'étoit plutôt par des sen-timens confus de haine et d'indignation que les cours de Vienne et de Berlin continuoient la guerre, que par des raisons politiques. Le roi de Prusse étoit désormais trop supérieur à ses ennemis pour que l'Angleterre ne pût, sans se déshonorer, faire sa paix particulière en retirant ses forces d'Allemagne ; et la cour de France se conformoit à tous les engagemens qu'elle avoit pris avec l'impératrice-reine, dès que les Anglois consentiroient de ne plus aider le roi de Prusse de leurs forces.

Les ministres de Versailles et de Londres

profitèrent de ces heureuses dispositions pour se rapprocher. Il n'étoit survenu aucun événement qui pût engager les premiers à désirer la paix avec moins d'ardeur qu'ils n'avoient fait l'année précédente : au contraire , la France avoit essuyé de nouvelles pertes, et les Espagnols faisoient des progrès si lents en Portugal , qu'il étoit sage de renoncer à l'espérance de cette conquête. M. Pitt n'étoit plus à la tête du gouvernement d'Angleterre. Son nom sera long-temps célèbre et respecté dans sa nation et dans l'Europe entière , et on lui donneroit des éloges sans bornes , si son amour pour la paix eût été égal à ses talens. M. le comte de Butte qui lui avoit succédé vouloit terminer la guerre ; et quoique les Anglois aient paru désapprouver sa paix , on ne peut s'empêcher de convenir que ce ministre ne se soit conduit selon les règles de la politique la plus éclairée : dans un temps plus calme sa nation lui rendra justice.

L'Angleterre étoit-elle sûre d'avoir des succès en Portugal , et de quelle utilité lui auroient été ses avantages ? Pouvoit-elle , devoit-elle désirer de plus grandes conquêtes que celles qu'elle a faites ? Si ses armes au contraire éprouvoient quelques disgraces dans ce royaume , ne se voyoit-elle pas arracher une partie considérable des provinces qu'elle avoit acquises ? Mille exemples anciens et modernes prouvent invinciblement qu'un peuple, s'il ne veut pas

se

se ruiner, doit savoir mettre des bornes à son ambition. (Voyez les Principes des Négociations). Il faut faire la paix dès qu'on la peut faire utilement : c'est un principe qui ne souffre aucune exception. Des espérances formées dans l'ivresse de la prospérité n'ont jamais été justifiées par l'événement : on doit craindre d'être trop heureux, parce qu'un trop grand bonheur est le signe d'une décadence.

Les articles dont on étoit presque convenu en 1761 servirent de base à la nouvelle négociation. M. le duc de Nivernois partit de Paris le 4 septembre 1762, pour se rendre à Calais et s'y embarquer sur le paquebot qui devoit y conduire M. le duc de Bedfort ; et le 3 novembre les préliminaires de la paix furent signés à Fontainebleau par M. le duc de Praslin, M. le duc de Bedfort et M. le marquis de Grimaldi. Ces articles embrassent et décident si exactement tous les points contestés entre les puissances belligérantes, qu'on ne peut point douter qu'elles n'eussent été en état de conclure dès lors une paix définitive, si la France et l'Angleterre ne s'étoient pas encore fait un scrupule d'abandonner leurs alliés, ou plutôt n'avoient cru qu'il étoit à propos de la retarder pour hâter celle de la cour de Vienne et du roi de Prusse.

Elles avoient arrêté, art. 13. " Qu'après la ratification des préliminaires, la France éva-

cueroit, aussitôt que faire se pourroit, les places de Clèves, Wesel et Gueldres, et généralement tous les pays appartenant au roi de
Prusse : et qu'en même temps les armées françoise
et britannique évacueroient tous les pays qu'elles
occupoient ou pouvoient occuper pour lors
en Westphalie, Basse-Saxe, sur le Bas-Rhin,
le Haut-Rhin et dans tout l'empire, et se reti-
reroient chacune dans les états de leurs souverains respectifs. Leurs majestés très - chrétienne
et britannique s'engagent de plus, et se promettent de ne fournir aucun secours dans aucun
genre à leurs alliés respectifs qui resteroient
engagés dans la guerre actuelle en Allemagne. ,,
Il paroît qu'en écrivant cet article, les plénipotentiaires convinrent entre eux de n'en
pas hâter l'exécution, puisque à la conclusion
même de la paix, les François n'étoient pas
encore sortis des places prussiennes, dont ils
s'étoient emparés sur le Rhin. Si le roi de Prusse
recouvroit Clèves, Wesel et Gueldres avant
que d'avoir fait sa paix, on craignoit qu'il ne
voulût imposer une loi trop dure à l'impératrice, ou qu'il ne continuât la guerre. Les
Anglois se rappelèrent sans doute que dans le
traité même de Versailles du premier mai 1756,
par lequel cette princesse s'allioit à la France,
elle leur avoit donné des preuves de son ancienne
amitié en refusant de prendre part à la guerre
qui s'allumoit ; et ils voulurent lui en marquer

leur reconnoissance, et laisser les François dans l'empire jusqu'à ce qu'elle eût fait la paix.

Quoi qu'il en soit, les cours de France et de Londres ne négligèrent aucun des moyens propres à terminer la guerre en Allemagne. Elles offrirent leur médiation, elles négocièrent avec les princes les plus puissans du Corps germanique; et les ministres de Berlin, de Vienne et du roi de Pologne s'assemblèrent à Hubersbourg. Les traités de Berlin et de Dresde furent en quelque sorte les articles préliminaires de cette négociation; et les plénipotentiaires de France, d'Angleterre et d'Espagne ne signèrent leur traité définitif, et ne marquèrent un temps fixe pour les évacuations ordonnées par les préliminaires, que quand ils furent sûrs que les hostilités alloient cesser en Allemagne. La paix de Paris fut signée le 10 février 1763, et celle de Hubersbourg, le 15 du même mois.

TRAITÉS RAPPELÉS PAR LA PAIX DE PARIS.

Les traités de Westphalie, de 1648; ceux de Madrid, entre les couronnes d'Espagne et de la Grande-Bretagne, de 1667 de 1670; les traités de paix de Nimègues, de 1678 et de 1679; de Riswick, de 1697; ceux de paix et commerce, d'Utrecht, de 1713; celui de Bade, de 1714; le traité de la triple alliance, de la Haye, de 1717; celui de la quadruple alliance, de Londres, de 1718 ; le traité de paix, de Vienne, de 1738 ; le traité définitif d'Aix-la-Chapelle, de 1748 ; et celui de Madrid, entre les couronnes d'Espagne et de la Grande-Bretagne, de 1750 (c'est le traité de Buen-Retiro, dont j'ai rendu compte dans le chapitre précédent), aussi bien que les traités entre les couronnes d'Espagne et de Portugal, du 13 février 1668, du 6 février 1715, et du 12 février 1761 ; et celui du 11 avril 1713, entre la France et le Portugal, avec les garanties de la Grande-Bretagne, servent de base au présent traité, et pour cet effet sont tous renouvelés et confirmés dans la meilleure forme, ainsi que tous les traités en général qui subsistoient entre les puissances contractantes avant la guerre. Ils seront religieusement observés dans tous les points auxquels il n'est pas dérogé par le présent traité, nonobstant ce qui pourroit avoir été stipulé au contraire par quelqu'une des parties contractantes. (Préliminaires de Fontainebleau, article 23. Traité de Paris, article 2).

ANGLETERRE.

La France renonce à toutes les prétentions qu'elle a pu former sur la Nouvelle-Ecosse, ou Accadie, et chacune de ses parties ; et elle en garantit la possession entière au roi d'An-

gleterre. Elle lui cède encore en toute propriété, et lui garantit le Canada avec toutes
ses dépendances, ainsi que l'île du Cap-Breton,
et toutes les autres îles et côtes dans le golfe
et le fleuve de Saint-Laurent, et généralement
tout ce qui dépend desdits pays, terres, îles et
côtes, avec la souveraineté, propriété, possession
et droits quelconques qui lui appartenoient. La
France ne pourra revenir contre cette cession,
ni troubler la Grande-Bretagne dans ces nouvelles possessions, sous aucun prétexte. Le roi
d'Angleterre accordera aux habitans du Canada
la liberté de la religion catholique, et donnera les
ordres les plus précis et les plus effectifs pour que
ses nouveaux sujets catholiques romains puissent
professer le culte de leur religion, selon le rit
de l'église romaine, en tant que le permettent
les lois de la Grande-Bretagne. (Préliminaires
de Fontainebleau, article 2. Traité de Paris,
article 4). C'est-à-dire, que les catholiques des
terres cédées à l'Angleterre ne jouiront pas,
ou ne jouiront que précairement, de l'exercice
public de leur religion. Qu'on me permette
de demander si une égalité parfaite entre les
deux religions n'auroit pas été propre à faire
fleurir la colonie. On croit communément que
cette égalité produit des divisions ; mais n'est-
ce point une erreur ? C'est l'esprit d'intolérance
qu'on peut accuser d'avoir allumé toutes les
erres de religion qui ont ravagé l'Europe.

Les habitans françois ou autres sujets du Canada, pourront se retirer où bon leur semblera, et vendre leurs biens, pourvu que ce soit à des sujets du roi d'Angleterre. Le terme de ces émigrations sera fixé à l'espace de dix-huit mois, à compter du jour de l'échange des ratifications du traité de paix. (Préliminaires de Fontainebleau, article 2. Traité de Paris, article 4).

Afin de rétablir la paix sur des fondemens solides et durables, et écarter pour jamais tout sujet de querelle, par rapport aux limites des territoires françois et britanniques dans le continent de l'Amérique septentrionale, il est convenu qu'à l'avenir les confins entre les états de sa majesté très-chrétienne et ceux de sa majesté britannique, en cette partie du monde, seront irrévocablement fixés par une ligne tirée au milieu du fleuve Mississipi, depuis sa naissance jusqu'à la rivière d'Iberville ; et de-là par une ligne tirée au milieu de cette rivière de Mississipi; et des lacs Maurepas et Pontchartrain jusqu'à la mer, et, à cette fin, le roi de France cède en toute propriété, et garantit à l'Angleterre la rivière et le port de la Mobile, et tout ce qu'il possède ou a dû posséder du côté ou rive gauche du fleuve Mississipi, à l'exception de la ville de la Nouvelle - Orléans, et de l'île dans laquelle elle est située, qui demeureront à la France. La

navigation du fleuve Mississipi sera également
libre aux sujets des deux nations contractantes
dans toute sa largeur et dans toute son étendue,
depuis sa source jusqu'à la mer , et nommément
cette partie qui est entre l'île de la Nouvelle-
Orléans et la rive droite de ce fleuve aussi
bien que l'entrée et la sortie par son embouchure. Les bâtimens appartenant aux sujets de
France ou d'Angleterre ne pourront être arrêtés ,
visités , ni assujettis au payement d'aucun droit.
Les stipulations insérées dans l'article 4 en faveur des habitans du Canada , par rapport à
l'exercice de la religion et à la liberté d'abandonner le pays , auront lieu de même pour les
habitans de la partie de la Louisiane , cédée
par cet article. (Préliminaires de Fontainebleau,
article 6. Traité de Paris, article 7).

La France cède et garantit à l'Angleterre
en toute propriété les îles de la Grenade et
les Grenadins , avec les mêmes clauses en
faveur des habitans de cette colonie insérées
dans l'article 4 du traité de paix pour ceux
du Canada. A l'égard des îles neutres ; il est
réglé que Saint-Vincent , la Dominique et
Tabago appartiendront aux Anglois , et Sainte-
Lucie aux François, les uns et les autres se
garantissant mutuellement ce partage. (Préliminaires de Fontainebleau , art. 8. Traité de
Paris, art. 9).

La France, à qui on restitue l'île de Gorée,

cède et garantit au roi d'Angleterre la rivière de Sénéchal avec tous ses droits et dépendances, de même que les forts et comptoirs de Saint-Louis, de Podor et de Galam, (Préliminaires de Fontainebleau, art. 9. Traité de Paris, art. 10).

A l'égard des Indes orientales, la Grande-Bretagne restituera à la France, dans l'état où ils sont aujourd'hui, les différens comptoirs que cette couronne possédoit, tant sur la côte de Coromandel et d'Orixa que sur celle de Malabar, ainsi que dans le Bengale, au commencement de l'année 1749 ; et sa majesté très-chrétienne renonce à toute prétention aux acquisitions qu'elle avoit faites sur la côte de Coromandel et d'Orixa depuis le commencement de la même année 1749. Elle restituera tout ce qu'elle pourroit avoir conquis sur la Grande-Bretagne dans les Indes orientales pendant la guerre terminée par le présent traité, et nommément Nattal et Tapanooly dans l'île de Sumatra. La France ne pourra élever des fortifications ni entretenir des troupes dans aucune partie des états du Subab de Bengale ; et suivant une déclaration du roi d'Angleterre faite par son ambassadeur plénipotentiaire, et qui doit avoir la même force qu'un article du traité même, les états du Subab de Bengale sont censés ne s'étendre que jusqu'à Yanaon exclusivement, cette place étant regar-

dée comme comprise dans la partie septentrionale de la côte de Coromandel ou d'Orixa.
Afin de conserver la paix et de prévenir tout
différend sur la côte de Coromandel et d'Orixa,
les François et les Anglois reconnoîtront Maho-
met-Alykhan pour légitime Nabab de Carnate,
et Salabatling pour légitime Subab du Décan.
Les deux parties contractantes renonceront
encore à toute demande ou prétention de
satisfaction qu'elles pourroient former à la charge
l'une de l'autre, ou à celle de leurs alliés
Indiens, pour les déprédations ou dégâts commis pendant la guerre. (Préliminaires de Fontainebleau, art. 10. Traité de Paris, art. 11).

Il faut convenir que les compagnies d'Europe
qui font le commerce des Indes orientales se
sont extrêmement écartées des règles par lesquelles elles devoient se conduire, quand elles
ont voulu acquérir des domaines, faire la
guerre et prendre part aux querelles des princes
Indiens. On dit qu'elles ont été conduites,
par une suite d'événemens et de circonstances
extraordinaires, à avoir de l'ambition; mais
elles devoient ne pas se laisser entraîner par
ces événemens, et on peut toujours leur reprocher d'avoir été les dupes d'un avantage pas-
sager, faute d'avoir su lire dans l'avenir et
connu le véritable esprit de leur institution.
La compagnie françoise des Indes orientales
a été ruinée par la guerre de 1756, et on peut

demander à la compagnie angloise quel profit elle a retiré de ses succès.

La ville et le port de Dunkerque seront remis dans l'état fixé par le traité d'Aix-la-Chapelle de 1748, et par le traité antérieur d'Utrecht. La Cunette sera détruite, ainsi que les forts et batteries qui défendent l'entrée du côté de la mer, et il sera pourvu en même temps à la salubrité de l'air et à la santé des habitans par quelqu'autre moyen, à la satisfaction du roi d'Angleterre. (Traité de Paris, art. 13).

Le roi d'Espagne cède et garantit en toute propriété à l'Angleterre la Floride avec le fort Saint-Augustin, et la baie de Pensacola; ainsi que tout ce qu'il possède sur le continent de l'Amérique septentrionale à l'est ou au sud-est du fleuve Mississipi, et généralement tout ce qui dépend desdits pays et terres, qui seront possédés en toute souveraineté par les Anglois: Les habitans de ces pays cedés jouiront, à l'égard de la religion, de la même liberté qui a été accordée à ceux du Canada. Ils pourront vendre leurs biens et effets à des sujets du roi d'Angleterre, et se retirer où bon leur semblera pendant l'espace de dix-huit mois, à compter du jour de l'échange des ratifications du présent traité. (Préliminaires de Fontainebleau, art. 19.—Traité de Paris, art. 20). —

Les fortifications élevées par les Anglois

dans la baie de Honduras et autres lieux du territoire d'Espagne en Amérique seront détruites : mais sa majesté catholique ne permettra point que les sujets de la Grande-Bretagne ou leurs ouvriers y soient inquiétés , quand ils couperont , chargeront ou transporteront des bois de teinture ou de campêche. Il seront libres d'y bâtir et d'y occuper les maisons et les magasins qui leur sont nécessaires. (Préliminaires de Fontainebleau , article 16. Traité de Paris, article 17).

Le roi d'Espagne se désiste pour toujours du droit que ses sujets prétendent avoir de pêcher aux environs de l'île de Terre-Neuve. (Préliminaires de Fontainebleau , article 17. Traité de Paris , article 18). Le troisième point qu'on avoit voulu traiter dans la négociation de 1761 regarde les prises faites sur les Espagnols par les Anglois ; et il est réglé par l'article 16 que la décision de ces sortes d'affaires sera renvoyée à l'amirauté de la Grande-Bretagne , conformément aux règles établies parmi toutes les nations.

Si le ministère de Londres avoit voulu consentir que la discussion des prises faites sur les commerçans françois , avant la déclaration de guerre , eût été portée à l'amirauté , il est vraisemblable qu'il auroit été condamné à une restitution. Je ne puis m'empêcher de placer ici un mémoire que la cour de France a communiqué à l'Angleterre sur ce sujet.

« La réclamation des prises de vaisseaux faites par les Anglois sur les François, avant la déclaration de guerre, a son fondement dans les traités d'Utrecht et d'Aix-la-Chapelle.

On ne conteste pas le principe que le droit d'exercer les hostilités ne résulte pas toujours de la formalité d'une déclaration de guerre ; mais comme il n'est pas praticable que deux princes qui se font la guerre statuent entre eux lequel est l'agresseur de l'autre, l'humanité et l'équité ont inspiré des précautions pour que dans le cas où la rupture vînt à éclater à l'imprévu et sans déclaration préliminaire, les vaisseaux étrangers qui naviguant sous l'abri de la paix et des traités, se trouvent dans les ports respectifs dans le temps de la rupture, aient le temps de se retirer en toute liberté.

Cette loi si sage, si conforme aux règles de la bonne foi, fait partie du droit des gens ; et l'article du traité qui consacre ces précautions doit être exécuté fidellement, malgré la rupture des autres articles du traité, qui résulte naturellement de la guerre.

Les cours de France et de la Grande-Bretagne ont pris cette précaution salutaire dans les traités d'Utrecht et d'Aix-la-Chapelle ; dans les premiers, par l'article 19 du traité de paix et 2 du traité de commerce ; dans le second, par l'article trois qui renouvelle et confirme les premiers.

Si ces traités accordent une sauvegarde aux

sujets respectifs qui se trouvent avoir des vaisseaux dans les ports l'un de l'autre, parce que ne pouvant avoir eu connoissance de la rupture survenue, ils ont navigué dans la confiance de la paix et sur la foi des traités ; par la même raison tous les autres sujets non habitans des ports respectifs qui ont des vaisseaux à la mer, doivent jouir de la même sauve-garde pour leurs navires, en quelque partie de la mer qu'ils se rencontrent, autrement il s'ensuivroit que les souverains auroient voulu préserver une partie de leurs sujets des malheurs d'une rupture subite, et y livrer les autres : ce qui seroit absolument contraire à l'humanité des souverains et même à la droite raison.

C'est dans ce principe que le roi de France a fait rendre à l'Angleterre les vaisseaux anglois qui se trouvoient dans les ports de France lors de la rupture, ou pris à la mer avant la déclaration de la guerre.

Si sa majesté n'avoit pas fait relâcher ces vaisseaux, la cour de la Grande-Bretagne pourroit alléguer qu'elle a retenu les vaisseaux françois par représailles ; mais la régularité de la France à se conformer aux traités d'Utrecht et d'Aix-la-Chapelle, et aux principes qui en résultent, ne laisse aucune raison à l'Angleterre de ne pas remplir des engagemens qui sont réciproques. »

Le roi de la Grande-Bretagne ayant désiré

que le payement des lettres de change et billets, qui ont été délivrés aux Canadiens pour les fournitures faites aux troupes françoises, fût assuré ; sa majesté très-chrétienne, très-disposée à rendre à chacun la justice qui lui est légitimement due, déclare que lesdits billets et lettres de change seront exactement payées, après une liquidation faite dans un temps convenable, selon la distance des lieux et la possibilité, en évitant néanmoins que les billets et lettres de change que les sujets françois pourroient avoir au moment de cette déclaration ne soient confondus avec les billets et lettres de change qui sont dans la possession des nouveaux sujets du roi de la Grande - Bretagne. (Déclaration du plénipotentiaire de France, du 10 février 1763, et jointe au traité de paix).

Dans le onzième chapitre de cet ouvrage, où je rends compte des conventions que les puissances de l'Europe ont faites, relativement au commerce et à la navigation, je n'ai point parlé des traités de commerce que l'Angleterre fit à Utrecht en 1713 avec la France et l'Espagne ; mais ces traités étant rappelés par celui de Paris, et devant être observés tant que les nations contractantes seront en paix, il est nécessaire de les faire connoître.

Les François dans la Grande-Bretagne, et les Anglois en France, ne payeront pas des droits plus considérables que les naturels du pays. Il faut cependant entendre que quand ceux-ci aborderont à un port de France, ils ne les payeront point suivant le tarif fait en faveur des bourgeois commerçans de cette place, mais suivant celui qui aura été dressé en général pour tous les commerçans de France. Les François et les Anglois ne vendront point leurs marchandises en détail, dans des boutiques, ni ailleurs. (Traité de commerce conclu à Utrecht, le 11 avril 1713, entre la France et l'Angleterre, art. 5).

Il ne sera pas permis aux armateurs étrangers, et qui auront commission de quelque prince ou état ennemi de la France et de l'Angleterre, d'armer leurs vaisseaux dans les ports de l'une ou de l'autre de ces deux couronnes, d'y vendre leurs captures ; d'échanger en quelque manière que ce soit les vaisseaux, marchandises ou autres chargemens, ni d'acheter même d'autres vivres que ceux qui leur sont nécessaires pour gagner le port le plus prochain du prince dont ils auront obtenu des commissions. (Ibid. article 15).

S'il se trouve des passagers d'une nation ennemie de la France sur des navires anglois, il ne sera pas permis de les enlever, à moins qu'ils ne servent actuellement. Il en sera de même des passagers d'une nation ennemie de la Grande-Bretagne, qu'on trouvera sur des vaisseaux françois. (Ibid. articles 19 et 20).

Les maîtres des navires françois & anglois ,
armés en guerre et en course, donneront avant
de partir une caution ; les premiers de
seize mille cinq cents livres tournois , les seconds
de quinze censt livres sterling , pour répondre
des contraventions qu'ils pourroient faire au
présent traité. (Ibid. article 29).

Au sujet des marchandises dont on paye les
droits par le poids , on défalquera ce que
peuvent peser la caisse , le tonneau , l'embal-
lage , etc. Les deux nations contractantes auront
le privilège d'entretenir des consuls l'une chez
l'autre. (Ibid. article 8).

Je ne parlerai pas ici du traité de commerce
fait à Utrecht , entre l'Angleterre et l'Espagne ;
j'en ai déjà rapporté les articles dans le chapitre
précédent , à la suite du traité de Buen-Retiro
de 1750 , qui les rappelle et les confirme , et
j'y renvoie les lecteurs.

Les puissances contractantes étant convenues ,
par l'article 23 des préliminaires de Fontainebleau et l'article 2 du traité de Paris , qu'elles
ne permettront pas qu'il subsiste aucun privilège , grâce ou indulgence contraires aux traités
qu'elles ont rappelés et remis en vigueur , il en
résulte que les articles 23 , 24 et 25 du pacte de
famille , entre les différentes branches régnantes
de la maison de Bourbon , sont annullés. Il est
dit dans ces articles , 1º. que le droit d'aubaine
sera aboli en faveur des sujets de leurs majestés

catholique

catholique et sicilienne, lesquels jouiront en France des mêmes prérogatives que les nationaux; et que les François seront également traités en Espagne et dans les deux Siciles comme les sujets naturels de ces deux monarchies; 2°. que les sujets des trois souverains jouiront dans leurs états respectifs en Europe, par rapport à la navigation et au commerce, des mêmes privilèges et exemptions que les nationaux; 3°. qu'on préviendra les puissances avec lesquelles les trois souverains contractans auroient déjà fait ou feroient dans la suite des traités de commerce, que le traitement des François en Espagne et dans les deux Siciles, des Espagnols en France et dans les deux Siciles, et des Siciliens en France et en Espagne, ne doit point être cité ni servir d'exemple; leurs majestés très-chrétienne, catholique et sicilienne ne voulant faire participer aucune autre nation aux avantages de leurs sujets respectifs.

FRANCE.

Les François auront la liberté de la pêche et de la sécherie, sur une partie des côtes de l'isle de Terre-neuve, telle qu'elle est spécifiée par l'article 13 du traité d'Utrecht. Sa majesté britannique consent de laisser aux sujets du roi très-chrétien la liberté de pêcher dans le golfe

Saint-Laurent, à condition qu'ils n'exercent ladite pêche qu'à la distance de trois lieues de toutes les côtes appartenantes à la Grande-Bretagne, soit celles du continent, soit celles des isles situées dans ledit golphe de Saint-Laurent. Pour ce qui concerne la pêche sur les côtes de l'isle du cap Breton hors dudit golfe, il ne sera permis aux François d'exercer ladite pêche qu'à la distance de quinze lieues des côtes de l'isle du cap Breton. La pêche sur les côtes de la Nouvelle-Ecosse ou Accadie, et par-tout ailleurs, hors dudit golfe, restera sur le pied des traités antérieurs. (Préliminaires de Fontainebleau, art. 3. Traité de Paris, art 5.)

Le roi d'Angleterre cède à la France les isles de Saint-Pierre et de Miquelon en toute propriété pour servir d'abri aux pêcheurs François. La France ne sera pas libre d'y élever des fortifications ; elle n'y pourra construire que des bâtiments pour la commodité de la pêche, et n'y entretenir qu'une garde de cinquante hommes pour la police. (Préliminaires de Fontainebleau, article 4. Traité de Paris, article 6.)

ETATS DE HANOVER ET AUTRES PUISSANCES CONTRACTANTES.

Sa majesté britannique, en sa qualité d'électeur de Brunswic Lunebourg, tant pour lui que pour ses héritiers et successeurs, et tous les

états et possessions de sadite majesté en Allemagne, sont compris et garantis par le présent
traité de paix. (Traité de Paris, article 25.)

Les autres articles du traité de Paris ordonnent
la restitution de différens pays, isles et places,
à l'Angleterre, l'Espagne, la France, le
Portugal, la maison de Hesse-Cassel, le roi
de Prusse, etc. Mais comme ces restitutions
ne donnent aucun nouveau droit aux possesseurs, je n'en parlerai pas ici. Tous les pays
et territoires qui pourroient avoir été conquis,
dans quelque partie du monde que ce soit,
par les armes des rois de France, d'Espagne,
d'Angleterre et de Portugal, et qui ne sont
compris dans le présent traité, ni à titre de
cession, ni à titre de restitution, seront rendus
sans difficulté et sans exiger de compensation.
(Traité de Paris, article 23.)

MAISON D'AUTRICHE, MAISON DE BRANDEBOURG.

Les articles préliminaires de Breslau, du 11
juin 1742, le traité de paix signé à Berlin le
28 juillet de la même année, le récès des limites
de l'année 1742, et le traité de paix de Dresde
du 25 décembre 1745, en tant qu'il n'est pas
dérogé par le présent traité, sont renouvelés
et confirmés. (Traité de Hubersbourg entre
la cour de Vienne et le roi de Prusse, art. 12.)

L'impératrice-reine de Hongrie, tant pour elle que pour ses héritiers et successeurs, renonce à toutes les prétentions qu'elle pourroit avoir ou former contre les états et pays du roi de Prusse, et spécialement sur ceux qui lui ont été cédés par les traités de Breslau et de Berlin. Elle n'exigera aucune indemnité pour les pertes et dommages qu'elle, ses états et sujets pourroient avoir soufferts dans la guerre terminée par cette paix. De son côté, le roi de Prusse, pour lui et ses successeurs, prend les mêmes engagemens à l'égard de la cour de Vienne. (Traité de Hubersbourg, article 3.)

Il sera libre aux habitants de la ville et du comté de Glatz qui voudront transférer leur domicile ailleurs, de le faire pendant l'espace de deux ans, sans payer aucun droit. (Traité de Hubersbourg, article 10.)

L'impératrice-reine de Hongrie, et le roi de Prusse s'engagent mutuellement à favoriser, autant qu'il sera possible, le commerce entre leurs états, pays et sujets respectifs, et de ne point souffrir qu'on y mette des entraves. Ils se proposent pour cet effet de faire travailler à un traité de commerce, aussi-tôt que faire se pourra ; mais en attendant, et jusqu'à ce qu'on ait pu convenir sur cet objet, chaque partie arrangera dans ses états, selon sa volonté, tout ce qui a rapport au commerce. (Traité de Hubersbourg, article 13.) Voilà des expressions bien vagues, bien inutiles, et qui paroissent même se contredire. De ce qu'aucune des deux puissances ne peut mettre des entraves à leur commerce respectif, il s'ensuivroit naturellement qu'aucune ne peut établir de nouveaux droits, de nouvelles douanes dans ses états; cependant toutes deux peuvent arranger à leur gré les affaires de leur commerce.

Le roi de Prusse conservera la religion catholique en Silésie dans l'état où elle étoit lors des traités de Breslau et de Berlin, ainsi que chacun des habitans de ce pays, dans les possessions, libertés et privilèges qui lui appartiennent légitimement, sans déroger toutefois à la liberté entière de conscience de la religion protestante et au droit de souverain. (Traité de Hubersbourg, article 14.)

Les puissances contractantes renouvellent les engagemens qu'elles ont pris par le traité de Berlin, relativement au paiement des dettes hypothéquées sur la Silésie. (Traité de Hubersbourg, article 15.) Voyez le chapitre précédent.

L'impératrice-reine et le roi de Prusse se garantissent mutuellement leurs états; savoir, l'impératrice-reine tous les états de sa majesté prussienne, et le roi de Prusse tous les états que cette princesse possède en Allemagne. (Traité de Hubersbourg, article 16.)

M A I S O N   P A L A T I N E.

Le roi de Prusse renouvellera la convention faite en 1741, entre lui et l'électeur Palatin, au sujet de la succession de Juliers et de Bergue, sous les mêmes conditions auxquelles elle a été conclue. (Traité de Hubersbourg, article 18.) Voyez le premier chapitre de cet ouvrage.

L' E M P I R E.

Quoique l'empire eût déclaré la guerre au roi de Prusse, par le résultat de la diète de 1757, il n'y a point eu de traité particulier de paix entre ces deux puissances. L'impératrice – reine se chargea des intérêts du Corps germanique dans les conférences de Hubersbourg ; et le 24 février 1763, l'empereur notifia à la diète, par un décret de commission, le rétablissement de la paix, et lui fit remettre en même tems les articles du traité de Hubersbourg, qui concernent les princes et états du Corps germanique. L'empereur disoit " que plus l'impératrice-reine avoit été convaincue que les états de l'empire desiroient ardemment le prompt rétablissement du repos et de la sûreté, plus elle s'étoit soigneusement appliquée pendant les négociations de paix entamées avec sa majesté prussienne à tâcher d'accélérer le rétablissement de cette tanquillité, et à veiller à l'avantage de ses co-états, qui en est inséparable.

A l'exception du dix-neuvième article du traité de Hubersbourg, qui rappelle la paix de Westphalie et confirme en général toutes les constitutions de l'empire, les autres ne contiennent rien qui puisse servir de titre ou de fondement à quelque nouveau droit. Les hostilités et les contributions cessent de toutes parts, les prisonniers sont rendus sans rançon, et il y aura un oubli éternel et une amnistie générales de toutes les hostilités, pertes, dommages et torts commis pendant les derniers troubles des deux côtés de quelque nature qu'ils puissent être ; de sorte qu'il n'en sera jamais plus fait mention, ni demandé aucun dédommagement sous quelque prétexte ou nom que ce puisse être.

Au lieu d'une ratification de la part de l'empire, le ministre directorial de Mayence fit porter, le 21 mars, à la dictature l'acte par lequel les électeurs, princes et états arrêtoient qu'on remercieroit l'impératrice-reine des soins très-louables qu'elle s'est donnés en faveur de l'empire pendant les négociations de la paix.

PUISSANCES COMPRISES DANS CE TRAITÉ.

« Sa majesté l'impératrice-reine apostolique de Hongrie et de Bohême, et sa majesté le roi de Prusse étant convenus par l'article 20 du traité de paix conclus entr'elles, et daté du 15 février 1763 , de comprendre dans ce traité de paix leurs alliés et amis ; et s'étant réservés de les nommer dans un acte séparé , qui auroit la même force que ledit traité principal , et qui seroit également ratifié par les hautes puissances contractantes , sa majesté l'impératrice - reine apostolique de Hongrie et de Bohême , et sa majesté le roi de Prusse ne voulant point différer de faire connoître leurs intentions à cet égard , déclarent qu'elles comprennent nommément et expressément dans le susdit traité de paix du 15 février 1763 leurs alliés et amis ; savoir , de la part de sa majesté l'impératrice-reine apostolique de Hongrie et de Bohême , sa majesté le roi très-chrétien , sa majesté le roi de Suède , sa majesté le roi de Pologne , électeur de Saxe, et tous les princes et états de l'empire qui sont ou ses alliés ou ses amis ; et de la part de sa majesté prussienne , le roi de la Grande-Bretagne , électeur de Hanover , le sérénissime duc de Brunswick-Lunebourg , et le sérénissime landgrave de Hesse-Cassel.

Les hautes parties contractantes comprennent aussi dans le susdit traité de paix du 15 février 1763 , sa majesté l'impératrice de toutes les Russies en vertu des liens d'amitié qui subsistent entr'elle et les deux hautes parties contractantes , et de l'intérêt que sadite . majesté a témoigné prendre au rétablissement de la tranquillité en Allemagne.

En foi de quoi, nous plénipotentiaires de sa majesté l'impératrice-reine et de sa majesté le roi de Prusse, avons, en vertu de nos pleins pouvoirs et instructions, signé le présent acte, qui aura la même force que s'il étoit inséré mot pour mot dans le traité de paix du 15 février 1763, et qui sera également ratifié par les deux hautes parties contractantes. Fait à Dresde le 12 mars, et à Berlin le 20 mars 1763. »

J'avoue que je ne pénètre point quel peut être l'objet d'un pareil acte ; je voudrois savoir quel avantage il en résulte pour les puissances qui l'ont fait, et pour celles qui y sont comprises.

Maison de Brandebourg, maison de Saxe.

Le traité de paix conclu à Dresde le 25 décembre 1745, est expressément renouvellé et confirmé dans la meilleure forme et dans toute sa teneur, autant que le présent traité n'y dérogera pas, et que les obligations qui y sont contenues seront de nature à pouvoir encore avoir lieu. (Traité de Hubersbourg entre le roi de Prusse et la cour de Dresde, art. 5.)

Le roi de Pologne, électeur de Saxe, et le roi de Prusse ne pourront se demander aucun dédommagement pour les pertes qu'ils ont pu faire pendant la guerre. Toutes les prétentions formées à ce sujet sont anéanties. Le roi de Prusse promet en particulier que dans les occasions qui se présenteront de pouvoir procurer des convenances à sa majesté le roi de Pologne, électeur de Saxe, ou à sa maison, sans que ce soit aux dépens de la maison de Brandebourg; il y contribuera avec le plus grand zèle, et se concertera à cet effet avec sa majesté polonoise et avec leurs amis communs. (Traité de Hubersbourg , article premier.)

Le roi de Prusse fera rendre tous les papiers qui appartiennent aux archives du roi de Pologne, électeur de Saxe, ou aux autres bureaux du pays ; et à l'avenir il n'en sera rien allégué ou inféré contre sa majesté le roi de Pologne, ni contre ses héritiers et états. (Traité de Hubersbourg, art. 4.)

Quand des sujets des deux puissances contractantes auront changé ou voudront encore changer de domicile , et passer de la domination de l'une sous celle de l'autre, on ne leur fera aucune difficulté à cet égard. (Traité de Hubersbourg , art. 6.)

Le roi de Prusse consent d'accéder et fera accéder ses sujets créanciers de la *Stever* de Saxe aux arrangemens qu'on prendra incessamment par rapport aux intérêts à payer , et pour l'établissement d'un fonds d'amortissement solide et durable sans aucune préférence. Le roi de Pologne , électeur de Saxe , assure et promet d'un autre côté que , conformément auxdits arrangemens , tous les sujets de sa majesté prussienne, qui ont ou auront des capitaux dans le *Stever* de la Saxe, recevront leurs intérêts exactement, et que les capitaux leur seront aussi remboursés en entier sans la moindre réduction ni diminution, et dans un espace de tems raisonnable. Pour ne laisser aucun doute sur la nature et la solidité des arrangemens à prendre à cet égard, le roi de Pologne, électeur de Saxe, déclare qu'il prendra des arrangemens pour qu'aucun des créanciers de la *Stever* ne perde rien de son capital. Il déclare qu'il est impossible de leur payer les intérêts arrié‑ rés, après que tous les revenus du pays ont été notoirement absorbés par les calamités de la guerre; que la même raison doit valoir pour l'année présente, après toutes les charges auxquelles le pays a déjà été obligé de fournir; mais qu'à l'avenir il prendra incessamment avec les états de la Saxe assemblés en diète les arran‑ gemens nécessaires pour établir un fonds préle‑ vable sur les revenus les plus clairs du pays; lequel sera, 1°. principalement employé pour payer exactement les intérêts qui ne pourront pas être fixés au-dessous de trois pour cent, tout comme ils ne pourront pas passer lesdits trois pour cent. 2°. Que le reste fera le fonds d'amortissement, pour l'acquit successif des capitaux, qui augmentera à proportion de l'acquit des capitaux et de la diminution des intérêts, et dont la distribution se fera annuelle‑

ment par le sort, sans aucune préférence pour personne, à quelque titre que ce soit. 3°. Que l'administration dudit fonds total, destiné au paiement des intérêts et au remboursement des capitaux, sera fixée en la sus-mentionnée diète prochaine des états de Saxe, de façon qu'il s'y trouve pleine sûreté ; le roi de Pologne, électeur de Saxe, promettant de donner là-dessus toutes les assurances convenables. (Traité de Hubersbourg , art. 7 et 2 , article séparé.)

L'échange de la ville et du péage de Furstenberg, et du village de Schidlo , contre un équivalent *an Land und Leuten* , stipulé dans l'article 7 de la paix de Dresde , ayant rencontré beaucoup de difficultés dans l'exécution , on est ultérieurement convenu que pour le faciliter , la ville de Furstenberg avec ses dépendances situées en deçà de l'Oder , ne sera pas comprise dans ce troc , et restera à sa majesté polonoise ; mais que d'un autre côté ce prince cédera au roi de Prusse non-seulement le péage de l'Oder , qu'il a perçu jusqu'ici à Furstenberg , et le village de Schidlo avec ses appartenances au-delà de l'Oder , mais aussi généralement tout ce qu'il a possédé jusqu'ici des bords et rives de l'Oder , tant du côté de la Lusace que de celui de la Marche , de sorte que la rivière de l'Oder fasse la limite territoriale, et que la supériorité des deux rives et bords de l'Oder , et de tout ce qui est au-delà de l'Oder du côté de la Marche, appartienne désormais en entier et exclusivement à sa majesté le roi de Prusse, ses successeurs et héritiers à perpétuité. Il est aussi convenu que l'équivalent à donner au roi de Pologne, électeur de Saxe, ne pourra être évalué qu'à proportion du revenu réel qu'il a tiré jusqu'ici des possessions qu'il cédera au roi de Prusse. En conséquence de quoi sa majesté polonoise se contentera d'un équivalent *an Land und Leuten*, dont le revenu réel seroit égal au revenu réel des possessions qu'elle cédera à sa majesté prussienne. Au reste, dans tous les autres points relatifs à cet échange, l'article 7 de la paix de Dresde sera exactement exécuté. (Traité de Hubersbourg, article 8.)

Le roi de Prusse accorde au roi de Pologne, électeur de Saxe, le libre passage en tout tems par la Silésie, pour se rendre de l'un de ses états dans l'autre. Il renouvelle en particulier ce qui a été réglé là-dessus dans l'article 9 de la paix de Dresde. Les deux puissances contractantes se garantissent l'exécution du présent traité, et tâcheront d'en obtenir la garantie de leurs alliés. (Traité de Hubersbourg, articles 9 et 10.)

I.

La guerre causant toujours quelque secousse violente dans l'Europe, il est de la plus grande importance pour chaque état, d'examiner les changemens qu'elle a apportés dans ses intérêts, relativement à ses alliés et à ses ennemis. Sans cet examen approfondi, on court risque de n'avoir que des idées fausses sur la nature de ses alliances. On donnera une confiance aveugle à des alliés infidèles et incertains, tandis qu'on éloignera de soi ses véritables amis ; et on regardera comme ennemis des états dont on ne devroit rien craindre. C'est à ce défaut d'attention que la routine doit sa naissance, et c'est à la routine toujours la même, malgré le changement des circonstances, que les peuples doivent la plupart de leurs fausses démarches et de leurs malheurs.

J'ai parlé au commencement de ce chapitre de la révolution que cette guerre a causée dans la politique, les intérêts et les liaisons de différentes puissances ; et j'invite ici mes lecteurs à rechercher si la paix à son tour n'a pas substitué de nouveaux intérêts aux anciens. Peut-être de nouvelles passions ont-elles succédé à celles que la guerre avoit allumées. Je pourrois à ce sujet ébaucher quelques réflexions, mais avec quelque timidité ou quelque défiance que je proposasse mes doutes, je courrois risque d'être accusé de témérité, et je prends le parti prudent de me taire.

I I.

Il n'est pas moins important pour tout état qui vient de faire la paix, d'observer les changemens que la guerre a faits dans ses affaires domestiques. Si le vainqueur ne sait pas apprécier avec justesse ses avantages, sa prétendue prospérité s'évanouira bientôt ; si le vaincu ne profite pas de ses fautes pour se corriger, il en sera bientôt accablé et ne pourra enfin les réparer.

La république romaine formoit une société absolument militaire qui n'avoit jamais besoin de la paix, parce qu'elle trouvoit dans la guerre l'aliment de la guerre, et que toutes ses institutions étoient telles en un mot, que l'état et chaque citoyen en particulier trouvoient un avantage égal à subjuguer leurs voisins. S'il s'étoit élevé dans l'Europe moderne une pareille république, je ne lui proposeroit pas, pour la rappeler aux principes de l'humanité, et par conséquent de la vraie politique, d'examiner les maux que lui cause la guerre ; puisqu'elle me répondroit qu'une première guerre la met à portée d'en entreprendre une seconde avec plus de succès, et que les dépouilles des vaincus lui servent à doter les citoyens qui n'ont point de patrimoine. Il ne me resteroit d'autre moyen que de lui prouver, en découvrant l'avenir par les exemples du passé, que la trop grande fortune des états est le principe de leur corruption, l'avant-coureur de leur décadence, et qu'ils ne manquent jamais de succomber sous le poids de leur grandeur.

(Voyez les Entretiens de Phocion, et les principes des Négociations).

Il faut que les passions exercent un empire bien absolu sur nous, et soient des sophistes bien adroits, pour pouvoir nous persuader, malgré les maux que l'ambition a faits aux états les plus puissans, qu'il est sage de faire la guerre, de tenter des conquêtes et d'aspirer à la monarchie universelle. Depuis plus de deux siècles que l'Europe est déchirée par des guerres cruelles, et que chaque état ne cherche qu'à s'agrandir aux dépens de ses voisins, il est bien surprenant que mille expériences malheureuses n'aient pas encore ramené la politique à son véritable objet, qui est la conservation et non l'agrandissement de la république. Parce que des peuples ont conquis de grands empires, on croit qu'il est sage de se proposer la même fin. On ne veut pas voir en premier lieu, que ces peuples ont travaillé à leur ruine en travaillant à leur agrandissement ; en second lieu, que s'ils se sont perdus pour avoir fait de grandes conquêtes, nous autres états modernes, nous devons nous perdre pour oser seulement en tenter.

L'argent est aujourd'hui le nerf et l'ame de notre politique. Qui ignore cette vérité ne sait rien ; mais comment peut-on être convaincu, et se persuader cependant que la guerre, qui détruit nécessairement les finances d'un état,

peut

peut le rendre plus heureux et plus puissant ? Dès que les revenus ordinaires de la république ne suffisent pas pour fournir aux dépenses de la guerre, il faut qu'elle multiplie les impôts, ou qu'elle fasse des emprunts. Dans le premier cas, la nation ne peut pas être militaire, parce qu'elle est surchargée en tems de guerre, et par conséquent n'aura jamais l'esprit, les mœurs, ni la discipline d'une nation conquérante. Dans le second cas, la guerre doit lui paroître encore plus onéreuse, parce que le peuple en supporte encore le poids après que la paix est faite : qu'on tire la conséquence. Que faut-il donc penser de quelques princes qui ont cru faire une guerre avantageuse, parce qu'ils ont acquis quelque nouveau domaine ? Si les revenus de ces conquêtes n'ont pas suffi à payer les intérêts des dettes de l'état, et à rembourser même les capitaux empruntés, il est évident que malgré ses acquisitions, la république s'est appauvrie et dégradée.

Qu'on jette les yeux sur l'histoire de l'Europe, depuis les règnes de Charles-Quint et de François Ier., et je défie de me citer une seule guerre où le vainqueur n'ait pas fait des conquêtes ruineuses : si nous voulons avoir l'ambition fatale des Romains, ayons du moins leur bon sens. Avec de petits moyens ne tentons pas de grandes choses ; étudions l'art de rendre la guerre agréable à un peuple, et de la faire à peu de frais ;

à l'argent qui fait tout mouvoir dans la société, substituons d'autres ressorts ; n'associons pas des principes contradictoires ; ayons assez de raison pour cacher une avidité qui effarouche nos alliés et multiplie nos ennemis. Sachons par quelle marche lente l'ambition doit cheminer pour ne jamais reculer. Les Romains achetoient-ils des alliés à prix d'argent ? s'accabloient-ils d'impôts et de contributions pour s'enrichir et agrandir la république ? avoient-ils notre luxe et nos mœurs ? Je tremblerois pour la liberté de l'Europe, si au lieu de tous ces échanges et de toutes ces cessions qu'on lit dans nos traités de paix, je voyois qu'un peuple obligeât ses ennemis à lui rembourser les frais de la guerre et les chargeât de payer ses dettes. Ce peuple iroit à une grande fortune qui finiroit par le perdre ; mais il y marcheroit du moins par une route qui le conduiroit au but qu'il se propose ; il ne verroit pas le précipice qui l'attend, mais il seroit conséquent.

I I I.

On a vu par l'extrait que je viens de faire des deux traités de Hubersbourg, qu'il n'est survenu aucun changement par rapport aux possessions des puissances belligérantes. Après sept campagnes pleines d'événemens importans, elles ont été réduites à rétablir les choses dans la même situation où elles étoient avant la rupture. Je suppose que la cour de Vienne ait pris les armes pour recouvrer la Silésie, et je demande si la possession de cette province l'auroit dédommagée de ce que lui en auroit coûté la conquête. Il n'est pas facile de se le persuader ; il est certain au contraire que si la maison d'Autriche avoit employé, à améliorer le sort de ses états, la moitié des sommes que lui a coûté la guerre, elle auroit été infiniment plus forte qu'elle ne le seroit devenue par l'acquisition de la Silésie. La force d'une puissance consiste à être dans une telle position, qu'elle puisse toujours faire la guerre pour résister à ses ennemis ; or qui doutera que la cour de Vienne n'eût eu cet avantage, si elle n'eût travaillé qu'à vivifier ses provinces ? La guerre oblige au contraire un état à rechercher la paix qui lui devient indispensablement nécessaire ; elle n'est donc pas un moyen propre à augmenter sa fortune ; et il est certain qu'après la conquête de la Silésie, la maison d'Autriche n'auroit pas été en état de s'opposer aux entreprises de ses ennemis avec plus de succès qu'avant la guerre.

Le roi de Prusse peut regarder la guerre qu'il vient de terminer comme un événement qui lui est personnellement avantageux, puisqu'elle lui a donné occasion d'étonner l'Europe, en montrant de grands talens. Graces à cette économie qui lui fait faire beaucoup de choses avec peu d'argent, il ne s'est point endeté. Les subsides de l'Angleterre, les contributions de la Saxe et ses revenus ordinaires ont suffi à ses dépenses ; et ses armées sont remplies de soldats qui ne sont pas nés ses sujets. La guerre n'a point diminué sa puissance, cependant elle a été un obstacle aux projets qu'il méditoit pour l'accroissement des forces de ses états. Des années précieuses ont été perdues, et je crois qu'on ne peut s'empêcher de convenir que l'acquisition de quelque domaine ne l'auroit pas dédommagé des pertes que la guerre lui a causées, en retardant l'exécution de ses vues politiques.

I V.

Avant que d'examiner de quel prix sont les acquisitions que les Anglois ont faites en Amérique, on me permettra de rapporter ici quelques réflexions des derniers ministres de la reine Anne, sur les dépenses de l'Angleterre pendant la guerre de 1701.

« Les articles de la grande alliance ne nous obligeoient point à faire les prodigieuses dépenses que nous avons faites jusqu'à présent ; car tout le pouvoir de la nation, ainsi que s'exprime le traité, ne signifie que les deniers que le prince peut lever annuellement sur ses sujets. S'il étoit obligé d'emprunter, soit dans ses états, soit hors de ses états, ce seroit aller au-delà de son pouvoir et de celui de la nation; ce seroit consumer les fonds et la substance des particuliers; ce seroit se mettre dans la nécessité de prendre de grosses sommes à intérêt. C'est ce qu'on a fait, et c'est par-là qu'une partie de la nation se trouve actuellement engagée à l'autre, avec peu d'espérance de pouvoir jamais s'acquitter.

C'étoit assez pour nous de différer le paiement de nos anciennes dettes, de continuer la taxe sur les terres et sur le malt, avec les autres taxes déjà imposées. Nous aurions pu par ce moyen lever des sommes, qui, étant bien ménagées, suffisoient pour entretenir cent mille hommes tant sur terre que sur mer; contingent bien considérable pour celui des alliés qui avoit et le moins à appréhender, et le moins à attendre du succès de la guerre. Je ne saurois croire que les alliés aient jamais pu prétendre que nous dussions, pour leur sûreté et leur avantage, nous endetter tous les ans de trois ou quatre millions de livres sterling.

Quelque paix que les François nous eussent offerte, elle ne pouvoit jamais nous être si ruineuse, que nous l'a été cette guerre. Nos descendans auront de la peine à concevoir notre imprudence de nous être épuisés pendant dix ans pour soutenir une guerre si onéreuse, et dont la suite nous sera infailliblement plus onéreuse encore ; nous qui pendant une paix de peu de durée, avions vu avec horreur l'excès des dettes dont nous étions accablés ; qui détestions les pernicieux conseils de ceux qui nous les avoient fait contracter, et qui cherchions des expédiens pour nous tirer du malheureux état où nous nous trouvions plongés. Nos descendans, dis-je, ne pourront concevoir, qu'avant que de nous être donnés le tems de respirer, nous ayons voulu entrer sans nécessité dans une guerre plus fâcheuse, et qui devoit être, selon les apparences, plus longue que la première.

Il est évident qu'un particulier qui dépense par an plus que son revenu, le diminue chaque année et se voit par-là obligé d'engager de plus en plus ses fonds. Ses dettes s'accumulent, et plus il va en avant, moins il est en état de s'acquitter. C'est ainsi que cette guerre nous a coûté le double de ce que nous avoit coûté la précédente ; et si nous étions en état de la continuer encore cinq ans, il est évident que nous dépenserions autant dans ces cinq années seules que nous avons fait dans les vingt qui ont précédé....

Je vais essayer maintenant, sans entrer dans des supputations inutiles ou embarrassantes, de donner aux lecteurs les moins habiles une idée générale de l'état où la nation se trouve. Tout le monde sait que les taxes sur les terres et sur le malt produisent tous les ans deux millions et demi de liv. sterling ; le reste des revenus publics est engagé à payer les intérêts des sommes que nous avons déjà empruntées. La dépense ordinaire de la guerre est d'environ six millions de liv. sterling par an. Pour faire cette somme nous sommes obligés de prendre tous les ans à crédit trois millions et demi de liv. sterling sur de nouveaux fonds. Cette dernière campagne, la dépense de la guerre a excédé de plus d'un million tous les fonds que le parlement a pu assigner pour en payer les intérêts ; ainsi nous avons été obligés de répartir douze cent mille livres sterling sur les autres fonds déjà engagés. C'est-là une démonstration que si la guerre dure encore une campagne, il nous sera impossible de trouver des fonds pour la soutenir sans engager la taxe sur le malt. Mais voyons comment la paix même étant conclue cet hiver, nous pourrions acquitter cinquante mille millions de livres sterling que nous devons, et qui suffiroient seuls pour acheter la quatrième partie des terres de la Grande-Bretagne, si elles étoient à vendre.

Quelques-uns de nos nouveaux fonds, s'ils subsistent, pourront acquitter dans les trente, dans les quarante, dans les cent années les sommes pour lesquelles ils sont assignés ; les taxes sur les terres et sur le malt serviront à payer peu-à-peu le principal des sommes empruntées par l'état. Mais après en avoir tirés ce qui sera nécessaire pour payer les garnisons et les autres troupes, pour entretenir la flotte en temps de paix, il n'en restera, si je ne me trompe, que peu de chose. Quoiqu'il en soit, il faudra nécessairement continuer ces taxes, tant pour entretenir la cour que pour payer le principal de nos dettes, dont les autres fonds continués paieront les intérêts. Or, pour combien de tems ces taxes et ces fonds seront-ils continués ? c'est ce que je ne saurois déterminer : je sais seulement que pour en venir à bout, il faudra une grande tranquillité au-dedans du royaume, une longue et heureuse paix au-dehors, et une sage économie dans nos finances.

Puisqu'on n'a entrepris la guerre que pour parvenir à une bonne paix, il est juste, disent certaines gens, que la postérité qui jouira des fruits de cette paix entre aussi dans les dépenses de la guerre. Comme si cette guerre avoit été absolument nécessaire, et que la conjoncture des affaires eût demandé que la nation se réduisît, en s'y engageant, dans l'extrémité où elle est, et où nos ancêtres ne se virent jamais. Ni les Grecs ni les Romains n'en ont jamais éprouvé une pareille. Je suis même persuadé qu'il n'y a point de nation en Europe qui se soit trouvée en cet état, si on excepte l'Espagne qui s'attira un semblable malheur il y a environ cent vingt ans, et qui ne s'en est pas encore relevée. Nous apprendrons sans doute à nos descendans à être sages ; mais cette sagesse leur coûtera bien cher, et je souhaite qu'ils ratifient ce que nous avons fait en leur nom.

Il est aisé de contracter des dettes et de les laisser payer à nos successeurs, nous pouvons même espérer qu'ils seront en état et qu'ils voudront bien les payer ; mais il est bien difficile d'assurer une paix aussi longue qu'il faut pour cela. Les hommes n'auront-ils pas toujours les mêmes passions ? N'y aura-t-il plus de princes ambitieux et intéressés qui cherchent l'occasion de faire la guerre ? Nous serons peut-être nous-mêmes obligés de reprendre un jour les villes sur ceux pour qui nous les avons conquises avec tant de dépense. Qu'on ne dise pas que ces états avec qui nous pourrons avoir un jour des démêlés sont dans une condition aussi fâcheuse que nous. Il est constant que par les conjonctures où nous nous trouvons, et par les exactions de nos alliés, nous sommes en beaucoup plus mauvais état qu'eux, j'ose dire que nos ennemis mêmes : et pour peu que l'on considère la constitution de notre gouvernement, la corruption de nos mœurs, nos factions domestiques, etc. on comprend qu'il nous doit être bien difficile de nous rétablir.

Ce sera sans doute une grande consolation

pour nos descendans de voir quelques haillons
suspendus dans la salle de Westmeinster, achetés au prix de cent millions sterling dont ils paieront les intérêts, et de pouvoir se vanter, comme font certains gueux, que leurs ancêtres étoient riches et puissans.

J'ai souvent réfléchi sur cette notion mal-entendue de crédit, tant vantée par les partisans du dernier ministèse. Tout ce crédit n'est-il pas appuyé sur les fonds qu'on tire de ceux qui ont leurs biens en terres? N'est-ce pas le produit des terres qui fait la plupart de ces fonds? La taxe sur les terres et sur le malt ne doit-elle pas payer nos dettes, entretenir nos flottes et nos garnisons en tems de paix? Si l'on appelle crédit pouvoir emprunter dix millions sans que le parlement en réponde à perte de moitié pour le public, je ne puis m'empêcher de dire qu'un tel crédit est dangereux, qu'il est contre les loix, qu'il ressent même la trahison. Rien n'a tant contribué à ruiner la nation que ce crédit. Pour moi, lorsqu'au changement du ministère, je vis que ce prétendu crédit s'étoit évanoui, je le pris pour un bon augure : je m'imaginai voir un jeune héritier, qui ayant changé son premier intendant, commençoit lui-même à mettre ordre à ses affaires avant qu'elles fussent désespérées; ce qui ne permettoit plus aux usuriers de lui fournir les mêmes sommes qu'ils avoient coutume de faire.......

Jusqu'ici nous ne nous sommes soutenus que par art, ce qui ne peut manquer de ruiner avec le temps l'état le mieux établi. Non, il n'y avoit point de pays en Europe plus heureux et plus riche que le nôtre ; mais nous avons exténué un corps sain et robuste en l'accablant de remèdes. L'art ne servira plus de rien si la nature ne fait un dernier effort. »

Rien n'est plus sage que les réflexions qu'on vient de lire : tous les mots doivent en être médités. Si le ministre qui a rendu compte de la situation de l'Angleterre pendant la guerre de la succession a raisonné avec justesse sur les intérêts de sa patrie ; s'il a prouvé, comme on n'en peut douter, que l'Angletterre s'étoit affoïblie en accumulant ses dettes ; n'en faut-il pas conclure qu'elle devoit les éteindre, et par une suite nécessaire cultiver la paix avec soin ?

En supposant qu'à force d'écoromie la nation fût venue à bout de rembourser les capitaux qu'elle avoit empruntés, on la plaindroit si la nécessité d'une défense légitime l'eût mise dans la nécessité de contracter de nouvelles dettes ; mais quelle imprudence ne peut-on pas lui reprocher, quand on voit qu'elle s'affoïblit par ambition et qu'elle entreprend une guerre dispendieuse, tandis qu'elle supporte laborieusement le poids des dépenses qu'elle a faites sous les règnes du roi Guillaume et de la reine Anne, et pour défendre en dernier lieu la pragmatique-sanction et les intérêts de l'héritière de Charles VI ?

« L'Espagne, disoit en 1698 un écrivain judicieux et profond d'Angleterre, est un exemple frappant des funestes effets qu'opèrent dans un état d'anciennes dettes publiques, ainsi que de l'embarras et de l'impuissance même où elles jettent l'administration. Les principales branches des revenus de ce royaume sont employées à payer les intérêts des sommes empruntées il y a une centaine d'années ; et la subsistance, destinée à nourrir le corps politique, se trouvant détournée à d'autres usages, il est devenu foible et incapable de résister aux moindres accidens. Lorsqu'un peuple réduit à cette situation vient à s'engager dans des guerres étrangères, il est évident que ses ennemis doivent peu redouter sa puissance, et que ses alliés ont très-peu de secours à en espérer.

Ces vastes anticipations sur les revenus futurs ont commencé vers l'an 1608, et ont continué d'année en année, sans qu'on ait songé à en diminuer le fardeau. Cette négligence seule a plus contribué à énerver la monarchie d'Espagne que toutes les autres fautes qu'elle a pu commettre.

Ce peut être l'intérêt de quelques personnes dans une nation, que les finances de l'état soient embrouillées et sans ordre ; ses revenus sont un champ où il est toujours très-facile de glaner, et le profit n'en est jamais si considérable que dans les urgences publiques. Mais la totalité du peuple est intéressée à l'économie du gouvernement et à la modération des impôts : cela devient impossible , lorsqu'une fois les dettes sont assez considérables pour décourager les ministres , ou pour dégoûter des premieres places ceux qui sont les plus capables de les remplir. C'est précisément ce qu'on a vu arriver en Espagne ; l'embarras de ses affaires a été tel , que quoique ses revenus soient presqu'aussi considérables que ceux de la France , elle a manqué d'argent pour avoir des flottes et des armées de terre. Cette réflexion , il n'en faut point douter , a effrayé dans cette nation les honnêtes gens dont l'habileté eût été propre à rétablir les affaires. Telle a été la source des négligences et de la foiblesse , si remarquables dans les conseils de cette monarchie.

En général , par-tout où les finances sont dérangées , les vexations s'accumulent sur le peuple. A la vérité , l'intérêt de quelques hommes puissans est de vivre sous une administration relâchée , parce qu'alors les revenus publics , les loix et toutes les parties du gouvernement se ressentent de cette foiblesse. La grandeur de ces particuliers consiste à tromper leur prince ; et c'est alors que les loix se vendent à plus haut prix , que les injustices et les préférences odieuses rapportent de plus grandes sommes.

En rendant compte, sur la fin du dernier siècle, des causes qui avoient affoibli la monarchie d'Espagne, M. Davenant faisoit une leçon importante à ses compatriotes. Loin de voir avec inquiétude que la guerre de 1688 les eût obligés de faire des emprunts considérables, ils se glorifioient du crédit du gouvernement, et regardoient leurs dépenses comme la preuve de leurs richesses et de leur puissance. M. Davenant les avertissoit, par l'exemple de l'Espagne, des malheurs qu'ils se préparoient en adoptant la même politique ; mais cet avertissement ne devoit produire aucun fruit, parce qu'un peuple qui est puissant et qui se croit heureux ne veut jamais prévoir un avenir malheureux. Quand le ministère de Madrid, tout fier des richesses de l'Amérique et ne méditant que des conquêtes, commença à faire des emprunts en 1608, il n'auroit pas été surprenant qu'on eût refusé d'entendre un citoyen zélé et éclairé, qui auroit prévu les inconvéniens des dettes publiques ou nationales, puisqu'il n'y avoit point encore d'expérience qui les eût fait connoître à l'Europe : mais les Anglois ne sont pas également excusables de n'avoir point cru M. Davenant et le ministre qui a fait la paix d'Utrecht ; ils avoient sous leurs yeux l'exemple de l'Espagne, et ils se plaignoient du poids des nouveaux impôts.

Puisque l'argent est le nerf de la politique

moderne, qu'on ne soit pas étonné des maux sans nombre que l'accumulation des dettes nationales cause dans un état. En voyant les mœurs et la discipline militaire se relâcher chez les Romains, on auroit pu prédire leur ruine, parce que leur puissance portoit sur ce double fondement. En voyant le désordre dans les finances d'un état de l'Europe, on doit prévoir sa décadence; parce que l'argent est le prix de tout, et que les emprunts tarissent la source des revenus ordinaires. Il n'a fallu que soixante ans de mauvaise administration pour jeter autrefois l'Espagne dans le plus grand affoiblissement; et quoiqu'il faille peut-être deux siècles pour que l'abus et la prodigalité des finances produisent le même effet en Angleterre, il le produira à la fin, malgré les ressorts du gouvernement qui, par sa nature est plus attentif à la chose publique que ne l'étoit celui des successeurs de Charles-Quint.

De ces réflexions je suis en droit de conclure, si je ne me trompe, que l'Angleterre a agi contre ses véritables intérêts, lorsqu'elle a commencé la guerre de 1736, pendant qu'elle étoit encore accablée des dettes contractées en dernier lieu, à l'occasion de l'héritière de l'empereur Charles VI, et sous le règne de la reine Anne : c'étoit à un fardeau pesant ajouter encore un fardeau plus pesant, c'étoit faire un pas vers sa décadence.

Les acquisitions que les Anglois ont faites en Amérique leur sont utiles, si elles procurent d'assez grands avantages à leur commerce pour les mettre en état d'acquitter leurs dettes nouvelles et d'amortir les anciennes : cette proposition n'a pas besoin de preuve. Ces mêmes conquêtes deviennent inutiles et même pernicieuses, si elles ne doivent produire que l'acquittement des emprunts qu'elles ont rendu nécessaires ; car il eût été plus court, plus facile et plus sage de s'épargner les hasards, les fatigues et les dépenses de la guerre. Mais en troisième lieu, ces mêmes conquêtes peuvent avoir les suites les plus funestes, si elles ont coûté à la nation des sommes qu'elle ne puisse acquitter. Il en résulteroit une véritable foiblesse, puisque se trouvant les mains liées par l'excessive augmentation des impôts ordinaires, elle ne pourroit entreprendre une nouvelle guerre et faire de nouveaux emprunts, sans tomber, malgré les ressources de son gouvernement, dans l'épuisement où se trouve l'Espagne.

V.

Il n'est que trop ordinaire, après une paix telle que celle dont je viens de rendre compte, que la nation qui a fait la guerre malheureusement, conserve l'envie de recouvrer ce qu'elle a perdu ; et que l'autre enivré de ses succès

forme

forme encore de nouveaux projets de conquête. Voyons quels sont, à cet égard, les vrais intérêts de la France et de l'Angleterre ; il résultera de cet examen des maximes propres à affermir la paix entre deux nations qui en ont un égal besoin.

Des personnes pensent qu'un peuple dont la guerre a trompé les espérances ne doit s'occuper que du soin de se venger et de reprendre les armes. Cet héroïsme est fort bon dans un roman ou dans une pièce de théatre, mais il ne vaut rien en politique, parce que l'héroïsme n'est qu'une sottise quand il n'est pas prudent. Que la multitude souffre impatiemment ses défaites, c'est une preuve qu'elle a encore de la noblesse et de l'élévation dans l'ame ; mais les hommes destinés à la gouverner ne doivent pas avoir son imprudence.

Je prie de comparer le mal qui résulte des dépenses énormes que la guerre a rendues nécessaires pour la France, et celui que lui fait la perte de plusieurs provinces qu'elle possédoit dans le continent de l'Amérique septentrionale. Il n'est pas douteux que ce royaume ne puisse être heureux et puissant, et même très-heureux et très-puissant sans colonies ; mais il est certain que les dettes dont il est surchargé, l'affoiblissent, et que si on ne trouve le secret de les amortir pour diminuer les impôts et ranimer l'agriculture, la foiblesse actuelle se changera en un état de langueur que rien ne pourra changer. Il n'est donc pas de l'intérêt de la France d'aggraver le poids de ses dettes pour reprendre sur les Anglois des pays inutiles.

On ne pensera pas que j'avance un paradoxe, si on se rapelle ce que j'ai dit dans le onzième chapitre de cet ouvrage, où j'ai prouvé qu'il y a des bornes à l'égard du commerce, que la politique ne doit jamais passer, et des profits pernicieux qu'elle ne doit jamais se permettre, parce que le commerce est une espèce de monstre qui se détruit de ses propres mains, et traîne l'indigence à la suite des richesses. Si la France pouvoit vivifier son commerce intérieur, ne compter que sur la richesse de son sol, et faire son objet capital de la culture de ses terres, elle seroit bientôt très-florissante. Je ne doute point que la foi des traités ne soit une barrière contre ses sentimens d'ambition et de vengeance qui ne sont que trop naturels à tous les peuples ; mais pour rendre cette barrière plus forte, il lui importe de se persuader, comme il est vrai, qu'elle n'a rien perdu qui lui fût nécessaire. Si elle veut se gouverner conformément aux principes reçus en Europe, il lui reste encore assez de colonies et d'établissemens en Amérique, en Asie et en Afrique pour fournir à tous ses besoins et au luxe de ses voisins. Si elle veut adopter des principes plus sages, elle peut jeter les fondemens d'un bonheur durable, et

faire bon marché de ses colonies, au lieu de
vouloir les étendre.

Est-il prudent de faire la guerre pour acquérir
de nouvelles colonies, pendant qu'on ne tire
pas de celles qu'on possède, tout le parti qu'on
en pourroit tirer ? La réponse qu'on me fera
n'est point douteuse, et j'en conclus que le
gouvernement d'Angleterre a eu tort de faire
la dernière guerre. Tous les écrivains de cette
nation se plaignent dans leurs ouvrages sur
le commerce, que le ministère et le parlement
même négligent l'administration des colonies.
Ils proposent des vues, des projets ; et il est
certain que la politique commerçante des
Anglois avoit encore beaucoup à travailler
pour rendre le commerce des colonies aussi
avantageux qu'il peut l'être. L'augmentation
de leurs domaines en Amérique ouvre une
vaste carrière à leur industrie, il se présente
mille établissemens à faire, mais la paix est
nécessaire pour les former ; il n'est donc pas
de leur intérêt de méditer de nouvelles conquêtes, qui rendroient les premières infructuses.
En parlant des possessions angloises en
Amérique (voyez le onzième chapitre de cet
ouvrage) j'ai demandé si leur trop grande
étendue ne peut pas nuire à la métropole ; j'ai
demandé si l'Angleterre pourra obliger des
colonies plus puissantes qu'elle, à observer les
loix qui subordonnent leur commerce au sien ;

et enfin si les colonies angloises ont besoin d'avoir des voisins qui les inquiétent et leur donnent de la jalousie pour qu'elles sentent la nécessité d'obéir à l'Angleterre. En répondant à ces questions, je me flatte de faire connoître les vrais intérêts de l'Angleterre.

Les colonies ne commerçant directement qu'avec leur métropole, il semble au premier coup-d'œil, que plus elles sont étendues, plus elles préparent à la métropole un riche débouché pour le superflu de ses denrées et de ses marchandises manufacturées; l'amour du travail, toujours plus actif à mesure que l'exportation est plus considérable, doit tout animer, tout vivifier. Cependant si les colonies sont si vastes que la métropole n'en puisse pas faire tout le commerce, il est évident que cet excès de grandeur lui est pour le moins inutile. Quelque laborieux et quelqu'industrieux que soient les Anglois, leur travail et leur industrie ont des bornes; et dès que leurs terres et leurs manufactures ne peuvent pas fournir aux Colons les choses dont ils ont besoin, il faut nécessairement que les colonies dépérissent, ou qu'on pourvoie à leur subsistance par le secours des étrangers. Ce n'est plus la métropole qui profite alors de ses colonies trop étendues, mais les peuples dont on achète les marchandises.

On me répondra sans doute, que dans ce

cas-là même l'Angleterre ne laisseroit pas encore de faire de grands profits , parce qu'elle gagneroit sur les marchandises étrangères qu'elle revendroit à ses Colons. Je le nie , et ce qui est arrivé à l'Espagne m'apprend ce qui arriveroit à l'Angleterre.

Quand les Espagnols eurent conquis des établissemens disproportionnés à leur pays , le gouvernement de Madrid fut dans la nécessité de permettre à ses commerçans le transport des denrées et des manufactures étrangères dans ses colonies. Qu'en résulta-t-il ? Ces commerçans intéressés à se pourvoir à bon marché des choses dont ils avoient besoin s'adressèrent aux étrangers , chez qui la rareté de l'argent rendoit la main-d'œuvre , et par conséquent les marchandises moins chères. L'agriculture et les arts découragés en Espagne commencèrent à languir , et bientôt ils furent anéantis. Par quel art l'Angleterre dans un pareil cas pourroit-elle prévenir une pareille décadence ? Le gouvernenement trouvera-t-il par miracle quelque moyen de pourvoir aux besoins de ses colonies sans le secours des étrangers ? Le parlement portera-t-il une belle loi pour ordonner que les marchandises nationales aient la préférence sur les étrangères , et qu'on ne transporte celles-ci qu'après que les magasins de la Grande-Bretagne auront été vuidés ? L'avarice et la fraude se joueront de cette loi. Les gouverneurs des colonies angloises favoriseront la contrebande pour faire fortune. Que l'on ne compte pas sur le patriotisme des commerçans de Londres , ils seront commerçans avant que d'être Anglois.

J'ajoute en second lieu, que plus les colonies sont nombreuses et considérables , plus il est difficile de les bien administrer. On sera convaincu de cette vérité , si on fait attention que c'est le malheur inévitable des trop grandes puissances de tomber dans une paresse , une négligence et une sécurité qui étouffent l'industrie , l'attention et les talens. Il est d'autant plus difficile de bien gouverner des colonies trop étendues et trop puissantes, que la métropole dont elles dépendent les sacrifie à ses intérêts. On veut qu'elles soient florissantes, c'est-à-dire , assez riches pour acheter chèrement les denrées et les marchandises qu'on leur portera ; mais on gêne leur industrie , et on empêche qu'elles ne puissent se suffire à elles-mêmes et pourvoir à leurs besoins.

Il n'est pas possible que les colonies ne sentent le désavantage de leur position ; et si elles deviennent assez fortes pour ne pas craindre leur métropole , il est naturel qu'elles tentent de se soustraire aux loix inégales auxquelles on les a soumises. C'est ainsi que quelques colonies angloises n'obéissent déjà plus à l'acte de navigation , et commercent directement avec les étrangères sans passer par l'Angleterre.

C'est ainsi que les Anglois se plaignent que leurs colonies fassent des loix très-préjudiciables à la métropole : "La plupart de ces loix, dit M. Gée n'étant faites que pour deux ou trois ans au plus, servent à leurs desseins, et quelquefois la loi ne subsiste plus, avant que nous soyons informés du tort qu'elle nous a fait.

Il y a d'autres loix, continue le même auteur, que nos habitans maintiennent en vigueur aussi long-temps qu'ils peuvent ; si nous les abrogeons, ils en font de nouvelles qui autorisent les mêmes abus déguisés sous d'autres noms. Si leur gouverneur n'a d'autre but que de s'acquitter de son devoir, et qu'il ne veuille pas se prêter à ce qu'ils demandent, ils sont outrés de ressentiment. Il ne manque pas de gens intrigans et hardis qui se mettent à la tête des autres, et qui soufflent la discorde ; ils n'épargnent aucun moyen pour priver le gouverneur de tous les avantages qui lui sont dus ; de-là naissent des querelles et des disputes, des plaintes de la part du gouverneur et des habitans, qui jettent nos ministres dans des embarras incompréhensibles.

Lors même que les loix des colonies que nous avons reconnu être injustes, ont été abrogées, elles ne laissent pas que de s'y maintenir encore long-temps après ; au grand préjudice de ce royaume. Il seroit donc nécessaire, pour remédier à ces inconvéniens, qu'aucune loi n'eût de forces dans les colonies, qu'elle n'eût été envoyée ici par le gouverneur et l'assemblée de chaque province, examinée et ratifiée par le roi et le conseil, comme c'est l'usage pour les loix d'Irlande. »

L'impuissance où est l'Angleterre de remédier à ces abus étoit un avertissement de ne pas étendre et multiplier ces colonies. Elles ont toutes la même jalousie, la même avarice, la même ambition, et cette conformité de senti-mens ne leur donne qu'un même intérêt. Si elles parviennent à comparer leurs forces réunies à celles de leur métropole, elles auront de l'audace, et à la première occasion elles tente-ront de secouer le joug. C'est pour cela qu'il importoit aux Anglois que leurs colonies eussent dans leur voisinage des habitations françoises qu'elles craignissent, et qui leur fissent sentir la nécessité de la protection de l'Angleterre. Pendant que les Anglois se vantent d'avoir étendu leur commerce par leurs nouvelles acquisitions, peut-être n'ont-ils fait qu'ébranler la fidélité de leurs colonies, et donner plus de force aux abus dont il se plaignent. En voyant le peu d'avantage qu'ils retirent de leurs con-quêtes, ils doivent juger qu'il est de leur intérêt de n'en pas faire de nouvelles. Pour prévenir la révolte et une révolution, ils seroient obligés de semer des jalousies et des haines entre leurs colonies; et par la crainte d'un plus grand mal, ils commenceroient ainsi à se nuire à eux-mêmes.

V I.

Vouloir s'emparer de tout le commerce, c'est une entreprise insensée, puisqu'il a ses bornes naturelles, qu'on ne peut passer impunément, c'est-à-dire sans le ruiner ; et que plusieurs de ses branches sont pernicieuses à l'état, dans le tems même qu'elles sont les plus florissantes. Je ne m'étendrai pas à prouver ces vérités ; je ne ferois que répéter ce que j'ai dit dans les remarques que j'ai faites d'après les observations de M. Cantillon. (Voyez le onzième chapitre de cet ouvrage.) Les Carthaginois ne faisoient pas la guerre pour étendre leur commerce, mais parce que leurs richesses et leur avarice les rendoient ambitieux ; nous autres modernes, nous sommes plus imprudens ; nous faisons la guerre pour étendre, multiplier et affermir les relations de nos commerçans.

Je passe à un peuple de ne pas prévoir les dangers d'un commerce trop florissant ; je l'excuse, quand trompé par ses passions il se propose une fin à laquelle il lui sera funeste d'atteindre, et qu'il y marche par des chemins qui doivent l'y conduire, il est du moins conséquent dans ses erreurs. Mais qu'on s'éloigne du but auquel on aspire ; qu'on associe des contraires ; qu'on veuille être conquérant et commerçant ; qu'on veuille avoir des mœurs et une patrie, et accumuler des grandes richesses ; qu'on veuille appauvrir toutes les autres nations, et faire cependant un riche commerce avec elles ; qu'on prétende enrichir l'état en l'accablant de dettes ; qu'on favorise le luxe pour favoriser le commerce ; voilà de ces ineptes contradictions qu'on ne peut pardonner à la politique.

Il faut espérer que l'Europe enfin, instruite par mille expériences répétées et par les écrits des philosophes, parviendra un jour à ne donner au commerce que la place qu'il doit occuper dans la société, et à le conduire par les principes qui lui conviennent. Bien loin d'être alors une source de corruption, de calamités, de querelles et de guerres, il servira de lien entre toutes les nations, et leur fera aimer la paix.

J'ai dit dans un autre ouvrage (les Principes des Négociations) et je le répète ici avec plaisir, que c'est un grand bonheur que l'Angleterre, après avoir fait des efforts superflus pendant les guerres de 1688 et de 1701, pour conserver à la maison d'Autriche la qualité de rivale de la France, ait été elle-même forcée par la suite des événemens à se charger d'un rôle que la cour de Vienne n'étoit plus en état de remplir, quand Philippe V eut été affermi sur le trône d'Espagne. L'Europe n'auroit jamais joui que de quelques momens de tranquillité, tant que deux puissances accoutumées à se haïr et à s'offenser, qui avoient toujours quelque cause légitime de guerre, et la manie de faire des conquêtes l'une sur l'autre, auroient été à la tête des affaires. Il est vraisemblable qu'épuisées avant d'avoir pu terminer leurs querelles, elles auroient abandonné leur place à d'autres états que leur ambition auroit encore ruinés ; et que l'Europe enfin affoiblie tour-à-tour dans toutes ses parties n'auroit eu la paix que parce qu'elle n'auroit pu faire davantage la guerre.

Les peuples peuvent au contraire se flatter d'un sort plus heureux, depuis qu'une nation libre, commerçante et qui ne veut point conquérir de possession dans notre continent, partage avec la France l'avantage d'y dominer. Le commerce qui forme le principal objet de la politique des Anglois doit insensiblement les faire incliner du côté de la paix ; et le vœu public dans une nation libre impose souvent au gouvernement. Indépendamment de tout autre motif, les Anglois ne doivent-ils pas sentir que leur constitution, bien plus précieuse que tout le commerce de l'Amérique, n'est jamais plus en sûreté que pendant la paix ; et que la guerre fournit à leur roi mille prétextes plausibles d'étendre la prérogative royale et de les asservir.

Que peuvent gagner les Anglois et les François à se faire la guerre pour des intérêts de commerce ? Les torts réciproques qu'ils se feroient, tourneroient à l'avantage des puissances neutres, dont les commerçans étendront et multiplieront leurs relations. La France et l'Angleterre ont également besoin de la paix ; puissent-elles en jouir long-tems ! Que la connoissance de leurs intérêts les aide à réprimer les saillies de leurs passions, et que l'Europe leur doive sa tranquillité !

CHAPITRE XVI.

Traité particulier conclu entre les différentes puissances de l'Europe, depuis l'année 1740 jusqu'à la paix de Paris en 1763.

INDÉPENDAMMENT des grandes pacifications d'Aix-la-Chapelle, de Paris et de Hubersbourg, les puissances de l'Europe ont conclu entr'elles un grand nombre de traités depuis 1740 jusqu'en 1763 ; mais on ne doit pas s'attendre à trouver ici un extrait de toutes ces pièces. La plupart de ces traités ne sont relatifs qu'à l'une des deux grandes guerres qui ont ravagé la chrétienté dans cet espace de tems ; et les arrangemens pris à la paix leur ont ôté toute influence ultérieure. Ils ne doivent par conséquent pas entrer dans un ouvrage de la nature de celui-ci ; je n'écris pas une histoire, je rassemble seulement les titres des nations. Je ne parlerai donc de quelques-uns de ces traités, que quand ils renfermeront des engagemens, qui n'étant point bornés à des circonstances particulières, doivent servir de règle perpétuelle aux états qui les ont contractés. Je sais bien que ces articles sont ordinairement négligés, quand les circonstances sont changées ; mais on a tort ;

et je les rapporterai, parce qu'ils forment un titre, et qu'on doit les observer religieusement.

Il s'est fait plusieurs traités de commerce et de navigation, mais pour un temps limité. Les uns ne sont déjà plus en vigueur, comme le traité conclu pour quinze ans à Copenhague le 23 août 1742, entre la France et le Danemarck, et les autres sont prêts à expirer : tel est le traité de Versailles du 21 décembre 1739, entre la France et les Provinces-Unies. On sent combien il seroit inutile de parler de ces pièces ; d'ailleurs elles ne contiennent que les mêmes articles que j'ai déjà fait connoître dans le onzième chapitre de cet ouvrage. Tous les traités de commerce semblent jetés au même moule, depuis que les puissances se sont mises sur le pied de s'accorder réciproquement tous les avantages qu'elles ont déjà donnés, ou qu'elles donneront dans la suite à la nation la plus favorisée.

Je rangerai par ordre de date les traités dont je vais parler.

FRANCE, ÉVÊCHÉ DE BASLE.

Si, pour remédier aux troubles intérieurs qui désolent aujourd'hui l'évêché de Bâle, le prince évêque avoit besoin d'y appeler des troupes étrangères, le roi de France s'oblige de les lui fournir, et de l'aider de ses forces, suivant que la nécessité le demandera, et le plus promptement qu'il sera possible. (Traité de Soleure du 11 septembre 1739, article 3.) Il est dit dans le préambule de ce traité que le prince évêque ayant cherché des moyens de convenance pour appaiser les troubles élevés dans sa principauté, et n'ayant pu y réussir, même par le concours des cantons catholiques, s'étoit adressé à l'ambassadeur de France en Suisse pour faire connoître au roi le desir qu'il avoit toujours eu de contracter un traité particulier avec sa majesté, qui sans préjudicier à l'empereur, à l'empire, aux traités de paix de West-phalie, aux concordats faits entre le saint siége et la nation germanique, et enfin aux statuts particuliers du chapitre de Bâle, pût lui pro-curer l'avantage de ramener la paix dans ses état, en inspirant à ses peuples l'obéissance qu'ils lui doivent. En effet quelques troupes françoises passèrent sur les terres de l'évêché ; et sans qu'on fût obligé d'en venir à des hosti-lités, le calme fut retabli. Il y a eu un tems en Europe où un prince, trop foible pour se faire respecter dans ses états, n'y auroit pas impunément appelé des forces étrangères ; en voulant se faire obéir de ses sujets, il auroit couru le danger de se donner un maître. Ce siècle de trahison et de perfidie est passé ; cepen-dant quand un prince se trouvera dans la même situation que l'évêque de Bâle, il sera toujours plus sage, à l'exemple de ce prélat, de préférer l'alliance du prince le plus puissant; les grandes puissances sont plus rarement tentées que les autres par de petits objets.

Les deux parties contractantes ne permettront point l'entrée de leurs états respectifs aux criminels d'état, assassins, voleurs domestiques et perturbateurs du repos public, déclarés tels par le roi ou ses officiers, à l'égard de ses sujets, et par le prince évêque de Bâle à l'égard des siens. On interdira l'asyle aux déserteurs de leurs troupes, à l'occasion desquels il sera fait un accord particulier. Dans le cas que les uns ou les autres vinssent à se réfugier en France ou sur les terres de l'évêché de Bâle, on s'oblige et on promet de part et d'autre de les saisir et de se les remettre à la première réquisition. (Ibid. art. 2.) L'accord énoncé dans cet article n'a point été fait, sans doute parce qu'il eût été inutile, qu'auroit-on pu ajouter à la convention qu'on vient de lire ?

Les sujets de l'évêché de Bâle jouiront en France des mêmes privilèges dont les Suisses qui sont actuellement en alliance avec le roi jouissent. (Voyez le troisième chapitre de cet ouvrage.) Tout françois pourra aller, séjourner, demeurer, trafiquer et négocier sûrement et sans aucun empêchement, dans toute l'étendue des états du prince évêque de Bâle, et il y jouira des mêmes

mêmes priviléges accordés en France aux sujets de l'évêché de Bâle. (Ibid. article 4).

Le prince évêque de Bâle observera toujours pendant la guerre une exacte neutralité , ainsi qu'il a fait jusqu'à présent ; il continuera de permettre en tout temps aux officiers suisses ou alliés des Suisses , qui sont au service de France , de faire des recrues dans la portion de ses états qui ne fait pas partie de l'empire. (Ibid. article 5). Cet article étoit plutôt dressé en faveur des Suisses qu'en faveur de la France. Il leur étoit commode de pouvoir faire des hommes dans les états du prince évêque de Bâle , aussi ont-ils vu avec une sorte de chagrin , que ce pays ait levé un régiment pour le service de France.

En l'année 1758 , le prince évêque de Bâle , pour affermir de plus en plus son alliance , offrit au roi de France de lui fournir un régiment composé de douze compagnies , équipées , armées et habillées à l'instar des régimens suisses. Les cinq premiers articles de la capitulation ne regardent que les moyens à prendre pour lever et former le régiment ; ainsi je n'en parlerai pas.

Le roi de France conservera ce régiment à son service , tant pendant la guerre que pendant la paix , et il ne sera sujet qu'aux mêmes réductions que sa majesté croira devoir faire dans les autres régimens suisses qui sont à son service ;

devant en tout leur être assimilé. (Capitulation de 1758 , article 6).

Les compagnies ne seront présentement ni à l'avenir attachées à aucune famille , et ne seront point héréditaires ; mais lorsqu'elles deviendront vacantes , le roi en disposera en faveur des officiers qui se seront rendus recommandables par leur ancienneté ou leurs bons services. (Ibid. article 7).

Le commandement du régiment sera toujours donné à un des sujets nobles de l'évêché de Bâle ; et le roi est disposé, lorsqu'il sera vacant, à avoir égard aux recommandations qui pourront lui être faites par le prince évêque ; ce qui pourra même avoir lieu par rapport aux autres emplois pour lesquels les sujets de l'évêché et ceux que ce prince voudra recommander à sa majesté , seront préférés autant que le bien du service le permettra. (Ibid. article 8).

Le régiment jouira de tous les priviléges, exemptions et prérogatives attachés aux régimens suisses qui servent en France. (Ibid. art. 9).

Le prince évêque permettra dans ses états la levée de toutes les recrues nécessaires , tant pour entretenir les compagnies du régiment , que pour les compléter sur le pied fixé par sa majesté ; pourvu cependant que les compagnies ne soient pas portées au-delà de deux cents hommes, tandis que le régiment restera composé de douze compagnies. (Ibid. article 10).

La retenue des quatre deniers par livre aura lieu sur la paye de ce régiment, ainsi qu'elle se fait sur toutes les troupes du roi, et pour le même objet. En conséquence, le régiment participera aux gratifications qui s'accordent sur le quatrième denier, et les officiers et soldats seront reçus à l'hôtel des invalides, lorsqu'ils seront dans le cas d'obtenir cette retraite, à moins que sa majesté ne préfère de leur accorder des pensions en se retirant chez eux. (Ibid. article 11).

A l'égard de l'usage de ce régiment, le prince évêque réserve qu'il ne pourra point servir contre le saint-siége et le pape, l'empereur et l'empire en corps, les pays héréditaires de la maison d'Autriche, compris dans l'union héréditaire ou pragmatique-sanction de l'empereur Charles VI, ni au préjudice des alliances qu'il a avec le Corps helvétique. Il ne pourra pas non plus servir hors de l'Europe. (Ibid. article 12). M. le prince évêque de Bâle, écrivoit son ministre à celui de France, a un territoire assez étendu, et qui produit assez d'hommes pour former un régiment et le tenir toujours complet ; avantages que n'ont pas quelques régimens suisses qui ne sont avoués par aucun canton. A l'exception de ses anciennes alliances avec les cantons, il n'a d'autre alliance que celle qu'il a eu l'honneur de contracter avec le roi. Son régiment servira contre tous les ennemis du roi sans exception ; et sa majesté pourra l'employer où elle jugera à propos, et comment elle voudra. Cette lettre est un commentaire à l'article qu'on vient de lire. L'évêque de Bâle est prince de l'empire ; et en cette qualité s'il peut contracter des alliances étrangères, elles ne doivent jamais être préjudiciables à l'empereur et à l'empire. Mais le prince évêque ne relève pas de l'empire pour tous ses états, il jouit d'une souveraineté absolument indépendante dans quelques parties, et c'est en vertu de cette entière indépendance, qu'il peut permettre à son régiment de servir indistinctement contre toutes les puissances de l'Europe, à l'exception du Corps helvétique.

Le roi a bien voulu consentir que l'un des deux bataillons du régiment soit alternativement mis en quartier ou garnison, chaque année en temps de paix, dans les états de l'évêché à Bâle. (Ibid. article 13).

FRANCE, SUÈDE.

Il sera permis aux François de porter en Suède toutes les marchandises qui ne sont pas défendues par les lois du pays ; et d'y négocier avec la plus grande liberté par eux-mêmes ou par les facteurs, sans payer pour leurs personnes, navires, biens, denrées, marchandises ou effets, d'autres droits que ceux auxquels les Suédois mêmes sont soumis. Il faut cependant excepter

le privilége de franchise et de demi-franchise,
affecté particulièrement aux navires suédois,
et duquel les navires françois ne jouiront point.
(Traité de Versailles du 25 avril 1741, art. 1).

Les Suédois jouiront en France des mêmes
droits, priviléges et franchises dont les François
jouissent en Suède. Ils seront exempts du droit
de fret de cinquante sous par tonneau dans tous
les cas, excepté dans celui où ils chargeroient
des marchandises de France dans un port de
France pour les transporter dans un autre
port du même royaume, ainsi qu'il a été réglé
pour les villes anséatiques, à l'instar desquelles
les Suédois seront traités en France. (Ibid.
article 2). Les villes anséatiques ont en France
les priviléges de la nation la plus favorisée
relativement au commerce. (Voyez le onzième
chapitre de cet ouvrage).

Les François jouiront dans la ville, port et
territoire de Wismar, à l'exclusion de toutes
les autres nations, du privilége de ne payer
pour les effets et marchandises qu'ils y por-
teront par leurs propres vaisseaux, que trois
pour cent de la valeur desdits effets ou marchandises, pour tout droit de douane ou autres,
quels qu'ils puissent être, soit que ces marchandises s'y consomment, ou qu'elles en soient
exportées. En cette partie le droit des François
est assimilé à celui des Suédois mêmes. (Ibid.
article 3).

ANGLETERRE, MAISON DE BRANDEBOURG.

Il y aura une alliance perpétuelle entre le roi d'Angleterre et le roi de Prusse. Les deux puissances contractantes travailleront à leur utilité commune, et se garantissent mutuellement leur religion dans tous les pays pour lesquels elle a été autrefois garantie par les contractans, qui se promettent de nouveau d'employer les moyens les plus convenables et les plus efficaces pour préserver leur religion de toute injure, tort et dommage. Ils se garantissent encore la possession de tous les états en Europe, rappellent et confirment leurs anciens traités ; et le roi d'Angleterre garantit spécialement au roi de Prusse, la possession des états qui lui ont été cédés par les traités de Breslau du 11 juin, et de Berlin du 28 juillet 1742, (Traité de Westmeinster du 18 novembre 1742, articles 1, 2 et 3). J'ai déjà eu occasion de parler de ce traité. (Voyez le quatorzième chapitre de cet ouvrage).

Dans le cas que l'une des puissances contractantes soit attaquée dans ses états, l'autre interposera d'abord ses bons offices pour faire cesser les hostilités et rétablir la paix ; mais si dans l'espace de deux mois, ces bons offices n'avoient pas l'effet désiré, elle lui enverra un secours de huit mille hommes de pied et de deux mille.

de cavalerie. Cependant si la partie lésée et requérante préféroit aux troupes de terre des secours de mer ou en argent, elle en aura le choix; et dans ce cas mille hommes de pied sont évalués à la somme de dix mille florins par mois, et mille hommes de cavalerie à la somme de trente mille florins par mois, le tout monnoie de Hollande. Si ces secours ne sont pas suffisans, les deux alliés conviendront de s'en fournir de plus considérables dans la même proportion. S'il est nécessaire, la puissance requise déclarera même la guerre, et agira de toutes ses forces en faveur de son allié. (Ibid. articles 4, 5 et 6).

ANGLETERRE, MAISON D'AUTRICHE, MAISON DE SAVOIE.

Il y aura une alliance perpétuelle entre ces trois puissances, et elles seront tenues en tout temps de travailler à leur avantage commun. (Traité de Worms du 13 septembre 1743, art. 1). Dans le chapitre où je rends compte de la dernière paix d'Aix - la - Chapelle, j'ai parlé des raisons qui ont donné lieu à l'alliance de Worms. Quelques articles de ce traité ont été annullés par la pacification générale de 1748.

Les alliés s'engagent de nouveau à la plus expresse garantie de tous les royaumes, états, pays et domaines qu'ils possèdent à présent ou qu'ils doivent posséder en vertu du traité d'alliance fait à Turin en 1703, des traités de paix et d'alliance d'Utrecht et de Bade, du traité de paix et d'alliance, communément appelé le traité de la quadruple alliance, du traité de pacification et d'alliance conclu à Vienne le 16 mars 1731 ; de l'acte de garantie donné en conséquence et passé en loi de l'empire le 11 janvier 1732 ; de l'acte d'accession signé pareillement en conséquence du traité signé à Vienne le 18 novembre 1738, et de l'accession à ce traité faite et signée à Versailles le 3 février 1739 : tous lesquels traités sont pleinement rappelés et confirmés par le présent traité, autant qu'ils peuvent intéresser les alliés, et autant qu'on n'y déroge point par le présent traité. (Ibid. art. 2).

ANGLETERRE, MAISON D'AUTRICHE, MAISON DE SAXE, PROVINCES-UNIES.

. Il y aura une alliance perpétuelle entre les quatre puissances contractantes, et elles se garantissent mutuellement tous les états qu'elles possèdent en Europe. (Traité de Varsovie du 8 janvier 1745, art. 1 et 2). J'ai déjà dit ailleurs que ce traité fut conclu à l'occasion de l'irruption que le roi de Prusse fit dans la Bohème en 1744. Après la paix faite, les contractans demeureront toujours étroitement unis. (Ibid. art. 9).

FRANCE, GENÈVE.

Les fermiers du roi ayant tenté sous différens prétextes d'obliger quelques villages situés le long du Rhône et cédés par Henri IV à Genève, à prendre du sel de France, la république se plaignit de cette injustice qui n'étoit pas nouvelle, et représenta aux ministres de sa majesté que pour prévenir désormais des querelles qui ne cessoient point de renaître, il seroit également juste et avantageux de convenir de quelques articles qui régleroient d'une manière claire et fixe les droits et les limites équivoques des deux états. On nomma de part et d'autre des commissaires, et ils signèrent à Paris le 15 août 1749, le traité dont je vais rendre compte.

La république de Genève cède au roi de France tous ses droits sur les villages de Chalex, Thoiri et Fenière, et sur toutes les terres et villages enclavés ou entremêlés dans le pays de Gex, excepté Gentoux, Malagni, Malva, Dardagny et le mandement de Peney. Elle lui cède encore, tous ses droits, de quelque nature qu'ils soient, sur les terres et maisons de Saint-Victor et Chapitre, répandues en différens endroits du pays de Gex, spécialement sur Moens, Feuillasse, Saint-Genies et Feigères. (Traité de Paris, art. 1 et 2).

Réciproquement sa majesté cède pour elle et ses successeurs à la république de Genève tous ses droits sur les terres de la directe de la baronnie de Gex, situées dans l'étendue du mandement de Peney, nommément sur le village de Dardagny. Elle lui abandonne encore tous ses droits sur le village de Russin, à condition que l'exercice public de la religion catholique, apostolique et romaine sera toujours maintenu et conservé comme ci-devant dans ce village et ses dépendances ; que l'église, le curé et le presbytère, et les revenus et droits qui en dépendent demeureront constamment sous la protection du roi et de ses successeurs ; et que toutes les terres et autres biens appartenans aujourd'hui à des catholiques dans lesdits lieux ne pourront être vendus, échangés, cédés et donnés qu'à des catholiques. (Article 3).

La liberté du commerce et des passages demeurera respectivement comme avant lesdites cessions, et les commis des fermes et finances du roi, ainsi que les officiers de justice, pourront aller librement faire leurs fonctions et tous actes de justice à Aire-la-Ville, dont la souveraineté appartient au roi, et même transférer des prisonniers par le mandement de Peney. Les officiers de la république jouiront de la même liberté sur le territoire de France pour aller audit mandement de Peney et transférer des prisonniers. On entend cependant que les troupes du roi ne pourront passer dans le territoire de la république sans avoir fait les réquisitions usitées en pareil cas. (Art. 4). Il auroit été plus court , plus commode et plus avantageux de convenir de quelques échanges par lesquels la république de Genève auroit eu tout son territoire rassemblé en une seule masse ; mais la différence des religions y a mis obstacle.

Sa majesté ayant égard aux lettres-patentes, données par Henri IV le 15 août 1604, confirme les cessions qui y sont faites de Chanci et Avulli seulement , et cède de nouveau pour elle et ses successeurs à la république tous ses droits sur ces deux villages , sous la condition expresse qu'elle ne pourra jamais les aliéner , échanger, céder ou donner , sous quelque prétexte que ce puisse être , et que les passages par lesdits villages seront ouverts de la manière et selon les clauses exprimées dans l'article précédent. (Art. 5). Henri IV céda quatre villages à la république de Genève , quand , en échange du marquisat de Saluces , le traité de Lyon de 1601 , l'eut mis en possession de la Bresse, du Bugey , du Valromey et du pays de Gex. Ce dernier canton étoit alors entre les mains des Genevois qui en avoient fait la conquête sur le duc de Savoie , lorsqu'en vertu du traité de 1589 , signé par Sancy , ils s'engagèrent à faire la guerre à ce prince pour l'occuper chez lui et l'empêcher d'envoyer des secours à la ligue ; et ils y réussirent. Une des conditions de cette alliance étoit que la république resteroit en possession des terres dont elle s'empareroit : il étoit juste de la dédommager en retirant le pays de Gex.

Les commissaires du roi et de la république ayant reconnu que les difficultés survenues de temps à autre au sujet du village de Malagny, provenoient de ce qu'il n'y avoit point de limites marquées entre ce village et celui de Versoix, sont convenus qu'il seroit tiré une ligne droite à trente toises en-deçà de la dernière maison de Malagny du côté de Versoix, qui prendra depuis le chemin de Versoix à Malagny jusqu'au nant ou ruisseau de Crèvecœur, que la même ligne sera continuée depuis ledit chemin jusqu'au lac de Genève ; que dans toute l'étendue de ladite ligne, du levant au couchant, seront plantées des bornes à trente toises de distance l'une de l'autre, qui sépareront les villages de Versoix et de Malagny ; que le nant de Crèvecœur servira de limite au village de Malagny du côté du couchant, en sorte que toutes les terres qui sont au-delà dudit nant appartiendront à sa majesté. (Art. 6).

Les cessions faites au roi par la république seront, sans préjudice des fiefs et autres revenus dont y jouit la république à titre de dixme ou autrement, lesquels ne seront sujets à aucune prestation de foi et hommage, aveu et dénombrement, et demeureront exempts à perpétuité de toutes charges, droits et impositions de quelque nature qu'ils puissent être. La même réserve aura lieu à l'égard des cessions faites par sa majesté à la république, et les possesseurs des terres cédées y jouiront de leurs fiefs et autres revenus à titre de dixmes ou autrement, sans aucune prestation de foi et hommage, aveu et dénombrement à la république ; lesquels demeureront exempts à perpétuité de toutes charges, droits et impositions, de quelque nature qu'ils puissent être. (Art. 7).

Dans tous les endroits où les limites du territoire de Genève se trouveront bornées par les grands chemins, ces grands chemins seront toujours à l'avenir sous la souveraineté de la couronne de France, et conséquemment soumis à la juridiction de ses officiers pour les faire maintenir en bon état, et veiller à ce que la sureté n'en soit pas troublée. (Art. 8).

La république de Genève, conservant une juste reconnoissance des marques publiques et particulières que le roi lui a données de sa bienveillance dans des circonstances essentielles à sa conservation, promet et s'engage qu'elle ne permettra jamais que des troupes, telles qu'elles soient et de telles puissances qu'elles soient avouées, puissent prendre passage sur les terres de Genève pour porter la guerre contre sa majesté et son royaume. (Art. 9). Il est de l'intérêt de la France que Genève subsiste telle qu'elle est aujourd'hui ; c'est une place qui couvre un pays ouvert jusqu'à Lyon, et les prédécesseurs du roi l'ont toujours protégée avec zèle et affection. Les Genevois n'ont point oublié que la médiation de la France, de concert avec celle du canton de Berne, a calmé les troubles qui s'élevèrent parmi eux en 1734.

Au moyen des arrangemens stipulés par le présent traité entre sa majesté et la république de Genève, les deux parties ne pourront rien prétendre ni demander à l'avenir de part ni d'autre, sous quelque titre ou prétexte que ce puisse être. (Art. 10). Par un article du traité signé par Sancy en 1589, et dont j'ai déjà parlé, on avoit réglé les subsides que Henri IV payeroit à la république de Genève pendant qu'elle feroit la guerre à la Savoie. L'état des finances de ce prince ne lui ayant pas permis de remplir avec exactitude ses engagemens, il passa une obligation de quatre cent mille écus aux Genevois. Ils avoient encore cette pièce dans leurs archives en 1749 ; ils l'ont remise à la France, et n'ont rien exigé des arrérages qui leur étoient dus depuis le ministère du cardinal de Richelieu.

La république ayant chargé ses commissaires de supplier sa majesté de faire jouir les fonds possédés par les citoyens de Genève à Malagny, à Chalex et à Moens qui n'ont été ci-devant assujettis à aucune imposition, des mêmes exemptions accordées aux fonds appelés de l'ancien dénombrement. Sa majesté, pour donner à la république une nouvelle preuve de son affection, consent qu'il soit dressé par les commissaires qui seront nommés de sa part pour l'exécution du présent traité, un état des fonds possédés actuellement par les citoyens de Genève à Malagny, à Chalex et à Moens, qui n'ont payé jusqu'à présent aucune imposition, et que ledit état soit inséré dans le cadastre des fonds de l'ancien dénombrement. Sa majesté promet de donner les ordres nécessaires pour que ces fonds jouissent des mêmes priviléges attachés aux biens de l'ancien dénombrement suivant les clauses et conditions stipulées pour lesdits lieux. (Article séparé). On entend par fonds de l'ancien dénombrement, les terres qui étoient possédées par des Genevois dans le pays de Gex quand Henri IV fut mis en possession de cette province. On en dressa un état ; et ce prince consentit qu'elles ne fussent assujetties à aucune charge, à aucun impôt, tant qu'elles appartiendroient sans interruption à quelque citoyen de Genève. M. de Voltaire ayant acheté la terre de Ferney, qui étoit de l'ancien dénombrement, a obtenu des lettres-patentes qui en conservent les immunités pendant qu'il la possédera , et si elle passe immédiatement de ses mains dans celles d'un Genevois.

Maison de Savoie, Genève.

Les différens qui subsistoient depuis long-temps entre la Savoie et Genève, ayant donné lieu à diverses puissances amies, et particulièrement aux cantons de Zurich et de Berne , de marquer un désir sincère de les voir terminer par un arrangement définitif, on est convenu , pour faire cesser toutes les difficultés qui naissent de la situation et de la nature des terres et fiefs possédés par la république de Genève dans les bailliages de Ternier et de Gaillard , que la banlieue de Genève du côté de Gaillard , déjà limitée par le ruisseau de la Seime dès son embouchure dans l'Arve jusqu'au pont de Chenes , continuera le long de ce même ruisseau , en le remontant depuis le pont de Chenes jusqu'au pont Bochet , d'où la limitation prendra ensuite par le chemin qui conduit à Miolans et de-là au lac. (Traité de Turin du 3 juin 1754 , art. 1 et 2). Pour avoir une idée claire des limites , cessions et échanges énoncés dans les articles précédens et dans les suivans , il faudroit avoir sous les yeux le plan dressé en conséquence , ou du moins le verbal qui est joint au traité , et que je ne rapporte pas ici pour abréger.

Les

Les villages de *Gy* et de *Sionnet*, avec quelque territoire voisin, seront unis et incorporés au mandement de *Jussy*. Du côté de *Ternier*, le roi de Sardaigne cède à la république de Genève le terrain qui lui appartient à la rive gauche de la rivière d'*Arve*; de manière qu'on laisse du côté de Savoie toutes les maisons de *Karouge*, par une ligne tirée du bord de ladite rivière jusqu'au chemin qui conduit de-là au *Crest des morts*, lequel chemin servira ensuite de limite; et de-là sera tirée une ligne droite jusqu'au Rhône entre la *Bâtie* et *Saint-George*. A la réserve du corps-de-garde existant au bout du pont d'*Arve*, tous les bâtimens qui sont dans ce territoire, y compris celui des *Vernets*, seront démolis et rasés aux frais de la république dans le terme d'une année, sans qu'on puisse à l'avenir y rien bâtir de nouveau. La république retiendra encore les villages de *Cartigny*, la *Petite - Grave*, *Epaisse* et *Passeiry*, avec leurs territoires, depuis le grand chemin qui va de Genève à Chancy jusqu'au Rhône. (Articles 3, 4 et 5).

Sa majesté cède à perpétuité à la république de Genève tous les droits de souveraineté et autres qui peuvent lui appartenir sur les lieux énoncés dans les articles précédens. Réciproquement la république cède au roi et à ses successeurs tous les droits qui peuvent lui appartenir, hors des limites et territoires susdits, tant dans lesdits bailliages que dans le duché de Savoie ; sous la réserve toutefois de Chancy et Avully, et du mandement de Jussy, duquel sera encore démembré, en faveur de sa majesté, le territoire des Etoles et Grange-Veigi, jusqu'au nant de Tuernant qui sera désormais le confin dudit mandement du côté de Chablais. (Articles 6 et 7).

Dans les cessions portées par l'article précédent , sont compris tous les droits dont la république jouit à quelque titre que ce puisse être , hors des territoires qu'elle acquiert ou conserve par le présent traité ; et entre autres ceux de juridiction , fiefs , dixmes et autres revenus quelconques ; sans préjudice cependant de la validité des actes passés par la république au sujet des terres et droits qu'elle cède par le présent traité , et des jugemens rendus en justice. (Article 8).

Les chemins, sentiers, ruisseaux ou ponts, qui par le présent réglement pourroient être regardés comme limitrophes, appartiendront en toute souveraineté à sa majesté. (Article 9).

Tous les titres , terriers et documens concernant les choses respectivement cédées, seront remis de bonne foi le plutôt que faire se pourra, de même que ceux qui peuvent intéresser les sujets du roi. Sa majesté fera remettre à la république , lors de l'échange des ratifications du présent traité, un acte portant cession des droits de fiefs, dixmes et autres revenus que l'ordre des Saints-Maurice et Lazare possède dans Genève et son territoire. (Articles 10 et 11: Acte de cession du roi de Sardaigne, comme grand-maître de l'ordre des Saints-Maurice et Lazare, en date du 18 juin 1754 ; entérinement de cet acte par le conseil de l'ordre, le même jour).

Les habitans des lieux réciproquement cédés, pourront, pendant le terme de vingt-cinq ans, continuer, comme par le passé, le libre exercice de leur religion, et en faire les fonctions dans les églises ou temples voisins. Le temple de Bossey sera conservé avec ses dépendances pendant le même temps pour la commodité et l'usage de ceux qui professent la religion protestante sous Salève. Ces mêmes habitans auront pendant ce terme la liberté de se retirer sans obstacle ni payement de finance, avec leurs effets et le prix de leurs biens, s'ils ont occasion d'en faire la vente ; à défaut de quoi il leur sera loisible, après ledit terme, de les conserver, en les faisant cultiver par des personnes de la religion permise dans l'état où ils seront situés. Le roi consent encore que ceux qui sont ou seront citoyens ou bourgeois de Genève ne puissent, non plus que leurs serviteurs ou domestiques, être inquiétés pour cause de religion pendant qu'ils séjourneront dans leurs maisons et biens situés en Savoie, à la charge toutefois de ne pas dogmatiser, et de n'y pas faire leur habitation principale. (Art. 12 et 13).

Sa majesté consent que les citoyens et bourgeois de Genève demeurent, comme par le passé, exempts de toutes tailles, contributions, lévées de grains, impôts, rations, décimes, et de toutes autres charges tant ordinaires qu'extraordinaires, pour les biens appelés de l'ancien dénombrement, de même que pour ceux qui leur appartiennent actuellement dans tous les lieux que Genève cède par ce traité, ou qui sont de la mouvance des fiefs de Jussy, Peney, Saint-Victor et Chapitre; de tous lesquels biens il sera dressé un cadastre particulier après la vérification qui en sera faite. (Article 14). Nous consentons et déclarons que lesdits citoyens et bourgeois de Genève seront à l'avenir exempts du droit de la douane pour les provisions nécessaires à leur entretien, pendant le séjour qu'ils feront dans leurs maisons appelées de l'ancien dénombrement, de même que pour la manutention et réparation desdites maisons, en consignant le tout aux bureaux les plus voisins pour prévenir les abus. Nous déclarons en outre que ces maisons jouiront encore de l'exemption du logement des gens de guerre. (Déclaration du roi de Sardaigne, du 15 juin 1754, jointe au traité).

Il y aura liberté réciproque de commerce entre les parties contractantes. A l'égard du sel nécessaire pour le mandement de Jussy et les villages qui appartiendront à Genève du côté de Ternier, on pourra le faire passer, comme par le passé, sur le territoire de sa majesté, sans y commettre abus. Il sera de même loisible aux finances et gabelles de sa majesté de faire passer ou entreposer leurs sels dans la ville de Genève et son territoire, sans payer aucun droit. (Art. 15).

Le roi accorde en outre, tant pour les officiers de Genève que pour le transport des prisonniers, passage par le chemin qui va du pont Bochet à celui de Choulex, et de-là à Jussy. (Article 16).

Au moyen des arrangemens portés par ce traité, toutes autres prétentions, de quelque nature qu'elles puissent être, demeureront éteintes et anéanties de part et d'autre à perpétuité. (Article 17).

Le traité dont je viens de rapporter les articles est très-important, puisqu'il termine définitivement les longues querelles de la maison de Savoie et de la république de Genève. Il est vrai que depuis le traité de Saint-Julien, en 1603, qui fit cesser les hostilités occasionnées par la fameuse affaire de l'escalade, la cour de Turin n'avoit fait aucune entreprise sur la liberté des Genevois ; mais elle regardoit toujours leur ville comme une portion de son ancien domaine, et laissoit plutôt dormir ses droits par la crainte de soulever la France et les Suisses, qu'elle n'y avoit renoncé. Il y a un terme aux divisions, aux querelles, aux prétentions des peuples ; de nouvelles circonstances amènent de nouveaux intérêts : le moment arrive enfin où l'amitié succède à la haine ; et c'est alors que les traités conclus par la bonne foi peuvent être fidellement exécutés.

Au commencement de la négociation du traité de Turin, le roi de Sardaigne offrit de donner une renonciation à ses droits, ou de traiter d'abord avec la ville de Genève, sans lui donner aucun titre relatif à sa liberté et à son indépendance, et à la fin du traité de la qualifier de république ; mais les Genevois ne voulurent ni accepter une renonciation à des droits qu'ils n'avoient jamais reconnus, ni paroître tenir leur souveraineté d'un traité. Les Provinces-Unies se comportèrent différemment à Munster en traitant avec le roi d'Espagne ; elles en exigèrent un acte formel et authentique de leur indépendance et de leur souveraineté, c'est qu'elles ne pouvoient se déguiser que Philippe II, dont elles avoient secoué le joug, n'eût été leur légitime souverain ; et que si la cour de Madrid, revenant un jour sur ses pas, leur opposoit les anciens titres de leur soumission, elles vouloient pouvoir y répondre par un traité qui les annulloit. Quoiqu'il en soit des motifs qui déterminèrent les états-généraux, il est certain qu'un prince qui traite avec une ville ou une province de sa domination, comme avec une puissance libre, reconnoît sa souveraineté ; cette action équivaut à la renonciation la plus formelle et la mieux couchée dans les articles d'un traité.

Je rapporterai ici un fait trop honorable aux Genevois pour le passer sous silence. Par la forme de leur constitution, un conseil composé de soixante personnes est chargé de discuter les affaires étrangères ; et quoique ce nombreux conseil s'assemblât presque tous les jours pendant huit mois que dura la négociation, le secret fut gardé inviolablement. Quoique les terres, qui, en vertu des échanges, appartiendroient à la république, dussent doubler de valeur, il ne se fit pendant tout ce temps aucune acquisition qui pût faire soupçonner que quelqu'un des commissaires de la république eût profité des connoissances que lui donnoit la négociation.

FRANCE, MAISON D'AUTRICHE.

Les différens qui se sont élevés entre sa majesté très-chrétienne et sa majesté britannique, au sujet des limites de leurs possessions respectives en Amérique, paroissant de plus en plus menacer la tranquillité publique, sa majesté très-chrétienne et sa majesté l'impératrice-reine de Hongrié et de Bohème, qui désirent également l'inaltérable durée de l'amitié et de la bonne intelligence qui subsiste heureusement entre elles, ont jugé à propos de prendre des mesures pour cet effet.

Sa majesté l'impératrice – reine déclare et promet à cette fin, de la façon la plus solennelle et la plus obligatoire que faire se peut, que non-seulement elle ne prendra ni directement ni indirectement aucune part aux susdits différens dont l'objet ne la regarde pas, et sur lequel elle n'a aucun engagement; mais qu'au contraire elle observera une parfaite et exacte neutralité pendant tout le temps que pourra durer la guerre occasionnée par le susdit différent entre la France et l'Angleterre.

Sa majesté très-chrétienne, de son côté, ne voulant envelopper aucune autre puissance dans sa querelle particulière avec l'Angleterre, déclare et promet réciproquement, de la façon la plus solennelle et la plus obligatoire que faire se peut, qu'elle n'attaquera ni n'envahira point, sous quelque prétexte et par quelque raison que ce puisse être, les Pays-Bas ou autres royaumes, états et provinces de la domination de sa majesté l'impératrice-reine, et qu'elle ne lui fera aucun tort, soit directement, soit indirectement, ni dans ses possessions, ni dans ses droits, ainsi que le promet réciproquement sa majesté l'impératrice – reine à l'égard des royaumes, états et provinces de sa majesté très-chrétienne. (Convention de neutralité entre la France et la cour de Vienne, conclue à Versailles le 1 mai 1756).

Les deux puissances contractantes, pour

rendre plus solide et plus stable la bonne intelligence qui règne heureusement entre elles, ont désiré de resserrer de plus en plus et pour toujours les liens de la plus sincère amitié, et jugé à propos d'ajouter à l'arrangement de neutralité qu'on vient de lire, celui d'un traité d'amitié et d'union purement défensif, qui ne tende au préjudice d'aucune autre puissance, et dans la seule vue d'assurer encore plus solidement la paix entre les royaumes et états de leur domination, et de contribuer autant qu'il peut dépendre d'elles au maintien de la tranquillité générale. (Traité d'alliance entre la France et la cour de Vienne, signé à Versailles le 1 mai 1756. Préambule).

Il y aura une amitié et une union sincère et constante entre sa majesté très-chrétienne et sa majesté l'impératrice-reine de Hongrie et de Bohème, leurs héritiers et successeurs, royaumes, états, provinces, pays, sujets et vassaux, sans aucune exception. Les hautes parties contractantes apporteront en conséquence la plus grande attention à maintenir entre elles et leurs états et sujets une amitié et correspondance réciproque, sans permettre que de part ni d'autre on commette aucune sorte d'hostilités pour quelque cause ou sous quelque prétexte que ce puisse être. Elles éviteront tout ce qui pourroit altérer à l'avenir l'union et la bonne intelligence heureusement établies entre elles, et donneront au contraire tous leurs soins à procurer en toute occasion leur utilité, honneur et avantages mutuels. (Traité de Versailles, article 1).

Le traité de Westphalie de 1648, et tous les traités de paix et d'amitié qui depuis cette époque ont été conclus et subsistent entre les puissances contractantes, et en particulier la convention ou acte de neutralité signée aujourd'hui, sont renouvelés et confirmés par le présent traité dans la meilleure forme, et comme s'ils étoient insérés ici mot à mot. (Ibid. art. 2).

Sa majesté l'impératrice-reine promet et s'engage de garantir et défendre tous les états, provinces et domaines actuellement possédés par sa majesté très-chrétienne en Europe, tant pour elle que pour ses successeurs et héritiers sans exception, contre les attaques de quelque puissance que ce soit et pour toujours ; le cas de la présente guerre entre la France et l'Angleterre néanmoins uniquement excepté ; conformément à la convention ou acte de neutralité signée aujourd'hui. (Ibid. art. 3).

Sa majesté très-chrétienne s'engage envers sa majesté l'impératrice-reine, et ses successeurs et héritiers selon l'ordre de la sanction-pragmatique établie dans sa maison, à garantir et défendre contre les attaques de quelque puissance que ce soit et pour toujours, tous les royaumes, états, provinces et domaines qu'elle possède actuellement en Europe sans aucune exception. (Ibid. article 4). L'Angleterre et les Provinces-Unies , par leurs traités d'alliance avec la cour de Vienne , ne lui ont point garanti la possession ou défense de la Hongrie contre les armes de la Porte.

Par une suite de cette garantie réciproque , les deux hautes parties contractantes travailleront toujours de concert aux mesures qui leur paroîtront les plus propres au maintien de la paix , et emploiront, dans le cas où les états de l'une ou de l'autre d'entre elles seroient menacés d'une invasion , leurs bons offices les plus efficaces pour l'empêcher. (Ibid. article 5).

Mais comme les bons offices qu'elles se promettent pourroient ne point avoir l'effet désiré , leurs majestés s'obligent dès-à-présent à se secourir mutuellement avec un corps de vingt-quatre mille hommes , au cas que l'une ou l'autre d'entre elles vînt à être attaquée par qui que ce soit , et sous quelque prétexte que ce puisse être. La guerre présente entre la France et l'Angleterre au sujet de l'Amérique est uniquement exceptée , ainsi qu'il a été déjà dit à l'article 3 du présent traité. (Ibid. art. 6).

Le secours sera composé de dix-huit mille hommes d'infanterie et de six mille de cavalerie, et il se mettra en marche six semaines ou deux mois au plus tard après la requisition qui en sera faite par celle des deux parties contractantes qui se trouvera attaquée ou menacée d'une invasion dans ses possessions. Ce corps de troupes sera entretenu aux frais et dépens de celles des deux parties contractantes qui se trouvera dans le cas de devoir le donner ; et celle qui le recevra fournira audit corps de troupes des quartiers d'hiver. Mais il sera libre à la partie requérante de demander, au lieu du secours effectif en hommes, l'équivalent en argent, qui sera payé comptant par chaque mois, et qui sera évalué pour la totalité, et sans qu'on puisse de part ni d'autre rien exiger de plus sous quelque prétexte que ce soit, à raison de huit mille florins, argent d'Empire, pour chaque mille hommes d'infanterie, et vingt-quatre mille florins pour chaque mille hommes de cavalerie. (Ibid. art. 7).

Sa majesté très-chrétienne et sa majesté l'impératrice-reine se réservent d'inviter de concert d'autres puissances à prendre part à ce présent traité purement défensif. (Ibid. art. 8). Jusqu'à présent il ne paroît pas que quelque puissance ait accédé à cette alliance. Pour prendre part à la dernière guerre, l'empire n'a allégué que ses lois et ses constitutions violées par l'invasion de la Saxe et l'entrée des Prussiens en Bohème. Pour commencer les hostilités dans la Poméranie brandebourgeoise, la Suède n'a point produit d'autre titre que sa garantie de la paix de Westphalie ; et c'est en vertu de ses anciennes alliances avec la maison d'Autriche , que la cour de Pétersbourg a fait une diversion dans les états du roi de Prusse.

Le traité de Versailles contient deux articles séparés ; par le premier, les puissances contractantes sont convenues que l'ordre dans lequel les articles 3 et 4 du traité ont été ou seront placés dans les différens exemplaires qui en seront faits, ne pourra tirer à aucune conséquence ni préjudicier en rien à l'alternative reconnue , établie et observée entre sa majesté très-chrétienne et l'impératrice-reine. Il est dit dans le second article , que la langue françoise qui a été employée dans la rédaction de l'acte de neutralité et du présent traité, ou qui pourra être employée dans les actes d'accession d'autres puissances audit traité , ne pourra point être citée à l'avenir comme un exemple qui puisse tirer à conséquence ni porter préjudice en aucune manière à quelqu'une des parties contractantes ; et que l'on se conformera à l'avenir à ce qui a été observé et doit être observé à l'égard et de la part des puissances qui sont en usage et en possession de donner et de recevoir des exemplaires de semblables traités et actes en une autre langue que la françoise.

On a cru assez généralement en Europe que l'alliance de la France avec la cour de Vienne n'étoit pas purement défensive. Les uns disoient que le traité de Versailles contenoit plusieurs

articles secrets relatifs au projet qu'on sup-
posoit aux nouveaux alliés de se porter dans
le pays de Hanover et la Silésie. Les autres
prétendoient que les articles secrets ne renfer-
moient que des promesses générales de s'aider
mutuellement de toutes ses forces , dans le
cas que la guerre s'allumât en Allemagne.
Ils ajoutoient que l'alliance défensive du premier mai avoit été suivie d'une ligne offensive ,
après que le roi de Prusse se fut emparé de
la Saxe. Les politiques sont hardis dans leurs
conjonctures , on diroit que le cabinet de tous
les princes leur est ouvert. Selon eux , la France
s'étoit engagée par son second traité à garantir
à l'impératrice-reine la conquête et la paisible
possession de la Silésie ; on avoit promis à
la maison de Saxe le duché de Magdebourg ;
et la cour de Vienne , en rentrant en possession
des états que l'infant don Philippe possède en
Italie , devoit former à ce prince un nouvel
établissement dans les Pays-Bas.

Je ne m'arrêterai pas à faire des réflexions
vagues sur des conjectures incèrtaines , le temps
fera connoître la vérité ou l'erreur de ces anec-
dotes ; elles sont curieuses et intéressantes pour
un historien , mais elles touchent peu un publi-
ciste. Qu'importe que le traité de Versailles
ait des articles secrets , puisque n'ayant rapport
qu'à une guerre particulière , ils ont été annullés
par la paix générale ?

Espagne, Portugal.

Le Portugal cède à l'Espagne la colonie du Sacrement, en échange de quelques districts situés au nord-ouest du Paraguay, et dans le voisinage du Bresil.

« Au nord de l'embouchure de Rio de la Plata, vis-à-vis Buenos-Ayres, capitale des possessions espagnoles sur la rive méridionale de ce fleuve, les Portugais possédoient la colonie de Sacrement, qui s'avançoit vers le nord, dans l'espace de douze cents lieues.

L'embouchure du fleuve, qui sépare la colonie Portugaise de celle de Buenos-Ayres, est de quinze lieues; intervalle qui, par cette étendue même, n'étoit que plus propre à favoriser le commerce prohibé entre les habitans des deux rives, les Espagnols et les Portugais.

· Cette contrebande, que l'Espagne avoit le plus grand intérêt d'empêcher, étoit exercée par les Portugais; mais le principal profit en revenoit aux Anglois, qui fournissoient les marchandises, en échange desquelles les Portugais enlevoient les piastres et les barres d'argent des Espagnols de Buenos-Ayres.

' Il paroissoit que les Espagnols ne pouvoient mieux se mettre à l'abri de cette contrebande, qu'en se faisant céder la colonie du Sacrement, parce que lorsqu'ils seroient maîtres des deux rives du fleuve à son embouchure , on ne pourroit plus y exercer de commerce sans leur permission.

Les Portugais proposèrent eux - mêmes de faire cette cession , aux conditions que les Espagnols leur céderoient en échange divers districts au nord-ouest du Paraguay dans le voisinage du Bresil ; districts que la cour de Lisbonne représentoit comme des déserts arides et de peu de conséquence.

Mais ces districts étoient situés sur trois grands fleuves , le Paraguay , le Parana et l'Uraguay , qui se joignent , et réunis , communiquent à Buenos-Ayres. Ainsi les Portugais déjà maîtres du cours du Parana et de l'Uraguay dans la partie supérieure de ces deux rivières , le devenoient de la totalité par l'échange qu'ils demandoient , et le devenoient même d'une partie du fleuve Paraguay : ce qui leur procuroit la facilité de faire la contrebande dans les habitations espagnoles dispersées le long de ces fleuves , depuis Buenos-Ayres même , jusque dans le Tucuman , le Chili , le Pérou , pays infiniment riches , où il leur étoit aisé de pénétrer , en remontant les rivières que reçoit le fleuve Paraguay dans la partie qui borne les districts qu'on leur cédoit. Ainsi le commerce prohibé que cet échange favorisoit , devenoit pour les Espagnols bien plus difficile à empê-cher , que ne l'étoit celui qui se faisoit par

la

la colonie du sacrement ; car cette colonie ne faisoit la contrebande que le long d'une rive peu étendue, qu'on pouvoit garder avec peu de monde : au lieu que les points de contrat des deux peuples étant extrêmement multipliés par l'échange demandé, la contrebande ne pouvoit être empêchée dans tous les points, qu'en construisant quantité de forts, et répandant dans une vaste étendue de terrain un très-grand nombre de troupes. C'étoit proprement, par rapport à l'Espagne, fermer une fenêtre pour garantir des voleurs, et ouvrir toutes les portes.

La négociation ne laissa pas de s'entamer à Madrid ; on ne parlera point ici des motifs qui la firent réussir, mais à peine fut-on instruit des articles dont les deux cours étoient convenues, que les personnes les plus éclairées se récrièrent contre les inconvéniens d'un traité semblable. Les jésuites sur - tout ne cessèrent point de cabaler pour empêcher le succès d'une négociation par laquelle l'Espagne et le Portugal disposoient d'une assez grande étendue de pays défriché par les pères de la société, et dont ils se regardoient comme les souverains. Les intrigues de ces religieux suspendirent l'échange des ratifications du traité, et durant deux ans on crut l'affaire rompue. Elle n'étoit pas cependant abandonnée par les ministres du Portugal. Ils agirent secrétement, mais avec chaleur ; et malgré les difficultés qu'on leur avoit opposées, ils réussirent enfin à consommer leur ouvrage. Les ratifications du traité furent échangées, et les deux cours firent aussitôt partir des commissaires chargés de tracer la nouvelle démarcation des limites, et des troupes pour les appuyer contre les obstacles qu'on prévoyoit devoir éprouver dans le Paraguay, de la part des jésuites et de leurs prosélytes. »

FRANCE, SAVOIE.

Les différens traités qui ont été conclus entre la France et la cour de Turin, n'ayant pas fixé d'une manière assez précise les limites des deux états, les rois de France et de Sardaigne ont vu avec une égale peine les querelles qui se sont élevées de temps en temps entre leurs sujets, et qui ont même quelquefois occasionné des voies de fait, aussi contraires à l'intention de leurs majestés, qu'aux liens du sang et de l'amitié qui les unissent, et à la parfaite intelligence qu'elles désirent de maintenir et de perpétuer entre les peuples soumis à leur domination. Pour prévenir toutes discussions pareilles, on a fixé d'une manière exacte et définitive les limites respectives des états des deux puissances ; et en conséquence elles sont convenues que le Rhône formant désormais par le milieu de son plus grand cours une limite naturelle et sans enclave entre la France et la Savoie, depuis la banlieue de Genève jusqu'au confluent du Guyer ; la ville de Cheseri avec ses appartenances, depuis le pont de Gresin jusqu'aux confins de la Franche-Comté, sera incorporée au royaume de France. Tout ce que cette couronne possède sur la rive gauche du même fleuve consistant dans une portion de la vallée de Seissel, avec les côtes et hameaux qui en dépendent, et dans les lieux et villages d'Aire - la - Ville, pont d'Arlond, Chanaz, la balme de Pierre Châtél, avec leurs territoires, sera réciproquement réuni à la Savoie. En conséquence de cet arrangement, le roi de France déroge à là clause du traité de Lyon de 1601, qui laissoit à la France la propriété de tout le cours du Rhône, depuis la sortie de ce fleuve du territoire de Genève jusqu'au confluent du Guyer. (Traité de Turin, du 24 mars 1760, article 1).

Je suivrois ici, avec la plus grande exactitude, toutes les lignes, toutes les bornes, toutes les rivières qui séparent les terres de Savoie ou de Piémont de celles de France, que je ne serois certainement pas entendu de mes lecteurs ; il faudroit leur mettre sous les yeux la carte même sur laquelle les commissaires des deux puissances ont travaillé. Heureusement ces objets sont trop peu importans pour faire naître des querelles qui puissent intéresser d'autres personnes que les habitans des frontières ; et ces habitans n'ont pas besoin qu'on les instruise des changemens qui sont survenus dans leur position. Passant donc sous silence les huit articles suivans, je remarquerai seulement que les limites sont en général établies par le cours des rivières ou les sommités des montagnes; et que les deux puissances sont convenues d'une demi-partition pour toutes les portions de fleuves, rivières, ruisseaux, îles, ponts, vallons, cols et sommités qui restent ou deviennent limitrophes par le réglement des limites.

La province acquiert les terres de Gattieras, Dos - Fraires avec les juridictions qui en dépendent, Boyon, Ferres, Conségude, Aiglum, et portion du village de Rocasteron, et d'autres territoires qui, pour la régularité de la limitation, ont été renfermés dans la ligne convenue. Le comté de Nice acquiert de son côté la ville et territoires de Guillaume, avec les terres de Dalvis, Auvare, Saint-Léger, la Croix, Puget de Rostan, Québris, y compris la juridiction de Saume-Longe, Saint-Antonin, et la Penne, avec la portion de Saint-Pierre et des territoires voisins renfermés dans cette limitation. Ces terres ainsi échangées passeront à la province à laquelle elles sont réciproquement unies, libres et exemptes des charges et dettes tant de l'état que de la province dont elles sont démembrées. (Ibid. article 10).

Le château de Guillaume sera démantelé. On en détruira les fortifications anciennes et nouvelles, sans toucher aux ouvrages et bâtimens civils; et on en retirera toutes le-

munitions de guerre , et effets concernant l'artillerie et les fortifications. (Ibid. article 11).

La navigation du Rhône , dans la partie qui fera la limite des deux états , sera entièrement libre aux sujets des deux puissances , sans qu'elles puissent exiger de part et d'autre aucun droit ou impôt pour la navigation ou pour le passage de ce fleuve , de même que des autres rivières qui , par le présent réglement de limites se trouveront mi - parties. (Ibid. article 12).

Pour ne point gêner la liberté de cette négociation , l'on ne fera de part et d'autre aucun ouvrage qui puisse y être contraire ou embarrasser le tirage , lequel pourra se prendre , sans difficulté et sans affectation , sur la rive qui en sera plus commodément susceptible , suivant la disposition du terrain et des eaux. (Ibid. art. 13).

Pour arrêter la contrebande que la rapidité du Rhône pourroit faciliter , il sera également libre aux deux souverains d'établir une patache ou barque armée , sur laquelle des employés des fermes ou gabelles respectives auront droit d'obliger les patrons qui navigueront sur ce fleuve , d'amener leurs bâtimens , et de les soumettre à la visite. (Ibid. art. 14).

Les cessions et échanges portés par ce réglement de limites comprendront , sans exception ni réserve , tous droits de souveraineté , régale et autres qui peuvent concerner les choses réciproquement cédées, sans préjudice toutefois des droits des communautés, des vassaux ou des particuliers, auxquels on n'entend donner atteinte. Pour établir et perpétuer entre les sujets respectifs l'union que les deux cours ont particulièrement en vue, elles prendront les mesures les plus convenables pour faire terminer de concert les contestations des communaux, pâturages et autres qui existent entre eux, de même que celles qui pourroient s'élever à l'occasion de cet arrangement de limites. (Ibid. article 15).

Les titres et documens qui peuvent regarder ces mêmes cessions seront remis de part et d'autre, de bonne foi, dans le terme de six mois; et on en fera de même par rapport à ceux des pays échangés par les traités de Lyon de 1601, d'Utrecht de 1713, et autres précédens. (Ibid. article 16). On a déjà vu dans ce même chapitre que c'est par le traité de Lyon que Henri IV abandonna le marquisat de Saluces au duc de Savoie, en échange de la Bresse, du Bugey, du Valromey et du pays de Gex.

L'abbaye de Cheseri, située dans la vallée de ce nom, au moment qu'elle deviendra vacante, sera, à la requisition des deux rois, unie à perpétuité à la Manse épiscopale de l'évêque de Genève, avec tous les droits, revenus et juridictions qui en dépendent, conformément à l'accord fait à ce sujet entre l'abbé et les religieux de cette abbaye, en l'année 1753. (Ibid. article 17).

Les sujets des deux cours continueront à jouir réciproquement et sans aucune difficulté des biens et droits qui leur appartiennent dans les états de l'autre , avec liberté d'en extraire les fruits qui en proviennent , sans être assujettis au payement d'aucun droit à cet égard , mais seulement aux précautions nécessaires pour prévenir les abus , toutefois sans frais ni engâries. (Ibid. article 18).

Pour se prêter aux besoins du district de la semine en Genevois et des communautés circon-voisines , sa majesté très - chrétienne consent qu'elles puissent extraire du Bugey et Valromey , toutefois hors du cas de propre nécessité , jusqu'à la quantité de quinze mille sacs de blé par année , les deux faisant la charge de mulet , sans payer aucun droit de sortie ou autres. Cette extraction se fera de la manière et avec les précautions qui seront concertées entre les intendans de Bourgogne et de Savoie , pour prévenir tout abus et inconvénient. (Ibid. article 19). Il faut espérer que c'est pour la dernière fois qu'on trouvera dans les traités de la France une pareille convention au sujet de l'exportation des grains. Cette matière de commerce des blés a été approfondie , les yeux ne se fermeront pas à l'évidence. Dès qu'on s'apercevra des biens que produira la liberté des grains dans l'intérieur du royaume, il sera aisé de sentir tout l'avantage qui résulteroit de la libre exportation de cette denrée chez les étrangers.

La noblesse des provinces de Bresse, Bugey, Valromey et Gex, continuera à jouir, en tant qu'elle sera domiciliée sur les terres de France, de l'exemption de toutes tailles et autres impositions ordinaires et extraordinaires, réelles, personnelles ou mixtes, pour les biens qui lui appartiennent en propriété dans le duché de Savoie, et qu'elle possède en surséance de la péréquation de 1738. La même exemption aura réciproquement lieu, aux mêmes termes et conditions, en faveur de la noblesse de Savoie, pour les biens qu'elle possède dès la même année, dans lesdites provinces de Bresse, etc. La même réciprocité d'exemption aura aussi lieu, aux mêmes conditions, en faveur de la noblesse, pour les terres respectivement échangées par le présent traité, et pour les biens qu'elle possède en franchise à la date de cet acte. A l'égard de la noblesse du Dauphiné et de Savoie, cette réciprocité d'exemption n'aura lieu qu'en faveur des gentils-hommes qui feront preuve de noblesse et, de possession successive dès le commencement de l'année 1600, bien entendu que cette exemption ne concerne que les impôts et tributs royaux, et nullement les charges locales. (Ibid. art. 20).

Pour cimenter toujours plus l'union et la correspondance intime que l'on désire de perpétuer entre les sujets des deux cours, le droit d'aubaine et tous autres qui pourroient être contraires à la liberté des successions et des dispositions réciproques , restent désormais supprimés et abolis pour tous les états des deux puissances, y compris les duchés de Lorraine et de Bar. (Ibid. art. 21). N'auroit-il pas été nécessaire de demander au roi de Pologne , Stanislas I, un acte-d'accession à cet article ?

Pour étendre la réciprocité qui doit former le nœud de cette correspondance , aux matières contractuelles et judiciaires , il est encore convenu , premièrement, que de la même manière que les hypothèques établies en France par actes publics ou judiciaires , sont admises dans les tribunaux du roi de Sardaigne ; l'on aura aussi pareil égard dans les tribunaux de France pour les hypothèques qui seront constituées à l'avenir par contrats publics , soit par des ordonnances ou jugemens dans les états du roi de Sardaigne. En second lieu, que pour favoriser l'exécution réciproque des décrets et jugemens, les cours suprêmes défèreront de part et d'autre , à la forme du droit , aux réquisitoires qui leur seront adressés à ces fins , même sous le nom desdites cours. Enfin que pour être admis en jugement, les sujets respectifs ne seront tenus de part et d'autre, qu'aux mêmes cautions et formalités qui s'exigent de ceux du propre ressort , suivant l'usage de chaque tribunal. (Ibid. article 22).

Les commissaires chargés par les puissances contractantes de planter les bornes qui seront jugées convenables pour fixer et constater la limitation convenue et pour l'exécution des articles·stipulés , feront tracer sur les plans du cours du Rhône et de Guyer une ligne centrale de mi partition par le milieu du plus grand cours de ces rivières , en divisant même les îles qui se trouveront sur cette direction ; et ils y ajouteront deux lignes latérales qui servent à déterminer l'alignement des ouvrages défensifs qu'on pourra opposer de part et d'autre aux débordemens de ces rivières. Quant aux réparations qui existent actuellement , ces mêmes commissaires sont encore autorisés par le présent traité à convenir des changemens et redressemens à faire pour les réduire aux termes d'une juste défense. (Ibid. articles 23 et 24).

Les habitans et sujets des districts et lieux réciproquement cédés sont dispensés par le présent traité des sermens de fidélité , foi et hommage qu'ils ont ci-devant prêtés à leurs souverains respectifs , lesquels sermens demeureront nuls et de nulle valeur. Le présent traité sera enregistré dans toutes les cours supérieures des deux états , pour qu'ils en fassent observer le contenu dans ce qui peut les concerner. (Ibid. art. 26 et 27).

FRANCE , ESPAGNE , NAPLES , PARME.

N'ayant pas eu entre les mains le traité d'amitié et d'union que les rois de France et d'Espagne ont conclu le 15 août 1761, sous la dénomination de *pacte de famille* ; je n'en rapporterai ici que l'extrait donné par la gazette de France le 26 décembre 1761.

« Le préambule expose les motifs et l'objet qui ont déterminé les deux souverains à conclure ce traité. Ces motifs sont les liens du sang qui les unissent, et les sentimens dont ils sont animés l'un pour l'autre. L'objet est de rendre permanens et indissolubles les devoirs qui sont une suite naturelle de la parenté et de l'amitié, et d'établir à jamais un monument solennel de l'intérêt réciproque qui doit être la base des désirs des deux monarques et de la prospérité de leurs familles royales.

Le traité du pacte de famille contient vingt-huit articles.

Par l'article premier les deux rois sont convenus qu'ils regarderont à l'avenir comme leur ennemie toute puissance qui le deviendra de l'un ou de l'autre des souverains contractans.

Leurs majestés par l'article 2 se garantissent réciproquement tous leurs états dans quelque partie du monde qu'ils soient situés ; mais il est expressément stipulé que cette garantie n'a pour objet que les possessions respectives suivant l'état où elles se trouveront au premier moment où les deux couronnes seront en paix avec toutes les autres puissances.

La même garantie est accordée dans l'article 3 par les deux monarques au roi des deux

Siciles, et au sérénissime infant duc de Parme, sous la condition que ces deux princes garantiront aussi les états de leurs majestés très-chrétienne et catholique.

L'article 4 porte que, quoique cette garantie inviolable et mutuelle doive être soutenue de toute la puissance des deux rois, leurs majestés ont jugé à propos de fixer les premiers secours à fournir de part et d'autre.

Les articles 5, 6 et 7 déterminent la qualité et la quantité de ces premiers secours que la puissance requise s'engage à fournir à la puissance requérante. Ces secours consistent en vaisseaux et frégates de guerre, et en troupes de terre, tant d'infanterie que de cavalerie. Le nombre en est déterminé, ainsi que le lieu de l'emplacement et le temps de fournir lesdits secours.

« Par l'article 8, les guerres que le roi très-chrétien auroit à soutenir en conséquence des engagemens des traités de Westphalie, ou d'autres alliances avec les princes et états d'Allemagne et du nord sont exceptées des cas où le roi catholique devra fournir des secours à sa majesté très-chrétienne ; à moins que quelque puissance maritime ne prenne part à ces guerres, ou que la France ne soit attaquée par terre dans son propre pays.

Il a été convenu par l'article 9 que la puissance requérante pourra envoyer un ou plusieurs commissaires pour s'assurer que la puissance requise a rassemblé dans le temps fixé les secours qui ont été stipulés.

Les articles 10 et 11 portent que la puissance requise ne pourra faire qu'une seule et unique représentation sur l'usage des secours qu'elle fournira à la puissance requérante ; ce qui cependant ne doit s'entendre que pour le cas où une entreprise seroit d'une exécution immédiate , et non pour les cas ordinaires , où la puissance qui doit fournir le secours est seulement obligée à le tenir prêt dans les endroits de sa domination qui seront indiqués par la puissance requérante.

Il a été stipulé par les articles 12 et 13 que la demande du secours suffira pour constater d'une part le besoin de le recevoir , et de l'autre l'obligation de le donner. Ainsi on ne pourra , sous aucun prétexte, en éluder la prestation ; et sans entrer dans aucune discussion , le nombre stipulé de vaisseaux et de troupes à fournir sera regardé, trois mois après la réquisition , comme appartenant en propriété à la puissance requérante.

Par les articles 14 et 15 , on est convenu que lesdits vaisseaux et troupes seront à la charge de la puissance à qui ils seront envoyés ; et la puissance qui les aura fourni tiendra prêts d'autres vaisseaux pour remplacer ceux que la guerre auroit fait perdre, ainsi que les recrues et réparations nécessaires pour les troupes de terre.

L'article 16 porte que les secours ci-dessus stipulés seront regardés comme ce que l'un des deux monarques pourra faire de moins pour l'autre ; mais comme leur intention est que la guerre, se déclarant pour ou contre l'un des deux, doit devenir personnelle à l'autre, ils sont convenus que, dès qu'ils se trouveront tous deux en guerre contre le même ou les mêmes ennemis, leurs majestés la feront conjointement, en y employant toutes leurs forces ; et qu'alors elles feront entre elles des conventions particulières, relatives aux circonstances, et détermineront leurs efforts respectifs et réciproques, ainsi que leurs plans et opérations politiques et militaires, lesquels seront exécutés d'un commun et parfait accord.

Les articles 17 et 18 contiennent l'engagement formel et réciproque de n'écouter ni faire aucune proposition de paix avec les ennemis communs, que d'un consentement mutuel, et de regarder, soit en guerre, soit en paix, comme ses intérêts propres ceux de la couronne alliée ; de compenser les pertes et les avantages respectifs, et d'agir comme si les deux monarchies ne formoient qu'une seule et même puissance.

Par les articles 19 et 20, le roi d'Espagne stipule pour le roi des deux Siciles les engagemens du traité, et promet de les faire ratifier par ce prince, bien entendu que la proportion des secours à fournir par sa majesté sicilienne sera déterminée suivant l'étendue de sa puissance. Les trois monarques s'engagent à soutenir en tout et toujours la dignité et les droits de leur maison, et de tous les princes issus du même sang.

Il a été convenu par les articles 21 et 22, qu'aucune autre puissance que celles qui sont de l'auguste maison de Bourbon ne pourra être invitée ni admise à accéder au présent traité. Leurs états et sujets respectifs participeront à la liaison et aux avantages établis entre les souverains, et ne pourront rien faire ou entreprendre de contraire à leur parfaite correspondance.

Par l'article 23, le droit d'aubaine est aboli en faveur des sujets de leurs majestés catholique et sicilienne, qui jouiront en France des mêmes prérogatives que les nationaux. Les François seront également traités en Espagne et dans les deux Siciles, comme les sujets naturels de ces deux monarchies. Il a été dérogé à cet article par le traité de paix de Paris. (Voyez le chapitre précédent).

Par l'article 24, les sujets des trois souverains jouiront dans les états respectifs en Europe, par rapport à la navigation et au commerce, des mêmes priviléges et exemptions que les nationaux. Par les articles de la paix de Paris, il a été également dérogé à cette convention.

L'article 25 porte qu'on préviendra les puissances, avec lesquelles les trois souverains contractans auroient déjà fait ou feroient dans le suite des traités de commerce, que le traitement des François en Fspagne et dans les deux Siciles , des Espagnols en France et dans les deux Siciles , et des Siciliens en France et en Espagne , ne doit point être cité ni servir d'exemple ; leurs majestés très-chrétienne , catholique et sicilienne ne voulant faire participer aucune autre nation aux avantages de leurs sujets respectifs. La paix de Paris a pareillement annullé cet article. (Voyez le chapitre précédent).

Il a été stipulé par l'article 26 , que les parties contractantes se confieront réciproquement leurs alliances et négociations , sur-tout lorsqu'elles auront quelque rapport à leurs intérêts communs ; et leurs majestés , dans toutes les cours de l'Europe , vivront dans l'intelligence la plus parfaite , et avec la plus entière confiance.

L'article 27 ne renferme qu'une stipulation sur le cérémonial que les ministres de France et d'Espagne devront observer entre eux , par rapport à la préséance dans les cours étrangères où ils résideront.

L'article 28 contient la promesse de ratifier le traité. Tel est en substance le traité dont il s'agit. On n'y a ajouté aucun article séparé ou secret.

Fin du Tome III.

TABLE

DES CHAPITRES

Contenus dans ce Volume.

Fin de la Table du Tome troisième.